中国情境下的企业社区参与研究

ZHONGGUO QINGJING XIA DE
QIYE SHEQU CANYU YANJIU

张桂蓉　著

图书在版编目(CIP)数据

中国情境下的企业社区参与研究/张桂蓉著.—北京:北京大学出版社,2021.6

国家社科基金后期资助项目

ISBN 978-7-301-32186-7

Ⅰ.①中… Ⅱ.①张… Ⅲ.①企业—参与管理—社区建设—研究—中国 Ⅳ.①D669.3②F279.23

中国版本图书馆 CIP 数据核字(2021)第 085973 号

书　　名	中国情境下的企业社区参与研究 ZHONGGUO QINGJING XIA DE QIYE SHEQU CANYU YANJIU
著作责任者	张桂蓉　著
责任编辑	胡利国
标准书号	ISBN 978-7-301-32186-7
出版发行	北京大学出版社
地　　址	北京市海淀区成府路 205 号　100871
网　　址	http://www.pup.cn
新浪微博	@北京大学出版社　　@未名社科-北大图书
微信公众号	ss_book
电子信箱	ss@pup.pku.edu.cn
电　　话	邮购部 010-62752015　发行部 010-62750672 编辑部 010-62753121
印　刷　者	北京鑫海金澳胶印有限公司
经　销　者	新华书店
	650 毫米×980 毫米　16 开本　19.5 印张　343 千字 2021 年 6 月第 1 版　2021 年 6 月第 1 次印刷
定　　价	59.00 元

未经许可,不得以任何方式复制或抄袭本书之部分或全部内容。
版权所有,侵权必究
举报电话: 010-62752024　电子信箱: fd@pup.pku.edu.cn
图书如有印装质量问题,请与出版部联系,电话: 010-62756370

国家社科基金后期资助项目
出版说明

后期资助项目是国家社科基金设立的一类重要项目,旨在鼓励广大社科研究者潜心治学,支持基础研究多出优秀成果。它是经过严格评审,从接近完成的科研成果中遴选立项的。为扩大后期资助项目的影响,更好地推动学术发展,促进成果转化,全国哲学社会科学工作办公室按照"统一设计、统一标识、统一版式、形成系列"的总体要求,组织出版国家社科基金后期资助项目成果。

全国哲学社会科学工作办公室

内容简介

高度联通的时代,企业活动的能见度越来越高;管理型政府向治理型政府转变,社会组织发育日益成熟;共建共享、合作共赢的发展理念使得活跃于社区发展过程中的企业越来越多;企业社区参与正在成为中国社会治理的创新实践。深植于中国社区管理方式否定之否定历史图景中的企业社区参与是什么？怎么样？为什么？这些是本书力图解决的问题。

本书立足于国内外社区产生与发展的历史脉络,深入研究和比较中国和西方国家企业社区参与的实践,以清晰界定企业社区参与研究的中国情境。从情感嵌入度和利益关联度两个方面测量企业的社区关系,从企业社区参与的内容、形式和影响因素等方面展开理论与实证研究;融合定性和定量两种方法,提出了包含环境保护、就业创造和公益活动3个潜在变量,16个观测变量的企业社区参与评估指标体系;发现情感嵌入度对企业社区参与具有显著影响,利益关联度对企业社区参与具有正向影响;在社区关系影响企业社区参与的过程中,企业动机和社区资源动员力发挥了中介作用;政府回应、法律制度和非政府组织发育对企业社区参与程度具有调节作用。根据企业社区参与的实践机理,发现企业社区参与存在义务、公益、投资和共建共享四种模式,以及企业与社区共建共享关系的形成机制。相比西方国家企业社区参与的"企业中心主义"实践,中国企业的社区参与更加强调其"社区发展导向","力所能及"可以成为新时期中国企业社区参与的常态,它将推动社区治理现代化的实现。

目 录

第一章 导 论 ·· 1
    第一节 研究缘起 ··· 1
    第二节 中国情境下企业社区参与研究的价值 ························· 4
    第三节 研究目标 ··· 7
    第四节 研究设计 ··· 8

第二章 企业社区参与研究的中国情境 ·· 12
    第一节 社区概念的传播与中国化 ·· 12
    第二节 国外社区发展理念的产生与发展 ····························· 17
    第三节 中国社区建设运动的产生与发展 ····························· 20
    第四节 国外企业社区参与的实践 ·· 24
    第五节 国内企业社区参与的实践 ·· 29
    第六节 国内外企业社区参与实践的历史比较 ······················ 34

第三章 企业社区参与研究的理论基础与概念工具 ······················ 38
    第一节 企业社区参与研究的演化发展 ································ 39
    第二节 企业社区参与研究的文献回顾 ································ 44
    第三节 企业社区参与研究的理论视角 ································ 63
    第四节 主要概念界定 ··· 74

第四章 空间分异下企业社区参与的案例探索 ······························ 77
    第一节 企业社区参与案例研究设计 ···································· 77
    第二节 案例研究的目的与讨论的命题 ································ 80
    第三节 案例的选择与案例资料的收集 ································ 83

第四节　仙娘溪村"新农围"室内改造和公共空间创造项目 …… 86

第五节　"打工妈妈互助中心"建设项目 …………………… 88

第六节　医院病童游戏室建设项目 ………………………… 91

第七节　企业社区参与的跨案例分析 ……………………… 94

第八节　本章小结 …………………………………………… 97

第五章　空间同构下企业社区参与的案例探索 …………… 98

第一节　案例研究的目的与讨论的命题 …………………… 98

第二节　案例的选择与案例资料的收集 …………………… 105

第三节　混合社区中的企业社区参与 ……………………… 108

第四节　单位社区中的企业社区参与 ……………………… 122

第五节　城乡接合部社区中的企业社区参与 ……………… 129

第六节　企业社区参与的跨案例分析 ……………………… 137

第七节　两组案例的比较分析 ……………………………… 142

第八节　本章小结 …………………………………………… 143

第六章　企业社区参与实践的理论模型与研究假设 ……… 145

第一节　企业社区参与评价模型的设定 …………………… 145

第二节　企业社区参与实践理论模型的提出 ……………… 152

第三节　企业社区参与实践的研究假设 …………………… 161

第四节　研究假设总结 ……………………………………… 174

第五节　本章小结 …………………………………………… 175

第七章　企业社区参与的测量与统计结果分析 …………… 176

第一节　变量的测度与选择 ………………………………… 176

第二节　问卷的设计与预测试 ……………………………… 183

第三节　数据收集与样本描述 ……………………………… 192

第四节　样本统计结果分析 ………………………………… 193

第五节　本章小结 …………………………………………… 219

第八章　企业社区参与理论模型的验证与假设结果讨论 … 220

第一节　企业社区参与理论模型验证 ……………………… 220

第二节　研究假设检验结果汇总 …………………………… 235

第三节　研究结果讨论：企业社区参与的影响因素 ……… 237

第四节　研究结果的思考：企业与社区的共建共治共享关系 …… 243
　　第五节　本章小结 …………………………………………… 254

第九章　企业社区参与研究的结论、理论推进与实践启示 ………… 256
　　第一节　企业社区参与研究的结论 ………………………… 256
　　第二节　企业社区参与研究的理论推进 …………………… 261
　　第三节　企业社区参与研究的实践启示 …………………… 265
　　第四节　企业社区参与研究的展望 ………………………… 270

参考文献 ……………………………………………………………… 271

附录1　企业社区参与调查问卷一 ………………………………… 289

附录2　企业社区参与调查问卷二 ………………………………… 292

附录3　企业社区参与调查问卷三 ………………………………… 295

附录4　企业社区参与调查问卷（社区问卷） …………………… 299

第一章 导 论

20世纪60年代出生的人都经历了城市社区的剧烈变迁，目睹了居民委员会从简陋的办公室搬到现在至少包含几百平方米大小居民活动空间的办公楼；从只管理社区卫生到管理社会保障、公共安全、文化教育、休闲娱乐、困难群体等众多细致复杂的问题。居民委员会组织机构从两三个人发展到了九至十人，有时还有大批临时聘用人员。社区不再只有居民委员会，还有社区公共服务中心、社会工作机构、社区医疗服务中心、兴趣社团、公益慈善组织等各种组织和机构，为居民提供服务的也不再限于政府，还包括所有社区利益相关者。我们发现，在众多的利益相关者中，企业的作用尤其突出。本章叙述了本书研究企业社区参与的缘由，如何开展研究，以及研究要达到的预期目标。

第一节 研究缘起

企业是社会发展的重要经济力量，社区是社会的基本单元，社区发展是否需要企业这一重要的经济力量呢？

一、企业是社区治理的重要协同力量

20世纪30年代美国经济大萧条时期，一个家族垄断整个社区经济生产方式，控制着所有社区生活机构。林德夫妇（Robert Lynd and Helen Lynd）在《变迁中的中镇》中与缪西居民的访谈再现了这一情景："如果失业了，我就去×工厂；如果需要钱，我就去×银行，当然，如果他们不喜欢我，我就得不到想要的；我的孩子去×大学念书；在我生病的时候，我去×医院；我在×辖区买房子；我妻子到城里的×商店买衣服；要是我的狗走丢了，它就被放在兽栏里；我买×牌牛奶；我喝×牌啤酒，支持×政党，从×福利处得到帮助；我儿子去基督教青年会（Young Men's Christian Association，YMCA），女儿去

她们的 YMCA；我在×辖区教堂聆听上帝的话；如果我是修道士，就去×教堂；我从×早报看到新闻；而且，如果我有足够的钱，我从×机场出发去旅行"①。在现代经济中，虽然家族企业垄断社区生活的辉煌不再，但是社区与企业的空间同构，仍然使得社区内企业的经济过程与社区居民的日常生活不可分割地联系在一起。大多数城市社区的衰落其实是企业决策的结果，比如，企业将固定资产的投资转移到同一城市的其他社区，或者国内其他城市，甚至其他国家，都会导致其运营所在原社区和即将入驻的社区出现完全相反的情况：物质生产设备——工厂、写字楼、仓储设施、商店、工人住宅的撤资与投资，学校、教堂的破产与兴建，为生产和消费服务的建筑配套系统——道路、供排水系统以及政府办公设施的取消与建设，最终将导致社区生活的社会网络、社区居民的家庭安全网络瓦解与重建②。如此，企业与社区相依共存，在建构社区秩序、参与社区治理和推动社区发展无限可能的协同力量中不能没有企业的贡献。

那么，企业通过什么样的方式实现社区参与？我国出生于20世纪60年代末70年代初，一直居住在大型国有企业单位社区的人们会有相似的生活经历：享受到即将结束的"企业办社会"生活。最初几年，在我们的记忆中，生病是去企业医院就诊；企业免费为职工住房供暖；孩子出生后，支付低廉的费用就可以上设施完备的企业幼儿园；过年过节有福利发放……这样的生活持续到20世纪末。21世纪初开始，国有企业全面建立现代企业制度，全国开始进行社区建设，企业医院和企业学校与企业脱钩，企业不断退出其社会功能和政府功能，到现在企业专注于发展生产，取得经济效益。政企分开、社企分离减轻了企业的负担，市场经济体制逐步建立起来，但是，企业退出其社会功能和政府功能，并不意味着不再关注其所在社区的发展，市场经济体制建立以后，另一种体现社会功能的企业参与形式出现了。企业在社区自治组织和基层政府的动员下，参与建设社区花园和体育休闲健身设施，改善社区医疗服务中心的条件，与居民一道组织丰富多彩的社区文化建设活动等。那么，共享社区资源的企业在社会经济结构变迁的背景下，在社区治理现代化的过程中是否应该发挥作用？能发挥什么作用？可以发挥多大的作用呢？

社区治理的现代化是指非营利组织、自治组织、私营组织、居民等利益

---

① Lynd, Robert, Lynd, Helen, *Middletown in Transition: A Study in Cultural Conflict*, New York: Harcourt Brace Jovanovich. 1937, p. 4.

② Wallerstein, I., *The Modern World-System Ⅲ: The Second Era of Great Expansion of the Capitalist World-Economy*, New York: Academic Press. 1989.

相关者能够在政府政策指导下,协调各方利益,解决矛盾冲突,共同发展的状态。在社区利益相关者中,企业是组织性最强、工作效率最高,具有经济实力的重要力量。法国社会学家杜尔凯姆认为职业团体在社会整合过程中是最有优越性的,因为它无处不在,能够发挥各种作用,渗透于社会生活的各个角落①。在我国现今社会发展背景下,政府财力不足以全面改善社区的硬件条件和软件条件;社会组织发育还有待完善;因此,从理论上讲,在政府、非营利部门和企业组成的三角社会治理结构中,企业的社会治理效用更加不可或缺。

二、企业参与社区治理是其履行社会责任的重要途径

企业社会责任是指企业因其运营影响他人、社会和环境而承担的相应责任②。企业运营对其所在社区必然产生这种或那种影响,社区的利益与企业的利益紧密相连(见图1-1)。企业在社区自然和人文环境下,雇用社区的居民,依赖社区的公共基础设施,与社区的原料供应商和经销商合作,生产和销售自己的商品,满足投资者和消费者的需求,为政府提供满意的服务。企业是庞大社会系统运行中的必备环节,其他环节出现问题,企业无法运行,其他环节运行良好,企业也将运行顺利③。

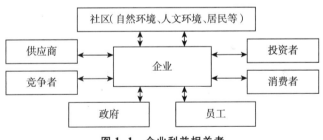

图 1-1 企业利益相关者

彼得·德鲁克认为,社会将越来越期待营利性的和非营利性的组织联合解决社会问题④。按照德鲁克的观点,企业通过解决社区社会问题,承担

---

① 〔法〕杜尔凯姆:《自杀论》,钟旭辉、马磊、林庆新译,杭州:浙江人民出版社1988年版,第331页。

② Cooper, S., *Corporate Social Performance: A Stakeholder Approach*, Burlington: Ash Gate Publishing Company, 2004, pp. 56—59.

③ 〔美〕史蒂芬·柯维:《理想社区》,载德鲁克基金会,弗朗西斯·赫塞尔本、马歇尔·戈德史密斯、理查德·贝克哈德、理查德·舒伯特主编:《未来的社区》,魏青江等译,北京:中国人民大学出版社2006年版,第52页。

④ 〔美〕彼得·德鲁克:《大变革时代的管理》,赵干城译,上海:上海译文出版社1999年版,第55—56页。

其对社区的责任。有学者认为,企业的社区表现好坏是衡量其是否为"好公民"的重要内容。是否参与社区治理被当作衡量企业是否履行社会责任的重要标准之一。①

企业社区参与是指企业通过慈善捐赠、资助赞助、善因营销、贡献员工工作时间②,与社区利益相关者合作,回应社区社会问题,推动社区发展的活动。从实践上看,企业社区参与实质上是企业参与社区公共事务和公益事业的活动,是对社区治理的参与,是企业履行社会责任的行为,能够确保企业实现可持续发展。波斯特和格里芬(J. E. Post and J. J. Griffin)的研究表明企业越来越重视社区关系的改善,越来越重视社区参与功能对企业发展的作用。③在欧美企业中,越来越多的企业设置了社区关系办公室。某项研究的数据显示,94%的研究样本相信企业履行社区责任能够产生商业利益;并且,84%的研究样本显示企业履行社区责任直接与其主要目标关联④。日本前首相鸠山由纪夫曾在2010年1月29日的国会施政演讲中指出,日本企业长寿的秘诀就在于企业与员工、顾客、交易伙伴、区域社会建构了长期的相互依赖关系⑤。

第二节　中国情境下企业社区参与研究的价值

欧洲国家基于教区传统十分重视社区发展。在北欧社会发展的历史中,教区与社区在空间上是重叠的,市民社会的控制者是教会,而教会的首领是国王⑥。美国也有类似的发展经历。19世纪末20世纪初,工业革命推动下的急剧社会转型引爆了各种社会问题。为了回应现实问题,学术界开

---

① Epstein, Edwin M., Business Ethics, Corporate Good Citizenship and the Corporate Social Policy Process: A View from the United States, *Journal of Business Ethics*, No. 8, 1989, pp. 586, 591.

② Moore, Geoff, Corporate Community Involvement in the UK-Investment or Atonement? *Business Ethics: A European Review*, Vol. 4, No. 3, 1995, pp. 171–178.

③ Post, J. E., Griffin, J. J., *The State of Corporate Public Affairs: 1996 Survey Results*, Washington, D. C.: Foundation for Public Affairs and Boston MA: Boston University School of Management Public Affairs Research Group, 1997.

④ CSR Magazine, *European Business Network for Social Cohesion (EBNSC)*, Brussels, June, 1999. 转引自 Rogovsky, Nikolai, Corporate Community Involvement Programmes: Partnerships for Jobs and Development, Geneva: International Institute for Labour Studies Press, 2000, p. 7.

⑤ 崔健:《日本的社会创新与企业社会责任关系分析》,《东北亚论坛》2011年第1期,第107页。

⑥ Lin, K., Cultural Traditions and the Scandinavian Social Policy Model, *Social Policy and Administration*, Vol. 39, No. 7, 2005, p. 723.

始探索社会问题的解决之道,推动企业社会责任思想在美国的萌芽①。19世纪末,企业主建设工业城镇的系列活动是最早的企业社会责任表现。比如罗伯特·欧文建立"新和谐村"的实验,洛厄尔建立"纺织工业公司城镇"的实验,乔治·普尔曼建立"工业化社区"的实验。在这些实验中,既有践行社会理想的空想社会主义者,也有融家长式慈善与提高劳动生产率为目的的资本家,他们有一个共同之处,即承认企业与社区环境之间存在依存关系,员工福利对企业绩效具有促进作用。社区被认为是要求企业承担社会责任的利益相关者之一②。

中国的社区发展过程同时是中国特色社会主义市场经济建设的过程。政府为了建立市场经济体制,明确市场主体,实行现代企业制度和住房商品化制度,从根本上瓦解了计划经济时代的企业单位社区;农村家庭联产承包责任制推动了人口流动,打破了人们的乡土情结,原来以农业为生的农民改变自己的生活方式,在工厂就业,在城市社区居住。农村不再以生产大队为单位,村委会成为与居委会发挥同样功能的自治组织。户籍制度的改革,进一步推动社区从地域社会的空间单元转化为流动社会的治理单元,社区管理成为政府社会管理的基础。国家从"十一五"规划中把社区建设作为提供公共服务的重点工程,到"十二五"规划中把"强化城乡社区自治和服务功能"作为社会管理创新的主要内容,再到"十三五"规划中把社会治理创新作为政治体制改革的重要方向,强调发挥社区治理在社会管理中的作用。2016年,中共中央、国务院为了进一步加强城市规划建设管理工作,明确指出:创新城市治理方式,要提高企业参与城市治理的意识和能力③。

20世纪90年代传入中国的企业社会责任思想理念,也在努力建立市场经济体制、融入世界经济的中国企业中逐步建立起来。2006年,《中华人民共和国公司法》正式实施后,中国纺织工业协会推出第一个企业社会责任管理标准化体系;国家电网公司发出第一份企业社会责任报告。2007年,上海市人民政府发布我国第一个地方政府企业社会责任标准。2008年,国务院国有资产监督管理委员会第一次发布关于中央企业履行社会责

---

① 1916年美国学者Maurice Clark在《改变中的经济责任的基础》第一次提出企业社会责任的概念。

② Berle, Adolf A., For Whom Corporate Managers are Trustees: A Note, *Harvard Business Review*, Vol. 45, No. 8, 1932, pp. 1365–1372.

③ 详见《中共中央国务院关于进一步加强城市规划建设管理工作的若干意见》(2016年第7号)中第八条创新城市治理方式,第二十八款提高市民文明素质。

任的系统性、纲领性文件;商务部第一次发布关于外商投资企业履行企业社会责任的指导性文件。2009年,上海证券交易所第一次发布我国上市公司企业社会责任指数。央视网2015年公布的数据显示,我国企业发布的企业社会责任报告已由2009年的582份增加到1703份[①]。2016年4月19日,习近平主席在网络安全和信息化工作座谈会上要求企业把履行社会责任提高到战略发展的高度。

企业履行社区责任的实践日益活跃。如有的企业扎根社区,在基础设施相对落后、低收入群体比较集中的社区投资,设立"社区建设发展有限公司"。根据社区居民生活需要投资建设便民超市、社区文化广场、社区饮食市场、社区医院和老年人活动中心。在基层政府的政策支持下,企业拥有其所建社区服务设施的经营权、管理权和收益权。这些投资项目提高了社区居民的生活质量,解决了社区下岗员工的就业问题,企业也在享受国家和政府"大力推进城市社区建设"扶持政策的同时,在商业竞争中把握住了主动权,实现了政府、企业和社区的共赢[②]。类似的企业实践还有很多,如:2014年12月2日《南方日报》报道,在珠海市政府为中小私营机构搭建参与社区治理的平台,举办了首届社区公益项目认购会,通过政府购买的形式推动私营机构参与社会治理活动企业、开始社区参与的各种尝试,有的企业参与的社区治理项目与企业主营业务毫无关系,有的企业结合自身的战略发展决定社区参与的内容与方式,有的企业是输血式解决社区问题,有的则是造血式解决社区问题……因此,在社会转型背景下,关注企业社区参与的实践,探索中国企业社区参与的规律具有非常重要的现实价值。

社区治理的创新是社会治理创新的基础。社区作为居民生活的重要场域,需要政府、市场和社会加强互动,共担责任和协同权利。但是,在国内已有研究中,或者强调政府职能转变[③],或者强调发展社会组织或提升居民参与度,没有考察企业在社区治理中的作用。企业社区参与是国外已有研究中非常成熟的概念,而在国内已有研究成果中,这一概念还是一个比较陌生的名词。以2001年至2018年8月为文献检索的时间范围,以"企业

[①] 《中国企业社会责任报告白皮书(2015)》,央视网,2015年12月23日,http://jingji.cntv.cn/2015/12/23/ARTI1450836448902326.shtml,访问时间:2017年5月23日。

[②] 王然:《企业参与社区建设,大有作为——太原市民心社区建设发展有限公司参与社区建设记事》,《今日科苑》2004年第10期。

[③] 燕继荣:《协同治理:社会管理创新之道——基于国家与社会关系的理论思考》,《中国行政管理》2013年第2期。

社区参与"为检索主题词,我们在中国知网检索到的文献数量是 181 篇。企业社区参与是企业社会责任的重要表现形式,以"企业社会责任"为主题词,再以"社区"为关键词,在中国学术期刊全文数据库检索到的文献数量是 10 篇。在这些检索结果中,真正与"企业参与社区治理,履行社区责任"研究内容密切相关的论文寥寥无几;在检索到的文献中,与企业社区参与研究紧密相关的成果集中于旅游企业的社区参与,但这类社区参与建立在企业主业中,体现为企业的发展战略,且研究方法比较单一。因此,中国情境下的企业社区参与研究仍处于探索阶段。创造性的建构分析企业社区参与的理论框架,不仅符合企业在社区发展中发挥越来越大作用的现实,而且有利于突破以往将社区社会问题的治理与社区发展的压力集中于政府和社会组织的思维逻辑,探索企业在社区发展和社区能力形成过程中发挥的重要作用,对于丰富国内社区治理理论,扩展国外关于发展中国家企业社区参与的研究具有重要的理论价值。

第三节　研究目标

本研究关注中国情境下企业的社区参与实践,分析企业的社区关系对企业社区参与的影响,探索企业社区参与的焦点内容和方式,以期描画中国情境下企业社区参与的图景,建构企业社区参与的基本理论。研究围绕企业与社区的情感互嵌和利益连接展开,试图开发中国社区发展阶段下企业社区参与的评估指标体系。运用观察法、访谈法搜集企业社区参与的案例资料,分析不同类型的企业社区参与活动中企业与社区的关系,探索企业与社区的情感嵌入度、利益关联度对企业社区参与的直接影响,讨论制度环境对企业社区参与的调节作用、企业动机与社区资源动员力对企业社区参与的中介作用。通过问卷调查,运用结构方程,建构企业社区参与实践模型。归纳分析企业社区参与的基本模式。

第一,提出中国语境下的企业社区参与评估指标体系。国外的研究中,企业社区参与一般表达为"Corporate Community Involvement",与其相关的名词还有社区责任投资(Corporate Community Investment)和社区关系管理(Community Relationship Management)。国内外对于企业社区参与的概念和评估标准没有统一的认识。企业社区参与也因经济社会发展程度不同呈现不同的特点。本研究试图讨论中国现有社会经济发展水平下企社区参与的内容和形式,企业社区参与的测量指标;通过问卷调查,数据统计检验,建构企业社区参与评估模型。

第二,探索影响企业社区参与的因素,提出企业社区参与模型。基于中国市场经济体制建立时间不长,企业"利润最大化"理念受企业社会责任运动影响,从企业与社区的情感互嵌和利益联动两个层面,讨论企业社区参与的程度;发现企业与社区的情感嵌入度和利益关联度对企业社区参与的影响;企业动机和社区资源动员力对企业社区参与的影响,以及法律制度、社会组织、政府回应对企业社区参与的调节作用。通过问卷调查数据统计分析,建构结构方程,提出企业社区参与实践模型。

第三,提出企业社区参与的共建共享模式和企业与社区共建共享关系的形成机制。随着社区建设运动和企业社会责任运动的不断发展,社区自治组织的社区管理能力日益增强,社会对企业履行社会责任的要求越来越高。在政府政策的推动下,不同类型的企业立足自身发展战略,把社区发展与企业发展结合起来,不同程度参与社区建设,形成了不同的企业社区关系和企业社区参与模式。本书试图归纳企业社区参与的基本模式,分析企业与社区共建共享关系的形成机制。

第四节 研究设计

一、技术路线

在整合企业社区参与理论、利益相关者理论、企业公民理论、新制度主义理论、社区治理与社区建设等领域研究成果的基础上,对中西方社区建设与发展的历史进行比较分析,阐释企业社区参与研究的中国情境、研究不足、理论基础和概念工具。通过访谈法收集企业社区参与典型案例,在跨案例比较的基础上,得出企业社区参与的内容、方式,结合理论研究的成果,析出企业社区参与的测量维度、影响因素,建构企业社区参与理论模型。通过问卷调查法收集企业社区参与的基本数据,运用各种数据分析技术,提出测量企业社区参与的评估指标体系和企业社区参与实践模型。以此为基础,归纳中国情境下企业社区参与的基本模式,企业建构和谐社区关系的机制。按照以上研究思路,企业社区参与研究的技术路线图如下(见图1-2)。

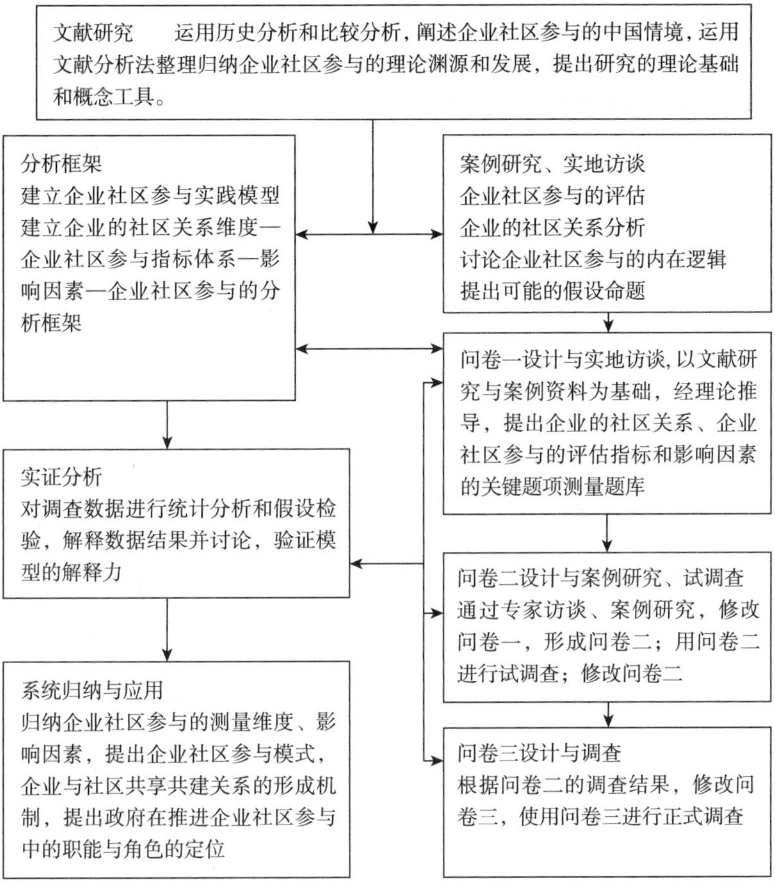

```
┌─────────────────────────────────────────────┐
│ 文献研究    运用历史分析和比较分析，阐述企业社区参与的中国情境，运用 │
│           文献分析法整理归纳企业社区参与的理论渊源和发展，提出研究的理论基础 │
│           和概念工具。                          │
└─────────────────────────────────────────────┘
```

┌─────────────────┐   ┌─────────────────────┐
│ 分析框架   │   │ 案例研究、实地访谈   │
│ 建立企业社区参与实践模型 │◄──────►│ 企业社区参与的评估   │
│ 建立企业的社区关系维度—— │   │ 企业的社区关系分析   │
│ 企业社区参与指标体系——影   │   │ 讨论企业社区参与的内在逻辑   │
│ 响因素——企业社区参与的分   │   │ 提出可能的假设命题   │
│ 析框架   │   └─────────────────────┘
└─────────────────┘   │
         │   ┌─────────────────────┐
         │   │ 问卷一设计与实地访谈，以文献研 │
         │   │ 究与案例资料为基础，经理论推   │
         │   │ 导，提出企业的社区关系、企业   │
         │   │ 社区参与的评估指标和影响因素   │
         │   │ 的关键题项测量题库   │
         ▼   └─────────────────────┘
┌─────────────────┐   │
│ 实证分析   │   ┌─────────────────────┐
│ 对调查数据进行统计分析和假设检 │◄──────│ 问卷二设计与案例研究、试调查   │
│ 验，解释数据结果并讨论，验证模 │   │ 通过专家访谈、案例研究，修改   │
│ 型的解释力   │   │ 问卷一，形成问卷二；用问卷二   │
└─────────────────┘   │ 进行试调查；修改问卷二   │
         │   └─────────────────────┘
         ▼   │
┌─────────────────┐   ┌─────────────────────┐
│ 系统归纳与应用   │   │ 问卷三设计与调查   │
│ 归纳企业社区参与的测量维度、│   │ 根据问卷二的调查结果，修改问   │
│ 影响因素，提出企业社区参与模式，│   │ 卷三，使用问卷三进行正式调查   │
│ 企业与社区共享共建关系的形成机 │   │   │
│ 制，提出政府在推进企业社区参与 │   │   │
│ 中的职能与角色的定位   │   │   │
└─────────────────┘   └─────────────────────┘

图 1-2　研究的技术路线

二、内容结构

本书关注的核心问题是企业社区参与"是什么？怎么样？为什么？"。国内已有相关研究仅关注企业社会责任中社区责任的内容，且基本上以三四个指标粗略反映企业履行社区责任的现状。企业社区参与的内容与形式，企业社区参与的实践机理在这一研究领域还处于黑箱的状态。研究企业社区参与影响因素的前提是厘清企业社区参与的中国情境，因此，本书从中国社区产生与发展的历史图景出发，根据企业的社区关系差异，对两组案例中六个典型的案例社区中企业的社区参与实践进行探索性研究，在已有研究成果的基础上，析出企业社区参与实践的假设命题，提出影响企业社区参与的因素，设计各变量的测量指标，运用 Amos 20.0 和 SPSS 20.0 统计软件对调查结果进行分析，提出企业社区参与模型和企业社区参与的基本模式，从而形成以下的分析框架和篇章布局。

第一章，导论。基于历史文献和现实情况讨论中国情境下企业社区参与研究的理论价值与现实意义，明确研究目标、研究方法、研究内容和技术路线。

第二章，企业社区参与研究的中国情境。运用历史分析法和比较分析法，梳理国内外社区建设与社区发展的不同历程，国内外企业社区参与实践的差异，理解企业社区参与的中国情境。

第三章，企业社区参与研究的理论基础与概念工具。对国内外企业社区参与研究成果进行综合评述，从企业社区参与研究的演进阶段理解企业与社区的关系演变，讨论已有研究的局限和未来企业社区参与的跨学科融合研究方向，定位本项目的研究依据；提出与企业社区参与研究相适应的理论视角，提出本研究的概念工具。

第四章，空间分异下企业社区参与的案例探索。设计分阶段的多案例研究方法，本章是第一个阶段的案例研究。聚焦空间分异情况下，企业社区参与"何以可能""何以可行"。选择经济发达地区三个企业社区参与项目作为研究单元，通过深度访谈、档案资料分析，运用社区发展理论、合作治理理论进行分析，发现空间分异情况下，价值认同使得企业社区参与成为可能，资源互补使得企业社区参与可行，而非营利组织、企业、受助者共同决策是合作共赢的基本方式。同时，企业社区参与均具有公益性、短期性、项目化的特点。

第五章，空间同构下企业社区参与的案例探索。本章为第二个阶段的案例研究，聚焦空间同构情况下，企业社区参与"是什么""怎么样""为什么"。选择中部发展中地区的三个不同类型社区作为研究单元，运用利益相关者理论，通过对社区居委会工作人员、基层政府官员、企业管理人员和员工进行深度访谈，结合问卷调查和档案整理方法获得案例材料，通过本组案例比较分析，析出中国社会语境下的企业社区参与测量指标，影响企业社区参与强弱的因素。通过两组案例比较，明确空间是否同构对企业社区参与程度的影响。基于制度理论分析非政府组织发育状况、执法环境、政府回应对企业社区参与程度的调节作用，以此提出中国企业社区参与研究的基本命题。

第六章，企业社区参与实践的理论模型与研究假设。根据案例研究和已有文献研究的成果，结合社区发展理论，参考 ISO 26000 中企业社区参与与社区发展主题的评估指标，设置企业社区参与的测量模型，企业社区参与实践的理论模型，以及影响企业社区参与的各种变量关系假设。

第七章，企业社区参与的测量与统计结果分析。在已有研究成果的基础上,提出各种变量的测度指标;结合专家意见,设计问卷;通过预测试,对各个变量的测量量表进行信度、效度检验,得出正式调查的问卷;对正式调查的数据结果进行数据检验、因子分析。

  第八章,企业社区参与理论模型的验证与假设结果讨论。依据正式调查的数据结果,运用方差分析方法,验证企业属性对企业社区参与的影响;运用结构方程分析方法,验证各个变量之间的关系假设,讨论变量间关系假设成立与否的原因,进一步修正模型;提出企业的社区参与模式和企业与社区共享共建关系的形成机制。

  第九章,企业社区参与研究的结论、理论推进与实践启示。在研究结论基础上,明确提出中国情境下的企业社区参与的内容、方式、影响因素和参与结果;分析该项目的研究创新,展望后续研究的方向;讨论研究结论对中国企业社区参与实践的指导作用,分析促进企业发挥社会治理功能的政府介入路径,提出社区治理现代化是企业社区参与的方向。

第二章　企业社区参与研究的中国情境

我曾经承担社会学专业"社区概论"课程的教学工作,我记得最初的教学难点是"社区"概念的阐释。课程上完以后,学生不知道究竟什么是社区,我自己也讲不清楚社区是什么。那个时候,社区服务在中国各大城市试点刚刚开始,大家并不知道社区应该怎样建设,书本上引进的社区理论,课程中讲述的社区发展规划与社区建设的实践完全不符。虽然中国古代就有类"社区"的政府管理单元,但是"社区"的概念是由德国社会学家滕尼斯第一个提出,由美国社会学家帕克于20世纪30年代传入中国的。与"社区"概念的多元发展相对应,西方国家的社区发展实践经历兴衰起伏的三个阶段后,最终确定了社区发展在社会发展中的作用,其中企业在社区发展不同阶段呈现出不同的社区参与特征。与此不同,社区真正成为现代中国社会管理的基本单元发生在计划经济向市场经济体制转变的过程中,发生在社区服务事业发展的过程中,发生在学术界不断厘清"社区"概念的过程中。在这一过程中,企业的社区意识不断变化,从政府意志下的"企业办社区",发展为社区主导下企业的短期公益输出、企业主导下对社区的短期公益输出,企业与社区合作的长远公益输出等多种企业社区参与形式。中国企业社区参与存在与西方国家完全不同的情境。

第一节　社区概念的传播与中国化

当"社区"进入中国人的视野,成为耳熟能详的名词的时候,"社区"已经泛化成了虚拟概念。说到社区,一般人的脑海里就会显现"天涯社区""社区居委会""智慧社区""游戏社区"等各种内涵迥异的社区名词。在信息技术尚不发达的时代,有人曾经这样界定社区的边界:社区即是谣言可以传播到的地方。谣言可以传播到的地方肯定是熟人社区,然而,熟人社区已经转化成了陌生人社区。正是因为"社区"的千变万化,使得它作为一个研究概念而产生。"社区"一词起源于拉丁文,最早得到德国社会学家费迪南德·滕尼斯(Ferdinand Tönnies)的关注,他在1887年出版的著作《社区与社会》中将"Gemeinschaft"定义为有着相同价值取向、人口同质性较强的社会共同体①,美国社会学家将"Gemeinschaft"译为"community"。20世纪30年代初,这一概念又由吴文藻、费孝通等社会学家翻译为"社区",以区别于社会,得到中国其他学者的广泛认可。②

由于地理位置和地域文化的差异,不同的国家社区产生与发展的历史脉络完全不同,因此,"社区"这一概念从产生开始,内涵的界定就呈现出多元化的发展趋势。有的社会学家在20世纪50年代从研究文献中统计出94种社区定义,有的社会学家在80年代统计出140多种社区定义。③ 社区概念的纷繁复杂,昭示着社区的研究者关注焦点的变化,意味着社区研究具有不断拓展的理论空间。

一、国外"社区"概念的纷繁复杂

社区在西方国家的发展已有一百多年的历史,许多发达国家已形成了一套富有其自身特色的社区发展模式。由于社区在西方社会的发展形式十分丰富,所以各位学者对社区内涵缺乏一致的认识。他们从各自的学科和研究目的出发,主要从社会群体、社会功能、生活方式、地域空间等角度理解社区。

1. 社区概念的起源

19世纪末,随着工业化和城市化的兴起,经济社会开始转型,新的工业革命催生了全新的工业。④ 滕尼斯在这个期间提出社区概念,用以反映19世纪后期欧洲经济社会的发展。

1887年,滕尼斯提出"Gemeinschaft"(社区)这一概念,并与"Gesellschaft"(社会)一词相对应,通过比较分析,说明了欧洲社会从传统向现代的转型中人们社会联结方式的变化,同时表明了近代社会的整体变迁趋势。按照滕尼斯的观点,"社区"主要存在于传统的乡村社会中,是一种有着同样的生活方式、共同的伦理观念的社会共同体。人们遵从血缘关系,

---

① 童星、赵夕荣:《"社区"及其相关概念辨析》,《南京大学学报(哲学·人文科学·社会科学版)》2006年第2期。
② 《费孝通文集》第5卷,北京:群言出版社1999年版,第530页。
③ 黎熙元主编:《现代社区概论》,广州:中山大学出版社1998年版,第4页。
④ 〔美〕斯塔夫里阿诺斯:《全球通史——从史前史到21世纪》(上),吴象婴等译,北京:北京大学出版社2005年版,第144页。

珍惜地缘情感,具有乡土情结。与社区截然不同的是,"社会"主要指性格鲜明、价值取向多元化的城市社会群体,他们总是以一定的劳动关系或法律关系存在联系,体现了一种自私、冷漠、缺乏感情交流的人际关系。

在滕尼斯看来,"社区"是一种趋于感性的生活方式,是令人向往的。而"社会"则趋于理性的生活方式,他虽然非常向往基于感性、充满温情的社区关系,但也很清楚社会发展的总体趋势是社区向社会转变。

2. 社区概念的发展与丰富

随着工业化和城市化进程的加快,社会结构变迁给社会发展带来的冲击越来越大,各国的社会学家逐渐开始关注从"社区"视角解读社会结构的变迁,以期获得社会发展的途径。

20世纪20年代,美国的社会学家查尔斯·罗密斯把"Gemeinschaft"一词译为"community",很快,这一概念就受到了美国社会学家们的关注。1936年,美国芝加哥大学社会学系教授帕克(R. E. Park)在其《人文生态学》一书中就概括了"Community"的三个特征:一是,社区人口具有共同地域空间;二是,他们对相同的地域空间有着深深的情感;三是,他们相互依赖。[1] 帕克是最早对"社区"进行界定的社会学家之一,他提出社区是具有空间边界的人群集合,是约定俗成规则的集合。[2] 由于社会学芝加哥学派的推动,社区成为社会学研究的中心,社区研究在美国得到了长足发展,形成了以帕克为代表的功能主义的社区定义。与帕克持有类似观点的还有美国社会学家B. 菲利普斯[3]和戴维·波普诺。[4]

在社区的界定中,有的学者偏向于强调社区的地域特征,这就形成了以英国社会学家麦基文为代表的地域性的社区定义[5]。麦基文认为,社区是人类共同生活的区域,它可以是一个村庄或一个城镇,也可以是一个城市或一个国家,甚至可以把地球看作是一个社区。此外,1987年,古达尔(Goodall)从人文地理学角度对社区做出界定,认为社区既是指为居住和工作而占有和分享有限地域空间的互动人群,又代表着包容社会日常生活主要特征的最小空间系统。[6] 地域性的社区定义将社会学和地理学联系在一起,拓展了地理学的研究领域,推动了社会学的研究进程。

---

[1] 徐永祥:《社区发展论》,上海:华东理工大学出版社2000年版,第30页。
[2] 〔美〕R. E. 帕克等:《城市社会学》,宋俊岭等译,北京:华夏出版社1987年版,第110页。
[3] 转引自蔡禾主编:《社区概论》,北京:高等教育出版社2005年版,第3页。
[4] 方明、王颖:《观察社会的新视角——社区新论》,北京:知识出版社1991年版,第2—4页。
[5] 夏学銮主编:《社区管理概论》,北京:中共中央党校出版社2005年版,第11—12页。
[6] 于燕燕编著:《社区居委会工作手册》,北京:中国法制出版社2006年版,第4页。

无论是以帕克为代表的功能主义社区定义,还是以麦基文为代表的区域性社区定义,都反映了当时社区的发展趋势,即社区将不再是一个社会群体概念,而是一个系统的、功能复杂的、结构多元的社会分析单元。①

3. 社区概念的重新审视

1975年,美国社会学家桑德斯根据不同学者在研究方法上的不同,把社区定义分成四种类型:(1)定性的理解:把社区视为一个居住的地方。(2)人类生态学的理解:把社区视为一个空间单位。(3)人类学的理解:把社区视为一种生活方式。(4)社会学的理解:把社区视为一种社会互动。这就是社区的综合性定义,即从不同的研究方法和角度,对社区的定义必然会产生不同的理解。但这并不意味着社区概念的混乱,反而使我们可以比较全面地了解社区。

随着信息时代的到来,现代科学技术的发展推动人类社会进入了一个新时期,社区的类型也随之增加,虚拟社区就是信息网络发展的产物。1993年,莱茵戈德(H. Rheingold)在他的《虚拟社区》一书中将虚拟社区理解为以互联网为媒介进行沟通的群体②,这一群体有共同的爱好,分享知识和信息。它为人们重新认识社区的概念拓展了视野。由此可见,人类社会互动方式的改变也将影响到社区的发展,随着社区类型的增加,现代对社区概念的界定也会越来越多。

二、国内社区概念的日渐清晰

国内的社区研究起源于20世纪30年代,我国学者在对西方社会结构分析的基础上得出了"社区"这一概念。20世纪50年代,由于社会学在院系调整中被取消,社区不再受到人们的关注,社区研究停顿。20世纪80年代改革开放,我国掀起新的城市建设热潮,社区建设和社区研究才逐渐恢复。首先是费孝通在其著作中从社会群体的角度提出了社区的概念③,接着,民政部在1986年提出开展社区服务的要求,第一次在官方文件中提出社区的概念。我国学者一方面借鉴国外相关社区理论研究,一方面立足于自身对社区生活的实际感受,提出了一系列更加明确、更加清晰的社区定义。

1. 社区概念的引进

"社区"一词由费孝通等学者从英文community翻译过来后,便成为中

---

① 姜振华、胡鸿保:《社区概念发展的历程》,《中国青年政治学院学报》2002年第4期。
② 陈俐燕、胡辉:《虚拟社区研究综述》,《未来与发展》2013年第9期。
③ 费孝通:《社会学概论》,天津:天津人民出版社1984年版。

国社会学的通用语。由于受到马林诺夫斯基(Bronislaw Kaspar Malinowski)的深刻影响,加之帕克来华授课所带来的社区理念,我国早期的社会学学者如吴文藻、费孝通等人把社区理解为有边界的相对封闭的实体,因此,中国的社区概念便包含地域性的因素。

在引进的社区概念基础上,早期的社会学家扎根于当时我国社区建设的实践,力图以田野调查的方法,结合他们参与的乡村建设运动,反映当时的农村社区变化。这一时期的社区研究代表著作有费孝通的《江村经济》、林耀华的《金翼》、廖泰初的《动变中的中国农村教育》等。这些社区研究者在费孝通的带领下,在社区"直接观察",开展"微型研究",把中国社区分成不同类型,研究每一种类型中的典型社区,以此描绘中国社会发展的整体状况,开创了"以点带面,以类型推及整体"的社区研究中国学派。社区概念的引进与早期学者的研究成果为我国社区的建设和发展奠定了基础。

2. 社区概念的多元化

随着改革开放的推进,为了解决市场经济体制建立过程中游离于单位之外的人口社会保障问题和单位社区解体后居民日常生活的管理问题,社区服务和社区建设开始兴起。社区成为经济体制改革与社会体制改革的基本着力点,我国学者聚焦于社区的研究,开始了社区建设的新探索。

国内学者在民政部提出的社区概念的基础上,从自身的研究视角出发,提出了各种新的社区概念,影响较为广泛的有奚从清[①]、袁秉达[②]等的群体说,蔡禾[③]、章人英[④]等的区域社会说。区域社会说的社区定义从地理学的角度对社区进行了解释,在21世纪被学者们应用到公共管理领域。娄成武等在《社区管理学》一书中指出:"社区实质上就是一个区域性社会,是一定地域范围内人们社会生活的共同体。"[⑤]

综上所述,虽然我国学者对社区的理解各持己见,但是他们所下定义的社区在实质上是相近的,即都是以地域性作为社区的中心。众多学者对社区的关注实现了社区建设实践与社区研究成果的互动与呼应,社区概念在社区建设的实践中越辩越明。

3. 社区概念的清晰化

21世纪以来,经济的高速发展和城市化步伐的加快,社会矛盾冲突日

[①] 奚从清、沈赓方主编:《社会学原理》,杭州:浙江大学出版社1996年版,第209页。
[②] 袁秉达、孟临主编:《社区论》,上海:中国纺织大学出版社2000年版,第2页。
[③] 蔡禾:《社区概论》,北京:高等教育出版社2005年版,第4页。
[④] 章人英:《普通社会学》,上海:上海教育出版社1990年版,第145页。
[⑤] 娄成武、孙萍主编:《社区管理学》,北京:高等教育出版社2006年版,第4页。

益增多;中国地域广阔,各地经济、社会、文化发展程度迥异,人们在建设和谐社会的实践中探索出各种各样的社区发展模式。顺应社会建设实践,学者们从不同的角度提出了社区概念,使得我们对社区的理解更加透彻,使得我国的社区概念日渐清晰。高鉴国在《社区的理论概念与研究视角》一文中,将社区概念与历史变化联系在一起,对不同时期的社区定义进行分析,他发现,不管社会如何发展,人们对社区的认识都存在三个共同点:第一,社区是一种地域性社会关系的体现;第二,这种关系建立在持续互动的基础上;第三,这种持续的互动使得同一个社区的人们相互认同,具有群体归属感。① 甘信奎认为,社区一般应该具备稳定的地理空间、一定规模的具有归属感的人口、公共基础设施、独特的文化、具有管理作用的组织等要素。② 徐勇提出,不管社区结构如何多样化,社区都具备三个要素:空间、互动和价值。③

因此,总结以上研究成果,我们可以发现,各种各样社区概念的核心元素是趋向统一的。这样的对话与讨论明确了社区在社会管理中的地位,促进了我国社区建设道路的创新,社区发展路径的变化,反映了我国社会体制改革和城镇结构的变化。

第二节 国外社区发展理念的产生与发展

社区发展的理念最早产生于西方国家。1915 年,美国社会学家 F. 法林顿首先提出"社区发展"这一概念,为社区发展的传播和应用奠定了基础。国外学术界根据社区发展的不同历史阶段,提出了社区研究的三种理论:社区销蚀论、社区存在论和社区解放论。④

一、"社区销蚀论"下的社区发展——社区救助

第二次工业革命之后,欧洲主要工业国家的社会经济迅速发展。一方面,技术的进步导致城市工厂的工人被机器取代,因失业陷入贫困;另一方面,城市的发展吸引大量农民流入城市,猛增的人口超过了城市可以承载的数量。流入城市的农村人口既降低了城市劳动力的价格,又造成了社会

---

① 高鉴国:《社区的理论概念与研究视角》,《学习与实践》2006 年第 10 期。
② 甘信奎:《中国当代新农村社区建设的现实条件及路径选择》,《理论学刊》2007 年第 1 期。
③ 徐勇:《在社会主义新农村建设中推进农村社区建设》,《汉江论坛》2007 年第 4 期。
④ 赵定东、杨政:《社区理论的研究理路与"中国局限"》,《江海学刊》2010 年第 2 期。

秩序的混乱,因为一部分流动人口有可能在没有及时就业的情况下而犯罪。因此,这一时期的学者们将贫民的生活状况以及与贫困有关的社会问题作为社区研究的重点。其中,著名社会学家齐美尔(G. Simmel)和沃思(L. Wirth)针对当时的社会发展提出了"社区失落论",他们认为,大规模的城市化使得农村人口离开家乡与城市人口竞争,城市社区的人口结构发生了变化,人与人之间的竞争更加激烈,利益冲突越来越多,人际关系冷漠,传统的、温情脉脉的社区已经不复存在。

为了应付这一系列的社会问题,欧洲国家开始通过社区组织对贫民和失业人员进行社区救助工作。19世纪,英国开展"慈善组织会社运动",正式拉开了社区救助工作的帷幕。接着,美国陆续出现了社区慈善救助组织、社区服务交换所、社会机构委员会和社区基金会等[①]各种社区管理组织。19世纪末至20世纪初,欧美国家联合发起了社区睦邻组织运动,这一运动挖掘了社区自我发展的潜力。在政府的发动下,社区居民参与各种社团、非营利组织,开展了一系列的自助与互助活动;与此同时,第一次世界大战的爆发也为"社区组织运动"的发展提供了契机。

随着社会经济的发展,社区理论研究的深入,社区发展也逐渐形成规模。但是,这一期间社区发展的主要动力来自各国的慈善组织,社区发展是以"社区救助"形式存在的外来社会动员。真正的社区发展仍需要依靠社区居民自发主动的参与,这样社区才能稳定地存在。

二、"社区存在论"下的社区发展——社区复兴

第二次世界大战以后,美国等一些发达国家由于受到战乱的影响,国内社会运行状态与居民生活水平亟待修复与改善。非洲、亚洲和拉丁美洲的一些发展中国家,正受到贫困、就业、公共卫生以及经济发展迟滞等问题的困扰。针对发达国家和发展中国家面临的共同问题,一些社会学家在此阶段将社区研究的重点转向分析城市社会生活上,刘易斯(Oscar Lewis)和甘斯(Herbert Gans)提出了"社区存在论",以反映这一时期的社区在社会管理中的作用。他们认为,虽然人与人之间的关系日渐冷漠,但这并没有导致城市社区的灭亡,社区中的人际互助关系依然存在。与此同时,一种新的社区发展计划和模式应运而生,即不再仅仅依靠政府力量,而是基于社区居民自身力量的社区发展。

各国政府意识到,要想提高人民的生活质量,在很大程度上需要依靠

[①] 卢璐、许远旺:《新型农村社区建设的逻辑与方向》,《社会主义研究》2012年第3期。

社会的力量,建立一种自下而上的机制来解决当时的社会问题。1939 年,埃及在两个村庄开始实验性计划,后逐步开展全国性的社区建设,因此被认为是最早推行社区发展的发展中国家;1952 年,印度推行全国性的社区发展计划;世界各国发起的以反贫困为目的的发展项目推动了社区的发展①。为了拉动全球经济社会的发展,联合国经济社会理事会开始倡导社区发展工作。从 1951 年到 1955 年,先后成立社区福利中心、社区组织与社区发展小组、社区事务局社区发展组,力图"通过社区发展实现社会进步"②。

在这一发展阶段,通过联合国对社区发展的推动以及各国政府在社区发展方面的实践工作,社区发展运动得到了复兴,并形成了一定的工作体系,社区发展工作也从早期仅仅关注慈善、救济领域转变为对经济、教育、生活的全面参与。

三、"社区解放论"下的社区发展——社区重建

第三次工业革命改变了西方国家的产业结构,人们的社会生活方式发生了巨大的变化,超越狭隘社区空间,与社区外的人们产生越来越多、越来越紧密的联系。人们之间的关系出现了两种向度:一种是公开的人际关系,冷漠、自私、充满戒心;一种是私密的人际关系,热情、乐于助人、充满人情味。这两种人际关系并不会以是否在同一地域空间而区别开来。居住在非邻近区域的居民之间,通过共同的爱好,或者共同的价值观等等,形成了亲密无间的类社区邻里关系,而且,这种类社区邻里关系越来越普遍。费舍尔(Claude S. Fischer)、韦尔曼(B. Wellman)和雷顿(B. Leighton)就此社会现象提出"社区解放论"。他们认为地理空间并不是社区最重要的要素,社区居民的紧密互动才是社区功能发挥的关键要素③。邻里之间虽然仍存在相互约束的规则,或者说,见面礼貌地招呼,但是,邻里之间几乎没有共同参与的活动,陌生的邻里越来越多。那么,社区是否不再有存在的价值呢?

为了论证社区存在的价值,很多学者进行了实地的考察。如,帕乔恩④(M. Pacione)在英国格拉斯哥(Glasgow)市访问了 760 个市民,发表了名为

---

① 卢璐、许远旺:《新型农村社区建设的逻辑与方向》,《社会主义研究》2012 年第 3 期,第 60—64 页。
② 赵劲、陈洪玲:《促进中国城市社区发展的三维结构分析》,《大连海事大学学报(社会科学版)》2009 年第 5 期。
③ 司源:《社区归属感建设研究综述》,《福建省社会主义学院学报》2011 年第 4 期。
④ 高春燕主编:《社区人口与发展》,北京:中国环境科学出版社 1999 年版。

《格拉斯哥:城市的社会—空间发展》(Glasgow: The socio-spatial development of the city)的报告,报告发现有明确空间界限、互帮互助的邻里社区没有消失。虽然现代城市社区中人与人之间的紧密关系与乡村社区的人际关系大不相同,但是,不管人们与非地域的人群联系多么紧密,在同一个地域范围内,在除工作外主要生活的地方,总会产生需要社区内居民共同维护的利益,或多或少的相互帮助,人们需要快乐而安定的生活,社区是最能满足人们需要的空间。

20世纪后期,英、美等国家的学者提出社群主义理论,其关注点就是社区民众之间的互助互动,旨在将社区规划、社区照顾、社区参与等活动融合在一起,社区重建工作的内容呈现出整合发展的趋势。在英国,作为执政党的工党在社会发展战略层面提出了社区发展规划。在美国,20世纪90年代兴起的社区主义运动,号称从强调个人权利转换为关注社会和集体责任的平衡。[1] 在澳大利亚,政府在制定政策时,为了解决民众本身的问题,开始转向与社区对话,将焦点集中在志愿能力的利用上。这一期间,先后有一百多个国家和地区提出了社区振兴发展的规划。社区建设得到了政府的高度重视。现代社区发展摆脱了传统的社会福利服务的"补救性"特征,将社会福利服务的功能改为以提供防御性与发展性服务为主,居民的参与意识和自助能力不断提高,从而使社会福利工作的功能由消极变为积极,社会福利的思想、理论和制度发生了革命性的转变。

社区发展的整合工作使西方社区建设的重点放在了居民自立自强精神的培育方面,放在了以人为本,促进社区的全面进步和发展上。人们运用自己的智慧,力图重建充满温情、互敬互爱、互帮互助的和谐社区。

第三节 中国社区建设运动的产生与发展

我国的社区建设运动最早要追溯到20世纪初期,主要是从农村开始的。如:1927年陶行知先生在江苏南京创办晓庄学校,后来在江苏各地创办乡村师范学校,1929年梁漱溟先生创办河南村治学院,之后在山东的邹平县推行乡村建设运动等,这些可以称为是我国社区建设实践的雏形。20世纪90年代初,由于社会体制改革、政府职能转变,我国借鉴了西方国家

---

[1] Minch, M., "Communitarianism," in Deen K. Chatterjee, Eds., *Encyclopedia of Global Justice*, New York: Springer-Verlag New York Inc., 2011, p. 16.

的社区发展理念,提出社区建设口号,旨在解决我国所面临的区域差异、城乡差距等一系列社会问题。自新中国成立后,我国政府根据联合国倡导的社会发展战略,制定和实施了系列社区建设与发展规划,但是,在不同的历史阶段,所推行的社区建设目标也有所不同,我国走的是一条富有中国特色的社区建设道路。

一、"社会改造式"的社区建设

新中国成立后,随着社会经济变革,我国开展了全方位的社会改造运动。1949年至1978年,这个时期进行的土地改革运动,农业、手工业、工商业的社会主义改造等都被看作是我国早期的社区建设运动。

在农村地区,为了维护农民政治地位和社会地位,保护农民的切身利益,中国政府首先掀起了农村土地改革运动,使得每一个农民都拥有了自己的土地、牲畜和农具,充分调动了农民的生产积极性,促进了农村经济的繁荣发展。为了迅速建立社会主义集体所有制,实现社会主义工业化,中央政府又在全国推行了农业合作化运动和人民公社运动,从生产组、互助组到高级社,农村走上了农业合作化道路;从高级社到人民公社,农村走上了农业"大锅饭"的道路。农民的劳动积极性受到重大打击,农村经济出现了倒退。这种经济发展模式严重阻碍了农村社区的发展。

在城镇地区,随着公私合营的全面实现,社会主义公有制经济体制建立起来。为探索有效的城市管理体制,我国各大城市出现了不同的社区管理方式,有的城市专门设置一级政府机构管理社区,有的城市则沿用街公所的名称设置社区管理机构。1949年,新中国第一个居民委员会于杭州市产生;1954年12月第一届全国人民代表大会常务委员会第四次会议上通过了《城市街道办事处组织条例》,确立了统一的街道办事处体制;同时,通过了《城市居民委员会组织条例》,确定要在全国范围内普遍建立居民委员会组织,建立这一组织目的是为居民提供社会福利,调节邻里矛盾,维护社会秩序;扮演向街道一级政府反映民意,向居民传达政府精神的角色,发挥上传下达的功能[①]。以街道居委会和单位为双轨的,"两级政府,一级管理"的城市管理体制建立起来后,虽然由于单位的"全面保障",居民委员会并没有充分发挥其社会管理的功能,尤其是在"大跃进""文化大革命"期间,但是这一管理体制对当时计划经济下我国的城市管理和政治动员却十分有效。

---

① 赵秀玲:《中国城市社区自治的成长与思考——基于与村民自治相参照的视野》,《江苏师范大学学报(哲学社会科学版)》2013年第6期。

这一时期的社区发展实践主要以社会改造的方式展开,不管是在农村社区还是在城市社区,都实现了工作与生活的高度合一,居民既是单位员工(生产队员),又是社区居民(农村居民),参与单位的活动就是参与社区建设,居民处于被动地位,社区建设完全依靠单位的政治动员。

二、"社会转型式"的社区建设

农村家庭联产承包责任制的实行推动了农村人口流动;国有企业减员增效产生了一批年龄偏大、技术落后的下岗工人;市场经济的发展,催生了大量在个体私营经济实体工作的员工;游离于体制之外的社会群体社会保障问题对社区功能和社区建设的发展提出了新的要求。我国开始社区建设的新探索。

我国农村地区的社会经济变革始于安徽省凤阳县小岗村开始实行的"包产到户"。他们把土地以农户为单位进行经营权的分配,农民的劳动生产率显著提高,粮食获得大丰收。1980年,小岗村的包产到户成绩得到时任中央领导人邓小平的肯定。1983年,我国农村全面实行家庭联产承包责任制。这一制度把土地的经营权、使用权交给了农民,农村以户为单位开展生产活动,"交够国家的,留足集体的,剩下的都是自己的",家庭联产承包责任制在刺激农村经济发展的同时,解除了农民与土地的依附关系,农村剩余劳动力日益增多;改变了农村原有的"生产与生活合一"的管理单元。1980年,广西宜州市合寨村取下人民公社生产大队的牌子成立中国第一个村民委员会,1982年村民委员会这一组织形式被写进修改后的宪法;经过试行,《中华人民共和国村民委员会组织法》于1998年通过实施。农村居民委员会发挥自治功能有了明确的法律保障。

市场经济的快速发展使得外资企业、私营企业中的就业人口越来越多,再加上国有企业改革产生的失业人口和农村流动人口,脱离原"单位"和"村民委员会"管理的人群没有渠道获得公共服务和社会保障,成为影响社会安定的因素。1986年,民政部在武汉召开会议,决定通过城市社区服务建设,增强居民的社区归属感和认同感,逐步回归1954年新中国成立初期时城市社区管理的基本功能,把社区建设成为管理社会的单位。这次会议以后,全国各地城市纷纷开展社区建设的试点,社区服务向高标准、规范化的方向发展,社区服务发展与社区居民委员会组织建设相互促进,社区初步成为居民自我教育、自我管理、自我服务的公共生活空间。

这一时期的社区建设运动是在我国社区服务深化发展的基础上产生

的,社会经济体制的转型是我国社区建设的外在动力。我国制定了一系列的政策,借力社区服务推动社区建设运动的发展,倡导挖掘社区资源、发挥社区功能、实现社区自治。

三、"多元格局"下的和谐社区建设

进入 21 世纪,社区管理的事务系统化、复杂化,社区工作不再仅仅是为居民提供社区服务,还包括社区卫生、社区文化、社区环境、社区安全、社区教育等决定居民生活质量的各个方面。社区除了居民委员会以外,还建立社区公共服务中心、社区医疗卫生服务中心、社会公益组织等机构,社区治理氛围日渐浓厚,逐渐形成了政府推动与社会参与并存的主体多元化的社区建设新格局。

经济快速发展不断刺激农村人口外出打工,农村空心化现象越来越严重,留守儿童问题、养老问题困扰着农村社会发展。为了实现城乡统筹发展,建设新型社会主义新农村,从 2006 年开始,民政部开始在全国各地开展社会主义新型农村社区建设的试点工作,2009 年,新型农村社区建设由点到面,由少到多全面铺开。农村社区也和城市社区一样,除了村民委员会以外,还设置了社区公共服务中心、社区医疗服务中心、社区养老院、社区幼儿园等关注村民生存发展的组织和机构。

与此同时,城市社区已经发展成为管理社会的基本单元。2002 年,党的十六大提出了创建新型社区的目标要求,为全国社区建设指明了方向。2005 年,在北京召开全国建设和谐社区工作会议,会议指出我们所要建设的和谐社区应当是居民自治、治安良好、文明祥和的社区;和谐社区的建设需要探索一种新的社区、社会治理模式。2008 年民政部出台的《全国和谐社区建设示范单位指导标准(试行)》,标志着和谐社区建设在全国各地推开。流动人口的管理、社区文化教育、社区养老活动、社区低收入群体照顾、社区公共卫生、社区安全等各种社会问题都在社区得到基本解决。各地探索出各种有效的社区治理模式,如政府主导的社区治理模式、市场主导的社区治理模式、居民自治的社区治理模式等等,这些治理模式都存在一个共同点,即发动社区利益相关者共同参与社区治理,这正是和谐社区建设的基本理念。和谐社区的建设要求各个利益团体参与社区利益的均衡博弈过程中,形成政府、企业、社会组织、公众各主体间的多元参与、合作、协商的伙伴关系,建立政府、社会、企业、公众多元主体参与的现代城市基层管理体制。

我国已经进入全面建设小康社会的新时期,在以习近平同志为核心的

党中央领导下,补齐民生短板,保障基本民生,形成"人人参与、人人尽力、人人享有"的共建共治共享的社区治理新格局,将是我国社区建设工作的目标。

第四节　国外企业社区参与的实践

企业社会责任运动的雏形在19世纪的英国和美国等西方国家就已经出现。企业屈从于外部压力或者追求利润增长,尝试以各种方式参与社区发展实践活动,并随着企业和社会环境的变化调整处理企业的社区关系态度与政策。

一、企业参与解决社区社会问题的探索实践

1. 商人对社区福利的关心。在重商主义盛行以前,商人被要求照顾行业工会的成员、关心社区福利并且只为公共利益而举办经济活动;重商主义不仅抬高了商人的地位,还一并附上了不断扩展的社会责任。商人按照对社区的贡献高低享有不同的特权,被要求重视自身与社区关系。"新和谐村"便体现出了这种重视。19世纪,英国经济萧条,失业严重,资产阶级和无产阶级的矛盾愈发突出,工人们受到的剥削压迫和资本家的穷奢极欲形成了鲜明对比。空想社会主义代表人物罗伯特·欧文(Robert Owen)为了实现他的"联合劳动、联合消费、联合保有财产和特权均等",于1824年买下美国印第安纳州的"新和谐村"。在那里,人人平等,各司其职,共同劳动,共享劳动成果,共同管理公共事务。和谐村的社区建设实验维持了四年,由于它处在整个资本主义的重重包围之中,而且前来参加公社的人抱着各自不同的目的,社员之间首先产生了各种矛盾。和谐村在短暂繁荣后迅速瓦解。尽管如此,它依旧是一次有意义的尝试,为后来有志于参与社区建设的企业家提供了参考。

2. 铁路公司和基督教青年会开展的社区参与活动[①]。工业化和战争,或者是对社会变迁的恐惧,使得许多商业人士开始在一个更广的社会环境下来考虑他们的经济利益。19世纪美国最主要的危机是内战,美国内战推动了社会困难救济的进一步实验,它提醒着美国人采取新的合作救助方式

---

① Heald, Morrell, *The Social Responsibilities of Business: Company and Community 1900-1960*, Cleveland/London: Press of Case Western Reserve University, 1970, pp. 10-14.

来满足家庭、士兵、黑人和白人难民,以及同样缺少一般救济资源的其他人的需要,美国基督教青年会应运而生。

基督教青年会运动始于1844年的伦敦,它成立的目标是在一个城市化、商业导向的社会中维持并传播基督教的价值观。创建者表示他们的目标是"在每一个商人的家庭里都供奉神的圣坛"。他们的成员一般具有中产阶级背景,依靠私人捐赠,以帮助贫困阶层的方式开展工作。基督教青年会运动在美国快速地传播,逐渐繁荣并有了明显的实践观。私人捐助者或者出于爱国精神,或者公司需要通过出现在捐赠者名单上以维持好的声誉,向基督教青年会捐赠。据当时的新闻报道,鲍尔温机车公司捐助了百分之十的年利润给基督教委员会;铁路部门、快递公司和电报公司则为基督徒和卫生委员会提供无偿服务;一家纽约的干货商人捐助了价值9000美元的货物;"干货公司"捐赠了13.1万美元,杂货商和货物经销商也分别捐赠了2万美元。

铁路公司是美国内战结束后,社会变迁中的先进机构,大陆铁路网络的完成为国家经济和社会秩序的巩固奠定了基础;同时,大规模的生产和城市化给数百万计美国人民带来了新的生活和工作模式。这种新的社会关系导致需要全社会共同解决的公共和私人福利问题的产生。铁路公司遇到员工工作环境恶劣、管理问题层出不穷的局面,社会问题与企业管理问题交织,推动企业参与到解决社区社会问题的实践中。

19世纪60年代后期,铁路公司为解决与企业管理关联的社会问题展开了多种尝试,1872年克利夫兰铁路公司的成功管理实践开始在全美推广。克利夫兰、辛辛那提、哥伦比亚和印第安纳波利斯的铁路公司在铁路局为员工们提供了一个可以让他们休息、娱乐和祈祷的场所,在短时间内相似的设施也出现在了芝加哥、巴尔的摩、波士顿和底特律。这些公共设施解决了公共和私人福利问题,同时改善了员工的工作环境,提高了员工的工作绩效,也得到铁路官员支持。

1888年,范德比尔特加入基督教青年会,他用25万美元修建了一栋员工休闲和公司公共活动大楼,为基督教青年会的进一步发展打下了基础。1901年,铁路部门"基督教青年会管理的公司福利项目"开始实施。当时认可并支持基督教青年会铁路部门活动的铁路公司控制了国家79%的铁路运输。42家公司通报它们每年的捐赠总额大约是50万美元;很多有着基督教青年会名义的大楼都属铁路公司所有。有的公司不仅为雇员提供传统的祈祷房间和《圣经》学习组,还提供了住房、膳食、图书馆、教育项目和其他娱乐设施;成员企业通过捐赠建立自己的基金会来填补运营费用。克拉伦斯·希克斯(铁路基督教青年会分支机构领导者之一)认为,公司将铁路基督教青年会分支机构的福利项目视为慈善和"福利工作",而不是企业智能管理和友好商业行动的一个方面,是目光短浅的想法。正像一则1882年国家基督教青年会大会报告所提及的那样,"最狡猾的人,最小心的经理,正准备为他们的目的(支持YMCA项目)拨出资金,并且回应股东我们正在为你们赚钱"。基督教青年会项目让一些资本家看到了企业和社区之间的亲密关系。

随着公司的利润远远超过一个城镇或城市的限度,公司的经济和组织需求也将它们推向商业发展的最前线,铁路公司正处于工业快速发展的通道上。1903年基督教青年会建立了一个新的工业部门,以进一步在美国工厂的工人中扩大协会的活动和影响。在第一次世界大战的前几年,与社区相关的福利和社会项目的发展都与基督教青年会的工作有着密切的联系。

这一时期,企业城镇与员工、社区之间的家长式关系主导着慈善的氛围。但是,商人逐渐注意到无论是出于实际还是慈善目的,都需要在社会福利中来考虑企业的利益。企业的发展是复杂的,社会因素对公司利益的影响越来越明显。工业和城市生活创造了一种新的社会相互依赖,像基督教青年会这种机构,以及住房解决组织和其他社会慈善组织逐渐出现,来协调富人和穷人之间的需求。

3. 洛厄尔公司城镇建设。在企业城镇,当时的人们认为企业对一些慈善和福利支出有直接的责任。企业一般会避免或无视企业目标和社区目标之间的巨大的差异。弗兰西斯·洛厄尔(Francis Cabot Lowell)与欧文有很多相似之处,他将自己的社会理念贯彻在洛厄尔城市的建立过程中。他主张纺织厂、钢铁厂和铁路公司是社区的主要业主,不仅要追求利润,还要懂得回报社会。他认为企业不可避免地要依赖它们所在社区的社会环境,同时对其所在社区负有责任。这需要公司与社会互相融合,由投资者或者企业创建出一个工业化核心组织,即形成公司城镇,事实上这在美国工业化的过程中是很普遍的。虽然这些公司城镇有着丰富的资源、大面积廉价的土地以及便利的交通,但是极度缺乏劳动力。因此可以说,这些企业当时建立公益设施,部分原因是吸引劳动力进厂,而事实上它们确实增进了工人的福利。包括洛厄尔建立的员工福利体系都是极富吸引力的,他雇用女工,为工人营造良好的环境,优化工人工作待遇,强调管理的人性化,以形成工人良好的品行。但是,"就像企业善行史中一再上演的故事一样,(洛厄尔公司城镇)良好的愿望面对竞争的压力、利润的驱动,尤其是企业领导者与员工之间缺乏共识的情况,再次显得无能为力了。"①

4. 工业化新城普尔曼社区的建设。即使随着公司逐渐多元化以及竞争趋于激烈,单个公司主导的工业城镇作用不再那么显著,还是有企业家在探索能够获取最大化利润的慈善之路。在 19 世纪 80 年代,普尔曼投资 80 万美元建设了一个包括公寓、公园、游乐场、教堂、商场、剧院、赌场和旅馆的新镇,该镇在 1896 年被国际卫生和医药博览会称为"世界上最完美的地方"。最后由于经济萧条,加之管理当局的政策缺乏可持续性,这一探索也失败了。

尽管很多企业家抱有功利目的的慈善行为以失败而告终,但是看得出来,他们都已经意识到企业与社会环境,以及员工利益与企业绩效之间的联系。他们认为企业是能够决定整个社区的福利需要最适合、最有权力和能力的单元。由于这种慈善行为是单向度的,并没有把社区和员工的需要考虑进去,所以社区的繁荣局面都只是昙花一现。

二、企业参与社区体制建设的实践

基于 19 世纪企业对社区环境关系的深刻认识,一方面,社区是与企业利益相关的重要角色,参与社区建设可以从运营环境的角度为企业的发展提供保障;另一方面,任何企业为了获得经济利益,必定对其所处的社会环境产生影响。社区同企业、住宅、学校等处在同一个地域范围,且企业的投资及其他方式的生产和分配与社区功能的实现紧密相关,这使得企业和社区被包络在多层次的关系网中。即企业运营真正意义上影响的不是一个行政区划意义上的范围,而是一个区域社会。

最早实行社区建设的是英国和美国。英国的社区发展可以追溯到维多利亚时代的慈善传统——当时强调帮助贫穷者是道义上的责任,往往是一个非常有钱的资本家出资重建地方社区,包括学校、图书馆、住房、道路交通等,以推动当地达到较高的生活水平。而英国政府的社区建设模式起源于"新殖民主义"时期,英国政府要维持在殖民地的有效统治,必须得到殖民地的地方认可。20 世纪 60 年代,面对种种城市社区问题(贫困、高犯罪率、高离婚率、公共服务缺乏以及种族冲突等),英国政府开始实行社区建设,这个过程以政府为主体,并动员社区力量积极参与。20 世纪 80 年代,撒切尔夫人通过强有力的政治手段削弱公共开支,政府用于社区发展

---

① Heald, Morrell, *The Social Responsibilities of Business: Company and Community 1900-1960*, Cleveland/London: Press of Case Western Reserve University, 1970, p. 18.

的经费缩水,但所幸的是,大量的民间慈善基金、志愿者组织、社区企业没有放弃介入社区建设活动。

美国的社区建设最大的特点就是全社会广泛参与。企业在推动人们广泛参与社区建设方面发挥了突出的作用。首先是要求员工不定期地参与公益活动。如电话电报公司就规定,除周末自愿参与社区活动外,允许自己的12.7万名员工每年用一天工作时间参与社区志愿服务,公司不仅准假,而且照发工资[①]。其次是帮助社区解决就业问题。私营机构如小企业发展中心、投资公司、社区开发公司,主要解决社区范围内个人创业和小企业融资问题,增加就业岗位。从1997年开始,美国政府为表彰那些通过对员工和社区的支持而获得发展的美国公司,开始评选并颁发"罗恩·布朗公司公民总统奖"。1999年,世界啤酒酿造巨头安休斯-布施公司因为竭力避免生产过程中可能产生的污染,积极保护当地环境和社区而获奖;2000年,美国通用电气公司因其推广的惠及美国4000万有阅读困难的成年人的扫盲计划而获奖。至此,发达国家已经形成了由第三部门控制,志愿者具体运行,慈善组织和企业资助,政府部门监督的社区建设体制;到20世纪末,发达国家的社区发展战略已逐步具备全社会参与、自上而下、去中心化的可持续的全面程度。

三、企业在争端情境下社区建构伙伴关系的实践

在经济全球化的大背景下,受到认知差距和文化背景等因素的影响,跨国公司与东道国社区的冲突日益增多。为解决争端,跨国公司将自身与东道国社区的关系管理加入企业发展战略,通过主动与利益相关者之间的对话,共同建构社区规则,这样不仅使得跨国公司获得东道国社区对自身行为的认同,而且增强了社区在争端情境中的话语权。

例如星巴克公司,店铺遍及北美洲、南美洲、欧洲、中东,以及环太平洋地区,总部坐落在美国华盛顿州西雅图市它经营各种风味的咖啡豆、咖啡饮料,售卖丰富多样的咖啡机和咖啡杯。围绕主营业务,星巴克公司与其东道国社区建立了良好的伙伴关系。它们参与为其提供咖啡豆的农业社区的经济建设,为社区中的种植者提供咖啡豆种植和烘焙技术培训,注重当地环境保护。在咖啡店铺所在社区,星巴克公司组织员工开展清洁社区、帮扶慰问孤寡老人、创意绘画美化社区、开设儿童课堂等各种社区服务

---

① 侯钧生、陈钟林:《发达国家与地区社区发展经验》,北京:机械工业出版社2004年版,第43页。

活动。四川成都的星巴克公司,成立了成都教育基金会,资助汶川地震受灾教师,组织大学生参与环保创新活动等。①

例如诺华公司,专注于医药保健的增长领域,公司总部位于瑞士巴塞尔,在全球拥有98000名员工,业务遍及世界140多个国家和地区它把企业比作公民,认为企业应该成为社区好公民。诺华北京公司成立以来,把自己的主营业务与公益慈善紧密结合,支持中国医药科技和社会公益事业,捐资开展原发性高血压的防治研究、皮肤科学研究;建立儿童保健室,参与特殊儿童救助工作;支持北京市抗击"非典",慰问医护人员。②

例如杜邦公司,一家业务遍及90多个国家和地区的科技企业,它把可持续发展作为公司使命,非常注重环境保护,积极参与东道国的公益慈善活动。2008年5月四川汶川地震期间,杜邦公司为灾区捐赠了大量应急救援设备和药品,参与灾区的灾后恢复重建工作。关注东道国贫困地区的青少年成长,在中国青少年基金会的协助下,资助了100所希望小学。它成立"空气与水资源委员会",在所有其从事经营活动的地方开展环保活动。杜邦深圳公司投资所在工业区的公共安全设施建设;杜邦上海公司向孤寡老人和贫困儿童捐赠杜邦的高科技生活产品等。③

第五节 国内企业社区参与的实践

与国外基于教区关心社区福利的宗教文化而发展起来的企业社区意识不同,中国企业的社区意识是在社区建设政策环境下,对"企业办社会"的重新审视之后发展起来。企业社区参与的实践从最初由国有企业"办社会"思维驱使,到乡镇的乡土情结动因,再到被当地政府与社区的动员推动,再到基于企业可持续发展指导,国内企业经历了惯性推动、被动应付、主动计划的社区参与实践过程,一般可以分为以下三种类型。

一、政府主导的"企业办社区"

中国的城市社区建设一直被政府意志主导,经历了传统社区、法定社区、单位社区、后单位社区几个发展阶段。计划经济时代企业集经济功能

---

① 资料来源:《星巴克开启又一轮创建绿色社区服务热潮》,2012-04-08,http://csr.mofcom.gov.cn/article/csrnews/l2012/201204/20120408083278.shtml,访问时间:2012-04-18。
② 王伟:《诺华的企业公民政策理念》,《中国劳动保障报》2004年1月30日。
③ 肖利平:《杜邦,力求对每一个市场和社区作出贡献》,《中国石化》2011年第5期。

和社会功能于一体,企业单位成为当时中国社会管理的基本单元,"企业办社区"也就成为中国社会特有的现象,因此,"企业办社区"是讨论企业社区参与实践中绕不开的阶段。

从1960年中央人民政府号召人们发扬大庆"干打垒"精神,由单位组织城市人民公社的实验和推广开始,彻底消灭单位体系外的管理死角成为政府管理的目标,单位社区化成为政府管理的策略。计划经济时期,所有的社会资源集中在政府,社区无法自主自立;同时,政府又把所有的经济资源用于生产建设,单位不得不管社会,不得不管单位人,以填补政府的缺位。单位与城市社区在空间上的同构,为社区单位化和单位社区化提供了基本条件。单位办社会,单位出资建设幼儿园、小学、中学,开办食堂、医院,建家属宿舍楼,单位职工与社区居民身份重叠,单位管理职工的生老病死,也就是管理居民的日常生活。居民不出社区,就可以解决日常生活需要解决的所有问题。这种企业单位尤以资源型企业为多。例如大庆石油管理局是一个企业单位,它的管理范围基本上涵盖了整个大庆市,大庆市是在石油矿区基础上发展起来的。按照行政级别,大庆石油管理局是副省级单位,大庆市只是一个地级市,大庆石油管理局甚至设有公安分局和派出所。大庆市的市民基本上就是石油管理局的职工,大庆石油管理局负责分配职工住房,分发职工福利,提供养老设施,开办医院、幼儿园、子弟学校。虽然现在大庆石油管理局已经转型成企业集团,剥离了企业办社会的职能,但是,多年来习惯企业单位输血的城市社区,仍然依靠着企业的社区文化。一批那个年代成长起来的职工仍然存在有困难找单位的行为习惯。尤其是一些发展势头较好、成长于社区的国有企业,企业与社区共同发展,企业的社区情感十分深厚,即便是在后单位时代,类单位社区没有完全解体的情况下,相较于其他企业和社区,制度的惯性还会推动这些国有企业更多地参与"后单位时代"的社区建设。

二、企业主导下对社区的短期公益输出

社会对企业参与社区公益活动是充满期待的,而企业是否参与,以什么样的方式参与,在市场机制配置资源的时代,由企业根据自身发展决定。企业在任何情况下都不能损害社会的利益,阻碍社区的发展。在计划经济向市场经济转型的时期,私营经济发展初期,污染社区环境、对社区资源掠夺式的开发等一系列的原始资本积累手段推动了21世纪初期的全国企业社会责任运动。现在我国市场经济体制已经初步建立起来,企业掠夺式的经济行为基本得到控制,法律逐步完善,社会组织力量日渐强大,越来越多

的企业加入到履行社会责任的行列,企业不再仅仅考虑其经济责任和法律责任,企业履行社会责任的文化氛围形成。一些企业根据自身发展需要,选择短期的公益输出方式参与社区建设。

企业主导的公益输出实践是指企业根据自身的发展需要,采取短期输血的方式,协助社区解决社会问题,当社区自我发展能力提高后,企业再退出社区社会问题的治理项目。例如,深圳桃源居集团的企业社区参与活动的方式就属于短期公益输出式。

桃源居社区是由深圳桃源居集团开发,并进行物业管理的项目。企业集团在居民入住以后,与社区自治组织、当地基层政府,围绕提高社区居民生活质量开展了一系列的公益活动。从企业实现慈善模式的角度概括起来,桃源居集团的社区参与方式主要分为培育志愿者队伍、推动社区公益事业发展和输出公益模式。一是培育志愿者队伍。2006 年,桃源居集团建立了滚动升级的志愿者激励机制,与社区居委会共同成立"桃源人家"志愿者组织,促进社区居民相互交流自我管理的经验,通过参与志愿服务的时间长度,授予志愿者不同级别的社工称号,给予不同的经济补偿,同时,表现突出的志愿者,也可以按照积分享受不同的社区服务,激励住户主动参加到社区活动中来。这样使得志愿者遍布社区各个管理队伍。①。二是推动社区公益事业发展。随着短期性公益输出活动的积累,社区公益事业大发展。在深圳市政府的支持下,社区成立了"桃源公益事业发展中心",集中解决社区养老、邻里互助、青少年教育、娱乐休闲、社区治安等各种问题,促进人们安居乐业。三是输出公益模式。桃源居集团创造出了一个"基金会+社区党委+社区居委会+社区工作站+社区公益服务中心"于一体的公益事业发展模式。它们注资一亿元,成立社区公益基金会,公益基金会由公益服务中心管理,同时社区设置监事会监督管理公益服务中心的理事会,理事会由社区利益相关者的代表组成。当社区形成政府面向社区的公共服务、社区居民的自我服务、志愿者公益服务、市场服务和多元服务供给局面后,桃源居集团退出社区的管理。当然,房地产开发商对于自建房地产项目的短期公益输出,并没有脱离其商业经营的主业,虽为短期投入,但企业从短期投入获得的美誉度对其经营发展有着直接的利益。另一些企业的短期公益输出项目则完全与其主营业务无关,以慈善捐赠的方式进行,例如浙江荣盛控股集团。这一集团成长于杭州益农镇,为中国民营企

---

① 北京大学中国政府创新研究中心"中国社会创新案例研究"课题组:《深圳桃源居社区管理和服务模式创新调研报告(摘要)》,《深圳特区报》2011 年 6 月 30 日第 A15 版。

业百强企业,以石化、聚酯、纺织等为主业。它主要面向益农镇开展扶贫济困活动,投资教育文化建设。在益农镇的幼儿园和中学都有企业投资建设的教学楼;企业设立了荣盛教育奖励基金,帮助贫困学子完成学业;投资建立文化中心,繁荣乡镇文化活动。2012年浙江荣盛控股集团被评为杭州萧山区最具社会责任感企业。①

这种"企业推动型"的社区治理,在城市社区多为房地产企业,在农村社区多表现为乡镇企业,它与所处社区有着或多或少的直接联系,在推动社区建设的过程中作用显著。

三、社区主导下企业的短期公益输出

社区主导型的短期公益输出实践是指由社区基层管理组织,如基层政府管理部门、社区居委会、社区其他社会组织等,面向企业发起的社区共建活动,旨在招募愿意参与社区社会问题治理的企业,协助社区解决社会问题,同时,承诺为企业发展提供力所能及的服务。如颛桥镇的"企居联动"品牌活动②。从2012年1月开始,上海市闵行区颛桥镇搞起了"企居联动"品牌活动。"企居联动"是在镇政府指导下,一个企业或几个企业与一个社区联动,企业与社区对接共建的活动。这一活动包括两个方面:一方面企业可以在社区进行广告宣传,以优惠价格售卖自己的产品,并为社区居民提供完善、便利的售后服务;另一方面,符合条件的社区居民可以优先在企业工作,社区基础设施改善、社区服务提供也为企业创造企社合作的机会。政府在"企居联动"活动中,不搞拉郎配,不下硬性指标,既从当前社区居民最迫切需要解决的问题入手,又从企业和居民区的长远发展出发,寻求共建的前景。

这种"社区推动型"的社区治理,由社区居委会组织,联合企业参与,实现了企社资源共享、组织共建。在这些活动中,企业以社区为市场,基于双方的合作关系给予居民更优惠的价格、便利的服务,开展组织文化建设;社区则充分利用企业优势,链接社区资源,解决社区困难,共谋发展。

四、企业与社区合作的长期公益输出

企业与社会合作的长期公益输出实践是指企业在社区参与中发现自

---

① 资料来源:《萧山首届最具社会责任感企业评选候选名单》,搜狐网,2012-08-07,http://roll.sohu.com/20120807/n350017411.shtml,访问日期:2017-04-06。
② 徐维欣:《企居联动让百姓得实惠》,《东方城乡报》2013年7月26日第B01版。

我生长点,把解决社区社会问题与企业发展的主营业务结合起来,形成市场化、制度化的长期社区参与战略。如太原民心社区建设有限公司的社区投资项目①,阿里巴巴的灾区重建项目②。

太原民心社区建设有限公司是山西省首家投资社区建设项目的民营企业。在区政府政策支持下,它把企业发展与社区建设结合起来,投资原破产国有企业职工集中居住的北营街道辖区社区,这些社区的居民生活困难,地理位置偏僻,基础设施落后,社区情况复杂。在这个困难群体居住集中的社区,没有满足居民基本生活需求的平价店,政府财力投入有限,居民的基本生活境况得不到改善。企业联合社区居委会,深入调查了解后,找准了企业发展与政府需求的共同利益链接点,确定首期的社区建设项目,招聘社区居民在建设项目中就业,为社区居民提供价格低廉的便民利民服务,政府则把企业投资的社区建设项目纳入城市建设规划,给予企业城市社区服务设施的建设权、经营权和管理权。项目运营之后,社区不仅在公共活动场地和设施上得到完善,而且社区组织也得以建立健全。企业介入社区的几年使得社区发生巨大改变,不仅突破了限制社区功能实现的桎梏,还实现了企业和社区的共赢。

2008年汶川地震在中国企业社会责任发展史上是一座里程碑,使得人们重新思考企业社会责任的本质,以及它与慈善捐赠的关系。灾后重建经历了两个阶段:"输血"和"造血"。在第一阶段,企业救灾参与主要是物资和资金的捐赠,以帮助灾区社区恢复重建。在第二阶段,企业参与灾后重建的方式逐渐多样,如直接投资、合作、资本运作、公益项目等,通过系统、专业、规范地运作,重建社会经济秩序。如,中国华电集团有限公司向受灾的东方电气集团捐助700万元并签订了供货合同、四川长虹电子控股集团有限公司引进IBM进行资本运作和优尼科东海有限公司直接向灾区企业投资等,2009年,阿里巴巴利用自身优势策划设计了一个帮助青川县灾区售卖农产品的电商平台项目。

青川县辖区面积3216平方千米,总人口25万,其中农业人口约22万人。辖9镇27乡268个行政村15个居委会1964个村民小组。总人口中汉族占97%,同时还有藏、满、蒙古、苗、壮、东乡、朝鲜、土家、回、羌等10个少数民族,其中回族分布于全县。该县的地理环境和人口构成加大了管理

---

① 王然:《企业参与社区建设,大有可为——太原市民心社区建设发展有限公司参与社区建设记事》,《今日科苑》2004年第10期。

② 张洪福、王先知:《责任重建汶川 企业参与"5·12"灾后重建——灾后重建一周年》,《WTO经济导刊》2009年第9期。

的难度,其建制也几经划分和合并,现仍未全面脱贫。其管理和生活水平上的落后根本上是因为经济功能实现的困难太大。阿里巴巴充分利用当地的自然资源及其产品,推动了当地经济的发展,利用市场驱动机制扶持灾区经济。一方面,企业通过电子商务平台帮助青川人民出售土特产品;另一方面,企业把出售农产品所获利润用于开发帮助灾区残疾人就业项目。同时,面向其他地区募集捐赠物资,帮助灾区人民度过困难时期。阿里巴巴与青川县人民政府合作,积极推动阿里巴巴农村发展战略,在农村建立了现代信息和物资的流通体系,实现经济社会综合效应。目前,阿里巴巴在青川县的"村淘"营运中心已经正式运营。

根据双方签订的战略合作协议,青川县政府和阿里巴巴双方充分发挥各自的优势。企业基于青川农产品资源的差异性,在拓展电子商务的同时,结合项目运营情况、青川县资源落实情况及青川当地农资、特色农产品产业发展情况,建设相关产品在阿里巴巴及阿里巴巴关联公司下属电商平台的在线销售模式,推动当地农资、特色农产品产业电商化发展;利用电商项目,培养青川当地居民了解、熟悉电子商务运营模式,培养信息人才,为当地创造就业机会。根据阿里巴巴启动的千县万村计划,三至五年内投资100亿元发展农村电子商务,在青川县的投资将在1000万元左右。青川县经济信息局则按照相关政策给予阿里巴巴关联公司下属电商平台小微企业政策待遇,为配送业务建设专门通道。①

第六节 国内外企业社区参与实践的历史比较

从国内外社区发展的理论与实践演变过程,我们可以从以下几个方面对企业社区参与的实践进行比较分析(如表2-1)。

表2-1 企业社区参与情境与实践的国内外比较

项目	国外	国内
社区的产生	社区基于宗教信仰和地缘关系逐步形成	社区基于计划经济体制,地缘、业缘、亲缘关系形成
社区的发展	始于工业革命后社会结构的变迁 解决工业革命和城市化带来的社会问题	始于社区服务运动的开展 解决市场经济体制建立过程中产生的社会管理问题

① 唐东:《把农田变成仓库,阿里巴巴淘宝青川》,《广元晚报》2015年5月13日第4版。

（续表）

项目	国外	国内
企业社区参与的原因	宗教文化约束商人经济行为 解决企业发展中的管理问题 社区社会问题与企业管理问题融合 企业社区参与的公众关注度高	政府意志下企业单位的社会管理功能 企业社会责任运动推动 企业社区参与的公众关注度低
企业社区参与的制度化程度	制度化程度高 企业志愿者服务制度化程度高 企业社会责任制度化程度高 社区社会组织影响力大 公共政策介入企业社区参与程度高	制度化程度低 企业志愿者服务制度化程度低 企业社会责任制度化程度低 社区社会组织影响力小 公共政策介入企业社区参与程度低
企业社区参与的形式	文化约束下的探索性参与 社会问题导向下的参与 企业社区参与战略	企业办社区 企业主导的短期公益输出 社区主导的短期公益输出 企业与社区合作的长期公益输出
企业社区参与的范围	所有类型的社区 跨国公司所在东道国社区	示范社区 贫困社区

一、企业社区参与产生与发展的情境比较分析

企业社区参与立足于社区环境，社区产生发展的历史过程决定了企业社区参与的情境差异。

从社区的产生来看，西方国家对社区的认知出现在19世纪末第二次工业革命导致的社会变迁背景下。人们面对社会变迁带来的不确定因素，思考社会的未来发展方向，同时也表达对于守望相助的情感社区的无限留恋。社区将演化成人情冷漠的社会，这是当时人们的忧虑。有人曾经这么描述西方国家的社区：可以说，在西方国家，有多少座教堂，就会有多少个社区。宗教信仰加上地缘关系促成了西方国家社区的最初边界。中国的社区，很早就是社会管理的单元，但是人们对于社区的认知却是在20世纪30年代西方关于"社区"的概念传入中国以后。当时的知识分子为了改造中国，开展了一系列的社区建设实验。虽然中华人民共和国成立以后，20世纪50年代，国家就在全国各地设置了社区居委会，但是，计划经济体制下社区居委会形同虚设。社区的产生经历了"社区单位化"再到"单位社区化"的过程。社区最初的边界就是单位的边界，街居制社区的边界由政府行政管理的需要来决定。因此，业缘关系在社区形成过程中是一个非常关

键的因素。在农村社区更是加入了血缘关系的影响。

从社区的发展来看,西方国家的社区发展经历了三个阶段,第一阶段是"社区失落论"下的社区救助阶段,第二次工业革命引发的社会结构剧烈变化,欧美国家掀起睦邻运动,开展社区救助。第二阶段是"社区继存论"下的社区复兴。第二次工业革命完成,福利主义在西方国家盛行,社区再次面临碎片化、社区社会治理功能弱化的同时,国家财政负担越来越重,人们以为社区不再存在,但事实上,维系人际情感的社区依然存在。第三阶段是"社区解放论"下的社区重建。工业社会下的社区不再局限于空间地域的约束,但是,现实的社区仍然使人们需要真实生活空间,只有依赖社区,发动社区各方力量参与社会管理,社会才能实现良性循环。社区发展的三个阶段表明社区发展始终是社会发展的基础。中国的社区建设始于市场经济体制以后社会问题管理单元的缺位,始于20世纪80年代开始的社区服务运动。从这一点来看,我们可以发现中国与西方国家的共同点,政府倡导社区发展或者社区建设都是因为社区在解决社会问题过程中具有不可替代的作用。中国社区建设的历史不长,政府推动痕迹明显,社区发展的模式具有更多"先行先试"的特点,也就是说,政府强力推动下社区的发展状况明显优于一般社区的发展状况,社区建设的路径还需要不断探索。

二、企业社区参与实践的比较分析

从缘由来看,西方国家的企业立足于宗教文化的传承参与社区建设。虽然企业社区参与一开始有明显的趋利目的,但是19世纪末的企业主看到了企业与社区关系的重要性;虽然家长式的慈善大多以失败告终,但是工业城镇中企业社区参与的探索性尝试,使日后的企业深刻理解企业与社区的伙伴关系,同时也推动了民众对企业社区参与行为的重视。中国的企业社区参与始于"企业办社会"时代,尽管企业单位不是真正意义上的自主经营、自负盈亏的经济实体,但是市场经济体制建立以后,国有企业、集体企业实现了向经济实体的转变,它们对于社区的理解,对于社区居民日常生活运转的关注并没有因此消失殆尽,也不可能消失殆尽,这样一种意识在企业社会责任运动后,更加理性化,其社区参与同企业办社会时期的社区参与已经有了根本性质的改变,企业社区参与虽受政府动员的压力,但是更多表现出自愿的状态。

从制度化的程度来看,西方国家的企业社区参与制度化程度高,因为其企业社区参与的发展历史长,形成了全社会动员的模式,有相关的配套的社会制度,如企业志愿者制度,企业社会责任信息披露制度,企业慈善税收政策等,整个社会对企业社区参与的认知度、关注度、认同度都非常高。社会组织约束企业社区行为的力量也很大。种种因素促成了企业社区参与成为企业管理的日常工作之一。中国企业社区参与的历史较短,企业社区参与大多是由突发事件引起,如社区救灾重建。市场经济体制虽已建立,但相关的配套制度尚不健全。比如企业志愿者制度。西方国家志愿者观念渗透在青少年儿童的学校教育中,同时企业也制定定期带薪志愿服务制度,形成了强烈的志愿服务荣誉的社会认可。虽然我国鼓励公民参与志愿者活动,但是志愿者活动的组织化程度不高,由公民自发自愿,零散参加,企业也不提供带薪志愿者活动内容,甚至有些部门因为担心志愿者增加管理上的环节,拒绝志愿者组织参与社会管理活动。这样一来,全社会对于志愿者活动的支持停留在口头表扬,没有实质性的推进措施。中国企业的社区参与制度化程度低就不奇怪了。

从形式和范围来看,西方国家的企业社区参与基本与企业发展战略紧密结合,把企业的发展与社区发展紧密联系。中国企业社区参与的实践时间比较短,且因为企业社区参与的民众识别度较低;政府基层管理体制处于改革中,公共事业管理中政府划桨者的角色还没有完全转变成为掌舵者的角色,企业无法发现社区参与的战略发展机会,企业社区参与较多表现为短期的输血式公益项目,而不是长期的造血式公益项目。因此,为了解决社区社会问题,也为了推动管理型政府向治理型政府转变,目前中国企业社区参与,就体现在具有中国特色的"先行先试"社区,这一类社区要么较为贫困,要么和谐美好。

通过国内外企业社区参与实践的比较,我们对于中国企业社区参与研究的中国情境有了比较明确的认识,为适应中国社区发展阶段的企业社区参与内容、形式和影响因素的研究奠定了基础。

第三章 企业社区参与研究的理论基础与概念工具

企业社会责任是企业参与社会治理的方式与路径,是企业规避风险社会中社会风险的必然选择①,因此,企业履行社区责任是企业参与社区治理的方式,企业履行社区责任在企业社会责任理论中被界定为企业社区参与。企业的社区参与是企业与社区两个系统的资源交换,这种资源交换包括企业识别其在社区的利益相关方,把自身视为社区的组成部分,认同社区的价值并支持社区,与社区分享共同利益。② 单从国际标准化组织对 ISO 26000 中企业社区参与的定义来看,企业社区参与建立在企业与社区互动关系的基础上,企业—社区关系状态决定了企业社区参与的方式与内容。单位社区转变为街居制社区是企业—社区关系的根本变化。企业—社区关系的变化影响企业的社区归属感,也影响企业社区参与的方式和内容。企业与社区的关系可以是对称性的互利互惠关系,也可以是非对称性的互惠关系,还可能出现企业与社区不存在直接互惠关系的状态。从企业经济利益的角度,企业通过与社区的互动建立互利互惠的关系,以获得其社区运营的合法性,获得区域竞争优势,排斥竞争对手,增强员工的企业认同感,实现可持续发展;从社会进步发展的角度,社区借助企业对公共事务的参与,可以弥补国家财政投入的不足,改善社区公共福利,建构社会与企业共生发展的局面。那么,单从企业追求利润最大化的本质特性出发,或者单从社会发展的角度出发,研究企业参与社区治理的机制都可能有失偏颇。因此,本研究拟从企业与社区资源互动关系和情感认同出发,探讨企业参与社区治理的机制,即影响企业社区参与的因素。这一主题的相关研究成果包括企业的社区关系研究和企业社区参与研究两个部分。

---

① 李文祥:《企业社会责任的社会治理功能研究》,《社会科学战线》2015 年第 1 期。
② 李伟阳、肖红军:《ISO 26000 的逻辑——社会责任国际标准深层解读》,北京:经济管理出版社 2011 年版,第 215 页。

第一节 企业社区参与研究的演化发展

一、国外企业社区参与研究的演化阶段

西方企业社区参与研究是与企业社区参与实践互动的结果,从研究焦点和分析视角的演进来看,其发展过程可以划分为萌芽阶段、拓展阶段和转变阶段。

1. 萌芽阶段(20世纪六七十年代):从个人慈善到企业的自愿慈善

企业社区参与研究开始于学者对商人参与社区建设、向穷人捐款、兴办教育慈善活动的关注;不论是"新和谐村""纺织工业城镇""汽车工业社区"[1],还是安德鲁·卡内基(Andrew Carnegie)等对社区发展和公民生存能力提高的贡献,最初的社区建设主体都是企业所有者。

20世纪60年代,政府的政策导向、国际市场的竞争、消费者的维权运动和社会组织的环境保护运动使得企业不得不关注其运营活动的负外部性。同时,股东资本主义向管理者资本主义转变,企业所有权与经营权分离,大企业的控制范围越来越大,学者们开始求证企业能不能够开展社区投资,越来越多的研究者参与到始于20世纪20年代的企业社会责任论战中来。在反对企业参与社会活动的研究者中,最具代表性的学者是弗里德曼(Milton Friedman)、哈耶克(F. A. Hayek),他们质疑依据商人的社会责任要求企业履行社会责任,认为企业履行社会责任将动摇自由社会的根基,企业的唯一责任即是在遵守政府规章制度的前提下追求利润最大化。

在企业社区参与的赞同者中,一些学者从社会理论视角论证企业是社会体系的一部分,所以企业在社区中既有社会职能,又有经济职能,如亨利·埃尔伯特(Henry Eilbert)[2]、贝克曼(Backman, J)[3]等。另外一些学者则开始把企业社区参与当作是对社会问题的事后回应,价值分析开始转向行为导向,如罗伯特·阿克曼(Robert W. Ackerman)、雷蒙特·鲍尔(Ray-

---

[1] Heald, Morrell, *The Social Responsibilities of Business: Company and Community 1900-1960*, Cleveland/London: Press of Case Western University, 1970, pp. 1-14.

[2] Eilbert, H., Parket, I. R., The Current Status of Corporate Social Responsibility, *Business Horizons*, Vol. 16, August, 1973, pp. 5-14.

[3] Backman, J. (Ed.), *Social Responsibility and Accountability*, New York: New York University Press, 1975.

mond Bauer)①、詹姆斯·波斯特(James E. Post)和玛丽莲·梅里斯(Marilyn Mellis)②等,其中,卡罗尔(Archie B. Carroll)构建了企业社会表现的三维概念模型,把企业的社区责任定义为慈善责任,这一模型因其强解释力得到学者们的广泛应用。该成果为拓展阶段的定量研究做了铺垫。这一时期企业社会责任的赞同者多把社区认同作为企业发展的外生变量,当作企业自愿履行的责任。

2. 拓展阶段(20 世纪八九十年代):从定性分析到定量求证

20 世纪 80 年代,失业、贫困、环境污染等日益严重的社会问题推动了欧美发达资本主义国家爆发了涉及劳动者权益保护、环境保护、人权维护等方面的社会运动,企业不得不关注自身行为是否损害了利益相关者的利益,英国出现社会责任投资运动。这一阶段,虽然爱波斯坦(Edwin M. Epstein)等运用的"企业公民理论",伍德(Donna J. Wood)等运用的"社会生态学",唐纳森和邓菲(Thomas Donaldson, Thomas W. Dunfee)等运用的社会契约概念对理解企业与社区关系的研究有重要的指导作用,但是在企业社会责任研究领域,最受学者们青睐的理论是利益相关者理论。

学者们在利益相关者理论的指导下展开实证研究,力图为企业社会责任分析寻找证据,定量研究成果喷发。"企业社区参与动机""企业社区参与的影响因素"等方面的实证研究成果在这一时期非常集中的出现,在此不再赘述。社会对企业履行社会责任的要求越来越高,企业行为的透明度也越来越高。学术界开发出各种企业社会责任测量工具,如"公司声誉评级法""慷慨指数法""多米尼社会责任指数法"等。这些测量工具都包含了对企业履行社区责任的测量指标,定量的证据使得学者们推进了对企业—社区关系的认知,认识到作为利益相关者的社区对于不同的企业,其重要的程度是不同的;企业社区参与与企业绩效之间也不总是存在相关关系。③ 这一阶段的研究主要考量的是"不同的企业在社区参与方面的差异""社区参与对企业发展"的贡献,也可以说是企业社区参与的经济动因,对其非经济动因的考察较少,无法解释在经济动因不确定的情况下企

---

① Ackerman, Robert W., Bauer, Raymond, *Corporate Social Responsiveness: The Modern Dilemma*, Reston, Virginia: Reston Publishing Company, Inc., 1976, p. viii.

② Post, James E., Mellis, Marilyn, Corporate Responsiveness and Organizational Learning, *California Management Review*, Vol. 20, No. 3, 1978, p. 57.

③ Galaskiewicz, Joseph, An Urban Grants Economy Revisited: Corporate Charitable Contributions in the Twin Cities, 1979-1981, 1987-1989, *Administrative Science Quarterly*, Vol. 42, No. 3, 1997, pp. 445-471.

业的社区参与。

3. 转变阶段(进入21世纪):从经济动因到非经济动因

进入21世纪,富可敌国企业的出现改变了企业在社会发展中的作用,竞争的日趋激烈和信息技术的发展推动了社会公众对企业社区参与的期望;政府在创造财富和提供社会服务中的作用转变或减轻的趋势使得企业不得不扮演着一些政府的传统角色,如提供社会服务①;经济全球化背景下跨国公司助推了企业社区参与在发展中国家的普及②,让关注社区参与的企业越来越多③,企业开始从战略层面进行社区参与管理,适应这一转变,研究者从以前专注于求证企业履行社会责任与企业经济绩效的关系,转向企业与社区的伙伴关系构建,重视企业社区参与的非经济动因分析。

这一阶段,研究者重点关注的问题是企业社区参与的非经济动因和企业社区参与的战略意义。巴特尔(Bartel, Caroline A.)认为企业社区参与是其独特身份、图示或使命的表达式④,是企业适应"关注社会需要"的社会运动的结果⑤,是企业在社区制度环境下的明智选择,也就是说企业在文化认同、社会规范和政策引导下也可能参与无有形短期利益可图的社会活动。当然企业社区参与文化的、制度的和政治的动机也可能服务于企业对于竞争差异化的努力⑥,企业社区参与从一种自愿活动转向企业发展的内在的可持续发展需求。在企业社区参与战略研究中,波特和克雷默(Michael E. Porter, Mark R. Kramer)提出的情境中心慈善模型——一种市场驱动的帮助企业通过企业慈善加强竞争优势的途径分析,在企业社区参与管理中受到推崇⑦;皮尔斯和多哈(J. A. Pearce, Jonathan P. Doh)提出的社会经济集

---

① Matten, Dirk, and Crane, Andrew, Corporate Citizenship: Toward an Extended Theoretical Conceptualization, *Academy of Management Review*, Vol. 30, No. 1, 2005, pp. 166-179.

② Kapelus, Paul, Corporate Social Responsibility and the "Community": The Case of Rio Tinto, Richards Bay Minerals and the Mbonambi, *Journal of Business Ethics*, Vol. 39, No. 3, 2002, pp. 275-296.

③ Kooiman, Jan, Societal Governance: Levels, Modes, and Orders of Social-Political Interaction, *Public Governance*, *Theories of Governance*, 2007, pp. 310-321.

④ Bartel, Caroline A., Social Comparisons in Boundary-Spanning Work: Effects of Community Outreach on Members' Organizational Identity and Identification, *Administrative Science Quarterly*, Vol. 46, No. 3, 2001, pp. 379-413.

⑤ Bornstein, David, *How to Change the World: Social Entrepreneurs and the Power of New Ideas*, New York: Oxford University Press, 2007.

⑥ Bansal, Pratima, and Roth, Kendall, Why Companies Go Green: a Model of Ecological Responsiveness, *Academy of Management Journal*, Vol. 43, No. 4, 2000, pp. 717-736.

⑦ Porter, Michael E., Kramer, Mark R., The Competitive Advantage of Corporate Philanthropy, *Harvard Business Review*, Vol. 80, No. 12, 2002, pp. 56-68.

合模型——关于企业核心能力能否将企业社会活动的积极影响最大化的分析,则认为以企业为中心的社区参与途径缺乏社区利益相关者的内在参与和积极管理[①]。甚至有学者认为企业试图通过社区参与"管理并控制"社区利益相关者,这给社区参与和授权带来了负面影响[②]。

这一阶段的企业社区参与测量工具更加完善和专门化。如,针对矿产资源开发企业影响资源型社区经济、社会发展的评价工具,涵盖了安全、就业、健康、文化等社区经济社会发展的 11 个维度;针对各类企业社会责任的社区参与和发展评估标准——国际标准化组织 2010 年发布的 ISO 26000 针对企业社会责任六大任务之一的社区参与和发展评估指标体系。在这些指标的基础上,安娜·玛丽亚·艾斯蒂福斯(Ana Maria Esteves)等人认为,企业社区参与评估应关注企业与社区的伙伴关系绩效,不仅关注企业与社区的伙伴关系对企业发展的影响,而且应考虑伙伴关系对企业社区投资的影响、企业与社区的匹配程度、合作的有效性、对社区可持续发展的贡献,使企业与社区伙伴关系的绩效评估更接近事实[③]。虽然这种评价体系更客观,但是由于研究成果建立在案例研究的基础上,研究者只是提出了企业社区参与的评估方向,并没有产生可操作的测量指标。

二、国内企业社区参与研究的演化路径

国内关于企业社区参与的研究始于 20 世纪 80 年代中期中国政府大规模开展社区建设以后,集中于社会学领域,主要表现为理论研究。管理学领域关于企业社区参与的研究则包含在企业社会责任研究中。21 世纪初期企业社会责任运动在全国开展,这期间,我国市场经济体制逐步建立。计划经济时代单位与社区同构,单位承担了社会的功能,单位办社会并不是企业对社会责任的履行,而是执行政府管理社会的职能。市场经济体制建立之后,民营企业作为社会主义公有制经济的有益补充得到迅速发展。政企分开、企社分开的制度变革使得经历过"办社区"的国有企业不断剥离其社会职能。政府和民众关注的重点是经济发展,对企业对社会发展承担

[①] Pearce, J. A., Doh, Jonathan P., The High Impact of Collaborative Social Initiatives, *Sloan Management Review*, Vol. 46, No. 2, 2012, p. 32.

[②] Johnson-Cramer, Michael E., Berman, Shawn L., and Post, James E., Re-Examining the Concept of "Stakeholder Management", *Unfolding Stakeholder Thinking 2: Relationships*, No. 17, 2003, pp. 145–161.

[③] Esteves, Ana Maria, Barclay, Mary-Anne, New Approaches to Evaluating the Performance of Corporate-Community Partnerships: A Case Study from the Minerals Sector, *Journal of Business Ethics*, Vol. 103, No. 2, 2011, pp. 189–202.

什么责任,如何承担责任,都不明晰。资本的逐利本性使得企业漠视消费者、雇员、环境等利益相关者的利益。民众对于企业的心理期望经历了激烈碰撞:从经济转型初期延续"企业办社区"时的高度依赖,到剥离社会功能时的低度依赖,经历市场竞争失序时的完全失望,再到企业社会责任运动时的适当期望,社会对企业的要求起伏变化。国内学者对企业社区参与的认识也随之经历了两条平行的演化路径。

1. 从企业办社区到社区利益边缘化

从企业发展的角度理解企业与社区的关系,学者们都承认社区是企业的利益相关者,但存在对于企业社区参与的质疑。如,陈宏辉、贾生华[①]及吴玲、贺红梅[②]的实证研究成果显示,社区是企业的边缘利益相关者,不是企业的直接利益相关者,一般情况下,企业与社区之间没有交集的区域。张志敏[③]、武拉平[④]则因为乡镇企业类"办社区"的运作方式影响企业发展,质疑乡镇企业参与社区建设。他们认为"超级村庄"包容了非农产业的发展,实现了农民"离土不离乡"的工业化就业,促进了农村社区的经济发展。与此同时,由于乡镇企业属于集体经济,其建立之初受益于乡镇基层政府在资金资助、劳动力供给、经营用地等方面的大力支持,其发展之后为村民提供集体福利便成为顺理成章的事;但是,随着现代企业制度的建立,市场竞争的日益激烈,乡镇企业的改制,乡镇企业的"社区属性"成为其发展壮大的障碍。脱离了乡镇企业的农村社区该如何发展?改制后的乡镇企业该如何摆脱乡镇政府的行政干预?这些成为从乡村成长起来的企业和以乡镇企业发展为基础的社区都需要面对的现实问题。史浩明、张鹏针对苏南乡镇企业所承担的社区责任,如吸纳就业,支持农业、教育文化卫生事业发展,参与城镇建设等,认为乡镇企业承担了过重的社会负担。[⑤]

2. 从形式上的社区建设主体到行动中的企业与社区互动

从社区发展角度理解企业与社区的关系,20世纪90年代吴铎提出社区建设主体包括政府法人、企事业法人、社团法人以及全体社区成员[⑥]。企

---

① 陈宏辉、贾生华:《企业利益相关者三维分类的实证分析》,《经济研究》2004年第4期。
② 吴玲、贺红梅:《基于企业生命周期的利益相关者分类及其实证研究》,《四川大学学报(哲学社会科学版)》2005年第6期。
③ 张志敏:《村落经济组织与社区整合》,《浙江社会科学》2003年第4期。
④ 武拉平:《发达地区乡村集体企业的社区性及其改革》,《河北学刊》1999年第5期。
⑤ 史浩明、张鹏:《从社会负担到社会责任——论苏南乡镇企业所承担的社会责任》,《苏州大学学报(哲学社会科学版)》2004年第3期。
⑥ 吴铎:《论社区建设主体——上海市浦东新区社区发展报告》,《社会学研究》1997年第5期。

业承担一定的社会责任是现代企业制度的一个重要特征,同时也是企业立足社会、服务社会、发展自我的关键性因素。参与社区治理是企业履行社会责任的方式之一,企业可以通过与社区的利益相关者建立伙伴关系实现企业与社区的共生共赢。陈伟东和李雪萍认为社区治理的主体是利益相关者,社区治理的客体是社区公共事务,社区治理的规则是社区成员共同遵守的规章制度,社区治理的过程是社区成员之间合作互动的过程。① 孙立平提出社区组织和社区居民是社区建设的主体,既是参与者又是受益者。② 认为社区建设并不都是政府的责任,社区建设活动应该社会化。社区建设社会化主要指社区建设主体的社会化,社区管理不仅仅是社区居委会的工作,社区公共基础设施的改善不应该是政府单一投资,社区建设要广泛吸纳社会资本的参与。③ 洪瑾姜启军和苏勇认为企业嵌入社区的客观事实使得企业和社区互动具有长效机制,企业履行社会责任可以实现企业和社区的互惠发展。④ 李文祥则提出风险社会使企业参与社会治理成为其生存发展的必然要求。⑤

第二节 企业社区参与研究的文献回顾

一、企业的社区关系研究

西方学术界对企业的社区关系判断经历了一个由模糊到清晰的过程。这一过程可以从以下五个方面展开描述。

第一,商人与社区的责任关系不等于企业与社区的责任关系。尽管西方社会有关注社区利益的文化传统,但是企业的社区参与最初是企业主自愿选择的慈善行为。企业社会责任之父鲍恩(H. R. Bowen)在研究了几百家大企业对市民生活造成的影响的基础上,提出商人应该为其决策承担社会责任,商人的行为要符合社会的价值观。⑥ 戴维斯(K. Davis)是最有代表

---

① 陈伟东、李雪萍:《社区治理主体:利益相关者》,《当代世界与社会主义》2004 年第 2 期。
② 孙立平:《社区、社会资本与社区发育》,《学海》2001 年第 4 期。
③ 洪瑾:《论社区建设的社会化》,《北京理工大学学报(社会科学版)》2003 年第 5 期。
④ 姜启军、苏勇:《基于社会责任的企业和社区互动机制分析》,《经济体制改革》2010 年第 3 期。
⑤ 李文祥:《企业社会责任的社会治理功能研究》,《社会科学战线》2015 年第 1 期。
⑥ Bowen, H. R., *Social Responsibilities of the Businessman*, New York: Harpor & Row. 1953, p. 6.

性的、发展和完善鲍恩企业社会责任思想的学者,他认为,"商人的社会责任必须与他们的社会权利相称","逃避社会责任将导致社会权利的逐渐丧失"①。也就是说,商人在社区承担了责任,相应地,商人在社区应该享有对等的权利;反之亦然。他们区别对待企业主的社会责任和企业管理者的社会责任。研究者的观点反映出其对于"谁是企业社会责任的承担者"缺乏明确的认识。企业社会责任遵循自愿原则的观点高估了自愿原则对于企业行为的约束力,没有解决社会责任有效性的问题。同时,"权利与责任对等"的观念为深入认识企业社区参与做了铺垫。

第二,企业好公民等同于居民的社区好邻居。20 世纪 60 年代,消费者运动和环境保护运动使得企业社区参与的研究在企业社会责任概念多样化的背景下,得以深入拓展。对社区利益的关注表现为企业对现实社会问题的回应,学者们认为理解企业社会责任概念的最好办法是把企业看作社区中居民的"好邻居"。亨利·艾尔伯特和罗伯特·帕克特(I. Robert Parket)认为,这既意味着企业不能做对其邻居有害的事情,也说明企业要自愿承担解决其邻居困难的义务②。学者们不再把企业所有者的社会责任与企业的社会责任割裂开来。进入 70 年代,企业社区参与的研究开始转向行为导向的企业社会回应观,这不但意味着企业社会责任承担者明确由商人转向企业,而且反映企业社区参与融入企业社会责任实践。

第三,企业履行社会责任被当作是回应社会问题的过程。罗伯特·阿克曼和雷蒙德·鲍尔在管理学学科层面提出企业社会回应概念,他们认为企业社会回应能够更好地反映社会问题与经济行为之间的紧密关系;企业社会回应是一个管理过程,一种创新性的业绩表现衡量方法,一种制度化的决策方式,是应对不同时期公众预期变化的新技术和新管理技能③。詹姆斯·波斯特和玛丽莲·梅里斯建构了一个企业社会回应过程的模型,把社会回应分为认识或确认社会问题阶段、承诺或政策制定阶段、实施或应用阶段④。还有许多研究者得出了类似的结论,其中,威廉·弗雷德里克(William C. Frederick)的《从 CSR1 到 CSR2》一文是企业社会回应方面的经

---

① Davis, K., Can Business Afford to Ignore Social Responsibilities? *California Management Review*, No. 2, 1960(Spring), pp. 70-76.
② Eilbert, H., Parket, I. R., The Current Status of Corporate Social Responsibility, *Business Horizons*, Vol. 16, No. 8, 1973, pp. 5-14.
③ Ackerman, Robert W., Bauer, Raymond, *Corporate Social Responsiveness: The Modern Dilemma*, Virginia: Reston Publishing Company Inc., 1976.
④ Post, James E., Mellis, Marilyn, Corporate Responsiveness and Organizational Learning, *California Management Review*, Vol. 20, No. 3, 1978, p. 57.

典之作。他指出,企业社会回应是企业对社会压力做出的反应,企业根据其在工具、技术、组织结构和行为系统方面的需要回应社会是最合适的做法。① 虽然社会回应概念有清晰的行为导向,但是它主要阐述的是"企业在社会领域里管理性反应的一个行动阶段,是一个从不回应到预防性回应的连续统一体"。因此,企业社会回应是一种对政府机构、社会利益团体和公众看法做出的被动回应,不是一种前瞻性行动,是短期或者中期的决策,与企业管理者的社会责任意识密切相关。企业社会回应论试图通过衡量企业应对社会压力的能力,加强企业与外部公众和政府沟通的意识,弥补当时企业社会责任概念的单一向度和模糊性,但是企业社会回应的重点是在企业反应的过程方面,而不是在企业的道德和伦理方面。为此,学者们又提出了企业社会表现的概念。

第四,企业在社区的社会表现由企业自由裁量。卡罗尔提出企业社会表现的三维概念模型②,该模型把企业的社区责任归入慈善责任层面,他认为,"从伦理和道德角度来看,慈善责任与伦理责任的显著差别在于人们对前者并不抱有期望。社区渴望企业为人道主义活动或目的捐献财力、物力以及人力,但同时,如果企业没有达到社会所期望的水平,人们也不会认为是违背伦理的。因此,尽管社会总是期望商业组织能够提供这些捐助,但是否这么做更多的是由商业组织自由裁量或出于自愿"③。沃提克和科克伦(Steven L. Wartick & Philip L. Cochran)④继承了卡罗尔的思想,又突破了卡罗尔等人提出的概念的静态框架,将企业社会表现概念放在动态过程中加以界定,即"企业社会表现反映了企业社会准则、社会回应过程和作用于解决社会问题的政策之间的相互作用"。具体来讲,企业社会表现的定义"将企业与社会领域的三大主导方向融合在一起,即主要与社会责任准则相关的理念导向、主要与社会回应过程相关的制度导向以及主要与社会问题管理政策相关的组织导向"。在他们的理解中,企业社会责任主要从宏观层面强调企业与社会的关系,企业社会回应则从微观层面强调企业与社会的关系,而社会问题管理包括问题的发现、问题的分析和问题的

---

① Frederick, W. C., From CSR1 to CSR2, *Business and Society*, Vol. 33, No. 2, 1994, p. 153.
② Aupperle, K. E., Carroll, A. B., Hatfield, J. D., An Empirical Examination of the Relationship Between Corporate Social Responsibility and Profitability, *Academy of Management Journal*, Vol. 28, No. 2, 1985, p. 503.
③ Carroll, Archie B., A Three-Dimensional Conceptual Model of Corporate Performance, *Academy of Management Review*, Vol. 4, No. 4, 1979, pp. 500,758,768.
④ Wartick, Steven L., Cochran, Philip L., The Evolution of the Corporate Social Performance Model, *Academy of Management Review*, Vol. 10, No. 4, 1985, p. 756.

反应等部分,目的在于最小化"意外事故"以及制定有效的企业社会政策。社区是企业直接面临的生存环境和社会问题的基本单元,企业对于社区公共事务回应的管理是企业社会问题管理的基础,企业社会表现理论能够有效地指导企业根据自身发展战略和其所在社区的发展诉求制定企业社区政策。

第五,企业在社区的社会责任受到社会的约束。20世纪90年代以来,研究者们认为企业的社区责任不再以自愿为原则,企业与社区的关系不是区隔的,而是相互依赖的。企业与社区的相互依赖使得它们一荣俱荣、一损俱损,企业参与社区治理成为其生存于社区的基础,也成为其实现战略发展的机会。迈克尔·波特和马克·克雷默认为企业不能过多关注其与社会的冲突,应该清楚企业与社会是共生发展的。"如果企业或者社会只采取有利于自己却有损于对方的战略,那么它们便会走上一条危险的道路。一方暂时利益的获得会导致双方长远利益的损失"。企业应该"以能够珍视道德价值和尊重他人、社区与自然环境的方式获得商业成功"。企业的可持续发展强调的是环境和社区,企业的"运作许可概念的事实来源是每家企业都需要来自于政府、社区和其他无数股东对经商的默许或者明文许可"①。

国内关于企业的社区关系研究集中体现为企业社区参与同"企业办社会"的比较。这种比较集中表现为:

第一,企业社区参与不等于企业办社会。罗志荣认为企业把社区参与活动融入企业品牌形象的塑造过程中,以建构具有美誉度的公共关系为目的,完全不同于企业服从于政府行政干预的"办社会"行为。企业社区参与以企业与社区互赢共生为基础,不再是企业"办社会"以实现政府经济社会发展规划为基础。企业关注社区利益是市场经济体制下企业作为独立经济主体发展的内生需要,不同于企业办社会是计划经济体制下企业作为类政府职能部门的外生控制因素②。王漫天、任荣明、胡贵毅认为国有企业办社会与乡镇企业"办社会"有本质的区别,乡镇企业是在完成经济目标后自愿参与社区建设的,它们从实际出发以有偿运作的方式"办社会"既造福了社会也方便了自己;而国有企业办社会是不管有没有完成经济目标都必须

---

① 〔美〕迈克尔·波特:《竞争论》,刘宁等译,北京:中信出版社2009年版,第389、386、361—366页。
② 罗志荣:《兔子不吃窝边草——和谐社区建设中企业的角色与责任》,《企业文明》2007年第1期。

办社会,往往只有本企业员工是直接受惠者①。

第二,"企业办社会"在单位制社会建构了民众的社区归属感。单位制社会中企业包揽了员工的生老病死,员工的生活质量由企业决定,员工对企业,对与企业、单位合而为一的社区自然生成归属感和认同感,而且这种归属感刻骨铭心。黄杰认为,在当时的社会背景下,单位制度建设过程是中国情境的基层社会重建过程,依靠单位制度,我国迅速建成了中国特色的社会保障体系和社会管理体系。这种成功使得近四十年的社区建设后,居民对社区的归属感和认同感也赶不上单位制社会员工对企业(单位、社区)的归属感和认同感②。甚至有学者把中国的单位制社区与美国的发展公共交通导向的社区进行比较,认为单位制社区在强化居民地域空间生活,认知社区精神,开展社区营造活动和实现可持续发展等方面具有优势③。

第三,企业社区参与是社区制社会中企业获得运营合法性的基础,社会企业成为社区治理力量的有益补充。田志龙、程鹏璠等运用案例研究的方法对企业通过社区参与获得合法性,及其演化过程进行了阐述。④ 潘锦云、李晏墅认为企业通过参与新农村建设来履行社会责任。⑤ 李伟梁和刘艳以社区社会企业为中心,认为社会企业是社区责任的主要承担者。⑥ 它们运用企业运作方式实现社会发展目标,解决社区就业问题,为居民提供社区服务,改善公共服务设施,提高社会资本对公共事业发展的贡献,是社会治理的重要力量。

二、企业社区参与的动机与方式

贝瑟和米勒(Besser T L, Miller N J.)认为企业基于明智利己回应社区问题,其动机可分为两种⑦。其一是公共关系动机:企业社区参与可以塑造

---

① 王漫天、任荣明、胡贵毅:《有中国特色的企业办社会与企业社会责任》,《生产力研究》2009 年第 1 期。
② 黄杰:《单位制度与社区建设关系的再认识》,《唯实》2008 年第 5 期。
③ 于文波、王竹、孟海宁:《中国的"单位制社区"VS 美国的 TOD 社区》,《城市规划》2007 年第 5 期。
④ 田志龙、程鹏璠、杨文、柳娟:《企业社区参与过程中的合法性形成与演化:百步亭与万科案例》,《管理世界》2014 年第 12 期。
⑤ 潘锦云、李晏墅:《新农村建设:企业实现社会责任的新领域》,《江汉论坛》2009 年第 2 期。
⑥ 李伟梁、刘艳:《社区社会企业的责任承担及培育发展》,《社会工作(学术版)》2011 年第 5 期。
⑦ Besser, Terry L., and Miller, Nancy J., The Risks of Enlightened Self-Interest: Small Businesses and Support for Community, *Business & Society*, Vol. 43, No. 4, 2004, pp. 398-425.

企业形象,吸引投资①和更多的顾客②;留住现有的员工,吸引新员工③,增加与潜在商业合作伙伴及潜在客户的联系,并提高企业在他们之中的威信④,对企业的成功产生积极影响。其二是命运共同体动机:企业认同与社区的相互依赖关系,认为企业社区参与可以提高其声誉、增强社区关系⑤等。他们通过实证研究证明持命运共同体动机的小企业更可能产生社区参与行为。

　　实际上,不同的社区参与动机会对应不同的社区参与方式。塞坦尼迪和奈安(Seitanidi, Ryan)⑥把企业社区参与方式归纳为六种,即慈善捐赠、慈善行为、资助、赞助、善因营销、伙伴关系,并对它们进行了比较。慈善捐赠和慈善行为的动机是利他主义的,企业没有要求回报,不过企业可能因此而出现在媒体的报道中⑦。慈善行为通常是个人支持公共事业的行为,现发展为企业基金会的形式,它也是基于自我价值的实现⑧,企业并没有因

---

① Atkinson, Lisa, and Galaskiewicz, Joseph, Stock Ownership and Company Contributions to Charity, *Administrative Science Quarterly*, Vol. 33, No. 1, 1988, pp. 82–100; Graves, Samuel B., and Waddock, Sandra A., Institutional Owners and Corporate Social Performance, *Academy of Management Journal*, Vol. 37, No. 4, 1994, pp. 1034–1046; Johnson, Richard A., Greening, Daniel W., The Effects of Corporate Governance and Institutional Ownership Types on Corporate Social Performance, *Academy of Management Journal*, Vol. 42, No. 5, 1999, pp. 564–576.

② Sankar, Sen, Bhattacharya, Chitra Bhanu, Does Doing Good Always Lead to Doing Better? Consumer Reactions to Corporate Social Responsibility, *Journal of Marketing Research*, Vol. 38, No. 2, 2001, pp. 225–243.

③ Turban, Daniel B., Greening, Daniel W., Corporate Social Performance and Organizational Attractiveness to Prospective Employees, *Academy of Management Journal*, Vol. 40, No. 3, 1997, pp. 658–672.

④ Galaskiewicz, J., Interorganizational Relations, *Annual Review of sociology*, No. 11, 1985, pp.281–304; Galaskiewicz, Joseph, An Urban Grants Economy Revisited: Corporate Charitable Contributions in the Twin Cities, 1979–1981, 1987–1989, *Administrative Science Quarterly*, Vol. 42, No. 3, 1997, pp. 445–471.

⑤ Brammer, Stephen and Millington, Andrew, The Effect of Stakeholder Preferences, Organizational Structure and Industry Type on Corporate Community Involvement, *Journal of Business Ethics*, Vol. 45, No. 3, 2003, pp. 213–226; Voort, J., Glac, K. & Meijs, L., "Managing" Corporate Community Involvement, *Journal of Business Ethics*, Vol. 90, No. 3, 2009, pp. 311–329.

⑥ Seitanidi, M. M. and Ryan, Annmarie, A Critical Review of Forms of Corporate Community Involvement: from Philanthropy to Partnerships, *International Journal of Nonprofit and Voluntary Sector Marketing*, Vol. 12, No. 3, 2007, pp. 247–266.

⑦ Meenaghan, John A., Commercial Sponsorship, *European Journal of Marketing*, Vol. 17, No. 7, 1983, pp. 5–73.

⑧ Coutoupis, T., *Choregia, A Practical Guide for Sponsors and Sponsored*, Athens: Galeos Publications,1996.

此获得直接奖励(经济的或非经济的)[1]。资助虽没有明确的回报,但是与捐赠不同,资助的目的可能是它们的资助资金所产生的财物的利益。赞助可细分为商业赞助和社会赞助:商业赞助的目的是产生可衡量的营销活动[2];社会赞助则来自于私人企业对NPOs或社会活动的经济支持,将私人资源转移到社会公共部门。相比商业赞助,社会赞助的目的是满足特定的社会需要,源于企业的社会责任;企业可提高声誉,获得有限的有形利益[3]。善因营销又称为企业社会营销,或社会问题促销[4],企业的目的是促销和为非营利组织筹集资金[5]。伙伴关系则要求合作伙伴付出资源、时间、精力共同解决那些影响所有人的社会问题[6],战略伙伴关系以互利共赢为目标[7],为了达成目标,合作各方应该明确各自的动机、增强相互信任、平衡各方权利。

国内学者关注企业的社区责任主要基于利益相关者理论。赵德志、赵书科[8]及王欢苗[9]等认为企业为了获得竞争优势进行社区关系管理。李双龙认为企业社会责任是企业生存、发展和获取利润的手段。[10] 麦影认为企业为了获得知名度与美誉度,开拓和占有市场,赢得忠诚的顾客,从事

---

[1] Seitanidi, M. M., Strategic Socio-Sponsorship Proposal Selection: A Survey on the Practices of the Mobile Telecommunication Networks Industry in Greece, School of Management, University of Abertay Dundee (1999).

[2] Meenaghan, Tony, Commercial Sponsorship—the Development of Understanding, *International Journal of Sports Marketing & Sponsorship*, Vol. 1, No. 1, 1999, p. 19; Quester, Pascale, Thompson, B., Advertising and Promotion Leverage on Arts Sponsorship Effectiveness, *Journal of Advertising Research*, Vol. 41, No. 1, 2001, pp. 33-47.

[3] Wragg, David, *The Effective Use of Sponsorship*, London: Kogan Page, 1994, p. 14.

[4] Berglind, Matthew, and Nakata, Cheryl, Cause-Related Marketing: More Buck Than Bang? *Business Horizons*, Vol. 48, No. 5, 2005, pp. 443-453.

[5] Seitanidi, M. M., *Strategic Socio-Sponsorship Proposal Selection: A Survey on the Practices of the Mobile Telecommunication Networks Industry in Greece*, School of Management, University of Abertay Dundee, 1999.

[6] Waddock, Sandra A., Building Successful Social Partnerships, *Sloan Management Review*, Vol. 29, No. 4, 1988, pp. 17-23.

[7] Seitanidi, M. M., "Covert Political Conflict in Non-Profits Organisations in the Stage of Partnership Selection: Challenges from within", The Case of Earthwatch-Rio Tinto Partnership, in 10th Annual Conference of the European Business Ethics Network-UK Association (EBEN UK) and 8th Ethics and Human Resource Management Conference, 11th-12th April 2006, Cambridge, UK.

[8] 赵德志、赵书科:《利益相关者理论及其对战略管理的启示》,《辽宁大学学报(哲学社会科学版)》2005年第1期。

[9] 王欢苗:《企业社区关系管理研究》,沈阳:辽宁大学博士学位论文,2007年,第1页。

[10] 李双龙:《试析企业社会责任是企业生存、发展和获取利润的手段》,《湖北社会科学》2005年第9期。

公益慈善事业。① 鞠芳辉等认为我们难以把企业履行社会责任的伦理动机与利润动机完全区别开来，因为企业的伦理动机可以理解为企业追求长期的、可持续的经济利益。②

三、企业社区参与的测量

西方国家在企业社会责任实证研究的初始阶段并没有关于企业参与社区治理的测量指标的研究成果，企业的社区责任作为企业社会责任的一个方面而存在，企业社区参与的测量通过间接反映社区参与的社会责任测量指标反映。20世纪70年代研究者开发出"声誉指数法"和"内容分析法"两种类型的企业社会责任衡量指标，80年代又进一步研究出"公司声誉评级法""慷慨指数法""多米尼社会责任指数法"等，这些方法都把企业的社区责任纳入企业社会责任评价指标体系。例如，在公司社会责任最好的测量指标之一（M. Sharfman）③的多米尼企业社会责任评价标准中，指标开发者仅从劣势领域和优势领域两个角度分别列举了三种相反的企业—社区关系表现形式，并用五个等级给企业履行社区责任的情况评分。但这些指标不能全面系统地评价企业的社区参与活动，也对企业社区参与行为缺乏工具性的指导意义。

表3-1 KLD公司企业社会责任评价标准（社区）

劣势领域	优势领域
(1)公司卷入与社区相关的罚金或民事赔偿，或重大诉讼。 (2)公司与社区的关系因关闭工厂或违约而变得紧张。 (3)公司是产生社区投资争议的机构。	(1)对慈善机构的捐赠始终不低于税前收入1.5%，或其他可以证明的同等捐赠。 (2)公司因创新性捐赠而著名（例如为经济困难的群体租住公寓小套间提供支持）。 (3)公司作为卓越参与者进入提供住房援助计划的公共企业或合伙企业名单。

资料来源：作者根据"Sharfman, M., The Construct Validity of the Kinder, Lydenberg & Domini Social Performance Ratings Data, *Journal of Business Ethics*, Vol. 15, No. 3, 1996, pp. 287-296."整理。

随着企业社会责任研究的逐步深入，企业社区参与的内容也日益明

---

① 麦影：《企业社会责任对竞争优势影响的实证研究》，广州：暨南大学博士学位论文，2010年。
② 鞠芳辉、谢子远、宝贡敏：《企业社会责任的实现——基于消费者选择的分析》，《中国工业经济》2005年第9期。
③ Sharfman, M., The Construct Validity of the Kinder, Lydenberg & Domini Social Performance Ratings Data, *Journal of Business Ethics*, Vol. 15, No. 3, 1996, pp. 287-296.

确。巴克曼(Backman. J)指出,"雇用少数族裔困难群体、减少污染、更积极地参与改进社区的项目都被涵盖在社会责任这把大伞之下"[1]。波斯特、韦伯和劳伦斯(James E. Post, James Webb, Anne Lawrence)认为社区希望企业参与包括发展公共交通、基础教育、健康护理、艺术文化、公共设施等在内的社区建设活动。企业在地理空间上存在于社区之内,有责任促进当地的经济发展、缴纳税款、杜绝破坏环境的行为、为居民提供就业机会、为社区规划和文化艺术活动开展慈善捐赠、帮助贫弱群体、支持教育发展等,企业参与的这些社区建设活动表现为社区政策[2]。"社区政策"是指企业根据自身资源拥有情况及战略发展需要制定的,促进企业与社区共享进步的公益项目计划。它包含了社区期望企业参与的各种社区建设活动,如困难群体帮扶项目、健康与安全促进计划、员工志愿者激励制度等[3]。

在企业社区参与的评估方面,除了研究者开发出的不断改进的包含社区责任关键内容的企业声誉评级法、公司慈善法和多米尼公司社会责任指数外,在具体方法上,还有针对矿产开发资源公司社区工作情况开发的社区"经济、社会评估工具",这一工具设计了较为系统、全面的社区工作评估指标体系。目前,在全球应用最为广泛的社区参与和发展评估标准是ISO 26000国际社会责任标准,ISO 26000把企业社区参与并对社区发展做出贡献的领域分为六个方面(见表3-2)。在具体的企业社区参与方面,安娜·玛丽亚·艾斯特维斯等人提出要从企业与社区合作的匹配程度测量企业社区参与的绩效,而不是仅从企业在社区的社会责任投资绩效来衡量,认为传统的评价方法是不全面的。企业与社区伙伴关系包括四个方面,即伙伴关系对企业社区投资方案总体组合的影响,合作模式的适当性,合作关系的作用,以及合作伙伴达成方案目标的能力[4]。这种评价体系在建构企业社区伙伴关系方案中的应用可以为企业提供一些如何展开合作的有益见解,是企业与社区关系评估更具操作性的新进展。

---

[1] Backman, J. (Ed.), *Social Responsibility and Accountability*, New York: New York University Press, 1975.

[2] 〔美〕詹姆斯·E. 波斯特、安妮·T. 劳伦斯、詹姆斯·韦伯:《企业与社会:公司战略、公共政策与伦理》,张志强等译,北京:中国人民大学出版社2005年版,第368页。

[3] Watts, Phil, et al., Corporate Social Responsibility, Report Released in the Name of the WBCSD (World Business Council for Sustainable Development), Cambridge, Massachusetts: The MIT Press, 1999, p. 8.

[4] Esteves, Ana Maria, Barclay, Mary-Anne, New Approaches to Evaluating the Performance of Corporate-Community Partnerships: A Case Study from the Minerals Sector, *Journal of Business Ethics*, No. 103, 2011, pp. 189-202.

表 3-2　组织开展社区参与并对社区发展做出贡献的主要领域

主要领域	基本内容
教育和文化	教育和文化是社会与经济发展的基础,组织保护并促进教育和文化,并与尊重人权相互协调,对社会凝聚力和社会发展有积极的影响
就业和技能开发	就业是国际公认的与经济和社会发展相关的目标,技能开发是促进就业和帮助人们维护体面的、富有成效的工作的重要组成部分
健康	健康是社会生活的一个基本条件,是人的基本权利;所有组织,都宜以适合各自情况的方式为促进健康、防范健康威胁和疾病、减轻对社区的危害做出贡献
技术开发与获取	组织以促进人力资源开发和技术传播的方式采用专门知识、技能和技术,为其运行所在社区的发展做出贡献
财富与收入创造	组织决策和活动对社区产生积极影响,有助于消除社区贫困,雇用社区成员,帮助社区发展当地供应商,支持社会组织,促进社区法治
社会投资	社会投资是组织将自身资源投资于旨在提高社区福利和社区社会生活质量的举措和计划,是组织对法律法规义务的超越

资料来源:作者根据李伟阳、肖红军所著《ISO 26000 的逻辑》(北京:经济管理出版社 2011 年版,第 215—234 页)一书整理。

国内很少有专门关于企业社区参与的实证研究,但是关于企业社会责任的研究都设计了社区责任维度。如朱瑞雪等[1]、罗殿军、张思亮[2]、万莉等[3]、李正[4]、陈留彬[5]、杨春方[6]、冯臻[7]等学者。麦影提出了测量企业社区责任的具体指标。[8] 杨春方把社区责任分为社区捐赠、社区活动参与、社区关系三个维度测量。魏农建、唐久益在基于企业社会责任的顾客满意实证

---

[1] 朱瑞雪、郭京福:《社会责任与企业国际竞争力研究》,《华东经济管理》2004 年第 6 期。
[2] 罗殿军、张思亮:《从企业社会责任到企业公民——新时代的企业竞争力》,《上海管理科学》2004 年第 6 期。
[3] 万莉、罗怡芬:《企业社会责任的均衡模型》,《中国工业经济》2006 年第 9 期。
[4] 李正:《企业社会责任与企业价值的相关性研究——来自沪市上市公司的经验数据》,《中国工业经济》2006 年第 2 期。
[5] 陈留彬:《中国企业社会责任理论与实证研究——以山东省企业为例》,济南:山东大学博士学位论文,2006 年。
[6] 杨春方:《中国企业社会责任影响因素实证研究》,《经济学家》2009 年第 1 期。
[7] 冯臻:《影响企业社会责任行为的路径——基于高层管理者的研究》,上海:复旦大学博士学位论文,2010 年。
[8] 麦影:《企业社会责任对竞争优势影响的实证研究》,广州:暨南大学博士学位论文,2010 年。

研究中证明了企业对于社区的责任影响消费者对企业社会责任的评价。①企业的社区责任行为方式可以分为两种,一种是应急式慈善方式,即企业响应政府号召或者基于慈善目的积极参与灾后的社区重建;另一种就是常规式义务,即经济效益较好的大型国有企业和股份制改造后的乡镇企业基于制度惯性对于社区建设的参与。企业社区参与的常规式义务主要包括两类,一是间接参与社区建设的活动,包括捐赠慈善资金用于社区建设、兴修水利、修建道路、设立助学金救助贫困学生、植树绿化等社区建设项目。二是直接参与的社区建设活动,包括环境保护建设、为失业者提供就业帮助、关注社区孤寡老人的活动、组织救助残疾人的活动、组织居民开展文化娱乐活动、维护社区治安、改造社区健身休闲设施、开放企业内公共服务设施等方面。臧公余提出城市社区与企事业单位的文化互动对于加强相关社区和企事业单位文化建设,加速社区的资源共享,优化企事业单位的社区环境,促进驻区单位与当地社区精神文明共建具有重要的意义②。王欢苗的《企业社区关系管理研究》认为企业社区关系管理的方式包括社会义务方式、社会责任方式和社会表现方式三种。陈蓝从企业管理者的安全意识、居民的安全意识、安全文化建设等方面分析了社区安全建设对于企业安全管理的积极作用;同时从企业对社区安全建设的人力物力支持、企业安全管理机制等两个方面说明了企业对于社区安全建设的贡献③。

四、企业社区参与的影响因素

我们从企业属性特征、市场环境和社区基本情况三个方面归纳已有研究成果中关于企业社区参与影响因素的分析。在企业属性特征方面,首要的影响因素包括企业的规模和建立时间,企业总部的地点④等。奥雷斯基(Orlitzky, Marc)等认为,企业的社会透明度、影响程度、社会责任大小与企业规模呈正相关关系。大规模企业拥有更多的资源,有条件更多地参与企业社会责任行动。⑤ 科尼利厄斯(Nelarine Cornelius)则认为中小企业,尤其

---

① 魏农建、唐久益:《基于企业社会责任的顾客满意实证研究》,《上海大学学报(社会科学版)》2009年第2期。
② 臧公余:《试论驻区单位在城市社区文化建设中的作用》,《理论观察》2007年第2期。
③ 陈蓝:《社区安全建设与企业安全管理之间关系的探讨及思考》,载2007年全国城市安全生产(广州)研讨会论文集《广州市安全生产监督管理》。
④ Burke, Lee, et al., Corporate Community Involvement in the San Francisco Bay Area, *California Management Review*, Vol. 28, No. 3, 1986. XXVIII, pp. 122-141.
⑤ Orlitzky, Marc, Does Firm Size Comfound the Relationship Between Corporate Social Performance and Firm Financial Performance? *Journal of Business Ethics*, Vol. 33, No. 2, 2001, pp. 167-180.

是依靠社区生存的微型企业,更热衷于社区参与。① 不考虑企业规模,高层管理者的行为取向、道德追求②、对公益活动的重视程度,企业在社区参与方面的专业化程度③,显著影响企业社区参与程度;对小企业来讲,企业主对是否开展企业社区参与活动具有决定性作用④。

在市场环境方面,企业的合作伙伴⑤,利益相关者偏好、组织结构、行业结构对企业社区参与程度存在影响⑥,贸易、金融行业的企业在社区参与方面表现突出;行业差异导致企业开展具有自身特色的捐赠活动⑦。

在社区基本情况方面,首先,社区的人口结构、经济结构、社会结构不同,社区发展水平不同,对企业社区参与的需求也会不同。小城镇里的企业更容易受社区发展的影响,更容易投入社区参与活动⑧;社区资源结构显著影响企业社区参与的内容,企业在不同的社区专注于艺术和文化、公民和公共利益、教育、健康和人类福利等不同领域,如,格思里和麦夸里(Guthrie. D and McQuarrie. M)发现为低收入家庭提供住房项目在有的城市的效果要显著高于其他城市。其次,社区的文化、当地政府的政策等对企业社区参与存在影响。贝勒菲尔德和科尔宾认为大都市区域潜在的政治文化影响非营利组织和私人机构对社区的投资⑨。格思里和麦夸里发

---

① Cornelius, Nelarine, et al., Corporate Social Responsibility and the Social Enterprise, *Journal of Business Ethics*, Vol. 81, No. 2, 2008, pp. 355–370.

② Buchholtz, Ann K., Amason, Allen C., Rutherford, Matthew A., Beyond Resources the Mediating Effect of Top Management Discretion and Values on Corporate Philanthropy, *Business & Society*, Vol. 38, No. 2, 1999, pp. 167–187.

③ Mescon, Timothy S., Tilson, Donn J., Corporate Philanthropy: A strategic Approach to the Bottom-Line, *California Management Review*, 1987, pp. 49–61; Altman, B. W., Corporation Community Relations in the 1990's: A Study in Transformation, Dissertation, University School of Management, Boston, MA, 1997.

④ Burlingame, Dwight, Kaufmann, David Arthur, Indiana Business Contributions to Community Service, *Proceedings of the International Association for Business and Society*, No. 5, January 1994, pp. 733–744.

⑤ Galaskiewicz, Joseph, Burt, Ronald S., Interorganization Contagion in Corporate Philanthropy, *Administrative Science Quarterly*, 1991, pp. 88–105.

⑥ Brammer, Stephen, Millington, Andrew, Firm Size, Organizational Visibility and Corporate Philanthropy: an Empirical Analysis, *Business Ethics: A European Review*, Vol. 15, No. 1, 2006, pp. 6–18.

⑦ Kirchberg, Volker, Arts Sponsorship and the State of the City, *Journal of Cultural Economics*, Vol. 19, No. 4, 1995, pp. 305–320.

⑧ Johnson, Colleen, The Conscience of Capitalism: Business Social Responsibility to Communities, *Journal of Economic Issues*, Vol. 37, No. 4, 2003, pp. 1192–1194.

⑨ Bielefeld, Wolfgang and Corbin, John J., The Institutionalization of Nonprofit Human Service Delivery the Role of Political Culture, *Administration & Society*, Vol. 28, No. 3, 1996, pp. 362–389.

现底特律城市政府与当地企业在过去三十五年的关系改变证明地方政府可以通过政策工具聚焦社区问题,鼓励企业社区参与,促使企业、居民和非营利组织合作,振兴经济贫困地区,使社区的安全、环境、教育、健康、交通和就业需求得到改善。① 当然,也有学者认为政府的调节作用并不是总是有效,例如将道德责任转变为对企业的法律要求时,就会遭到企业的抵制②。

在国内企业社会责任研究成果中,学者们集中关注企业履行社会责任的外部影响因素,较少关注企业社区参与的外部影响因素;定性的论述丰富,定量的实证研究短缺。李万县从企业行为路径出发,认为政府、行业协会和公众对推动企业社会责任建设存在重要而积极的影响。③ 刘藏岩提出了一个由政府、法律、社会、利益构成的私营企业社会责任四因素推进机制。④ 冯臻证明了高层管理者对于企业社会责任行为表现有直接显著影响作用,这种显著影响尤其表现在企业履行社区、慈善和环境等责任时⑤。刘长喜认为政府监管的缺失导致企业承担社会责任的多少与其经济绩效之间不存在显著关系,利益相关者无法影响企业决策,缺少企业承担社会责任的动力机制。⑥ 胡贵毅认为企业的所有制性质、文化传统、公共政策和非营利组织成熟程度等因素通过改变利害相关者的权力关系来改变企业的社会责任行为。⑦ 郑海东证明了政府对企业履行社会责任积极回应的程度对企业履行社会责任的程度存在显著正向影响,非营利组织发育程度、执法环境对企业承担社会责任的程度没有显著影响。⑧

---

① Guthrie, Doug, Quarrie, Michael Mc, Privatization and the Social Contract: Corporate Welfare and Low-Income Housing in the United States Since 1986, *Research in Political Sociology*, No. 14, 2005, pp. 15-51.

② Cooper, Stuart M., Owen, David L., Corporate Social Reporting and Stakeholder Accountability: The Missing Link, *Accounting, Organizations and Society*, Vol. 32, No. 7, 2007, pp. 649-667.

③ 李万县:《基于行为路径的企业社会责任战略模式》,《统计与决策》2007年第16期。

④ 刘藏岩:《民营企业社会责任推进机制研究》,《经济纬》2008年第5期。

⑤ 冯臻:《影响企业社会责任行为的路径——基于高层管理者的研究》,上海:复旦大学博士学位论文,2010年。

⑥ 刘长喜:《利益相关者、社会契约与企业社会责任——一个新的分析框架及其应用》,上海:复旦大学博士学位论文,2005年。

⑦ 胡贵毅:《企业社会责任理论的基本问题研究——基于企业价值创造与利益分配的视角》,上海:上海交通大学博士学位论文,2010年。

⑧ 郑海东:《企业社会责任行为表现:测量维度、影响因素及对企业绩效的影响》,杭州:浙江大学博士学位论文,2007年。

五、企业社区参与研究的基本方法

从研究范式上看,国外企业社区参与研究大致有三种研究路径,即历史路径、定量分析和案例比较。

1. 历史路径

在早期学术界的企业社会责任研究中,赞同企业履行社区责任的研究者往往通过回顾古希腊时代社会重视社区利益,追溯中世纪教会压制逐利行为、商人屈于传统压力照顾社区福利的历史,论证企业社区参与的合法性。1970年希尔德的著作《企业社会责任:企业与社区,1900—1960》在学术界掀起了企业社会责任理论与实践的大讨论,他从历史主义的视角描述了19世纪末商人对于慈善事业以及公司与社区关系的重视;20世纪初面临社会变革,进入管理者资本主义初期的企业慈善与公共关系;还有1918—1925年的社区福利基金运动,以及1925—1935年不景气中的企业与社区福利基金,1935—1945年企业的慈善标准,1945—1960年企业社会责任的范围、实践。他分析了商人对社区参与或慈善或功利的复杂动机,企业与社区环境之间的依存关系,企业基于社区需要的慈善活动,公众舆论对企业慈善的影响,企业与社区伙伴关系的构建。除此之外,夏福曼(Mark Sharfman)的《改变的制度规则:从1883—1953年企业慈善的演进》从制度理论的视角回顾了企业慈善从非法到合法并成为企业社会表现必不可缺组成部分的演进过程,提出企业慈善领域具有普遍意义的制度结构理论;[①]威尔斯(Harwell Wells)的《企业社会责任的周期:面向21世纪的历史性回顾》则追踪了开始于20世纪30年代的学术界关于企业社会责任的辩论,梳理了学者们对"企业应该承担社会责任"这一观点达成共识的过程。[②] 这些成果为企业社区参与研究的推进提供了理论基础。

2. 定量分析

定量分析是探索企业社区参与规律的常规方法,是呼应和推进企业社区参与理论研究的重要途径。普鲁斯顿和奥班农(Preston & O'Bannon)的论文《企业社会表现与企业财务绩效的关系》是具有代表性的成果,他们在《财富》杂志1982—1992年间67个企业的声誉指数中,选取反映企业的员工关系、客户关系和社区关系的指标,反映履行企业社

[①] Sharfman, Mark, Changing Institutional Rules The Evolution of Corporate Philanthropy, 1883-1953, *Business & Society*, Vol. 33, No. 3, 1994, pp. 236-269.

[②] Wells, C. A., Cycles of Corporate Social Responsibility: An Historical Retrospective for the Twenty-First Century, *Urviversity of Kansas Law Review*, No. 51, 2002, p. 77.

会责任状况；用总资产报酬率、净资产报酬率以及投资报酬率三个指标衡量公司财务业绩；对社会责任表现与企业绩效的关系进行实证检验。他们发现：不管是企业社会责任在前企业绩效在后，还是企业绩效在前企业社会责任在后，两个变量之间都呈现正相关关系①。格思里和麦夸里质疑阿特金森和格拉斯奇维兹（Atkison, Lisa and Galaskiewicz, J.）关于"制度环境对企业慈善有导向作用"②的首创性研究，认为格拉斯奇维兹的研究缺乏可以比较的维度，不能说明变化了的制度环境是否对企业慈善产生影响，他通过对当年格拉斯奇维兹研究的三个城市的再次深度定性研究和全国2776个企业的代表性样本数据分析，发现地方税收越高，企业的慈善捐赠总的来说会越多；但是，高税收也会降低企业对地方社区的慈善承诺。一方面证明了"制度环境对企业—社区关系的影响"；另一方面，发现了与格拉斯奇维兹的"企业慈善资金大部分投入其总部所在社区"相异的研究结论。比如，在低收入住房税收抵免政策的实施过程中，在福利系统比较完善的州，高额的本地税收和州政府对低收入住房税收抵免政策更积极的支持，使企业认为州政府对提供社区公共服务有更大的责任，就会降低对地方社区市民的慈善承诺水平，相反会提高对国际慈善事业的承诺③。国内运用定量方法关注企业社区参与研究的成果较少，具有一定代表性的成果有杨学儒、李浩铭④的研究，他们根据283家农家乐的调查数据和当地经济社会发展的二手数据，分析了旅游企业社区参与与乡村环境污染之间的关系。

3. 案例比较

不同的社区对企业的社区参与有不同的诉求，同样的社区参与项目在不同的社区表现出不同的社会效果，案例研究法是深入剖析企业社区参与截面的最佳途径。在对发达国家企业社区参与研究中，有代表性的有马奎斯等的《社区同构与企业社会责任》，他们通过对美国不同城市社区的企业社区参与案例进行比较，发现制度环境对企业社区参与内容结构与水平的

---

① Preston, Lee E., O'Bannon, Douglas P., The Corporate Social-Financial Performance Relationship, *Business and Society*, Vol. 36, No. 4, 1997, pp. 419-429.

② Atkinson, Lisa and Galaskiewicz, Joseph, Stock Ownership and Company Contributions to Charity, *Administrative Science Quarterly*, Vol. 33, No. 1, 1988.

③ Guthrie, Doug and McQuarrie, Michael, Providing for the Public Good: Corporate-Community Relations in the Era of the Receding Welfare State, *City & Community*, Vol. 7, No. 2, 2008, pp. 113-139.

④ 杨学儒、李浩铭：《乡村旅游企业社区参与和环境行为——粤皖两省家庭农家乐创业者的实证研究》，《南开管理评论》2019年第1期。

塑造路径,认为社区中的企业就合适的参与内容和方式、参与程度达成一致的水平越高,企业社区参与的整体水平越高。① 洛萨通过对澳大利亚企业社区参与的案例研究,分析了公司—社区伙伴关系对社区发展、公司社会资本、公司能力建设的影响。② 在对发展中国家的企业社区参与研究中,布拉德利通过对 42 家旅游企业高级管理者关于企业社会责任价值和实践的深入访谈,发现旅游企业的社区投资可以使企业获得长期利益、经营合法性,并降低风险。③ 夏尔民等则通过对孟加拉国企业社区参与案例研究,发现当地居民对跨国公司在社区的决策缺少话语权。④

国内企业社区参与的研究成果比较少,且集中运用案例研究方法基本上以案例研究为主,代表性的研究成果有田志龙、程鹏璠、杨文、柳娟等根据百步亭与万科十余年社区参与案例的纵向双案例比较,分析了在社区参与程度发展的各个阶段,企业合法性的形成与演化;⑤赵辉等关于不同企业社区参与方式绩效的多案例讨论;⑥柳娟等关于合作模式、社区动员与绩效关系的研究;⑦刘蕾展开的以企业社区参与战略和合法性获得战略相结合的单案例研究。⑧

六、研究综合述评

通过文献回顾与梳理,我们发现国外企业社区参与研究成果丰富,国内企业社区参与研究成果相对短缺。随着经济结构的调整和社会的深度变迁,我国基层社会管理体制已经从过去的单位制管理模式,转向致力于

---

① Marquis, Christopher, Glynn, Mary Ann, Davis, Gerald F., Community Isomorphism and Corporate Social Action, *Academy of Management Review*, Vol. 32, No. 3, 2007, pp. 925-945.

② Loza, Jehan, Business-Community Partnerships: The Case for Community Organization Capacity Building, *Journal of Business Ethics*, Vol. 53, No. 3, 2004, pp. 297-311.

③ Andrew, Bradly, The Business-Case for Community Investment: Evidence from Fiji's Tourism Industry, *Social Responsibility Journal*, Vol. 11, No. 2, 2015.

④ Sharmin, S., Khan, N. A., & Belal, A. R., Corporate Community Involvement in Bangladesh: An Empirical Study, *Corporate Social Responsibility and Environmental Management*, Vol. 21, No. 1, 2014, pp. 41-51.

⑤ 田志龙、程鹏璠、杨文、柳娟:《企业社区参与过程中的合法性形成与演化:百步亭与万科案例》,《管理世界》2014 年第 12 期。

⑥ 赵辉、田志龙:《伙伴关系、结构嵌入与绩效:对公益性 CSR 项目实施的多案例研究》,《管理世界》2014 年第 6 期。

⑦ 柳娟、田志龙、程鹏璠、赵辉:《中国情境下企业深度社区参与的社区动员、合作模式与绩效研究》,《管理学报》2017 年第 6 期。

⑧ 刘蕾:《合法性视角下企业参与社区治理战略研究》,《南通大学学报(社会科学版)》2019 年第 2 期。

解决市场经济体制改革过程中种种社会问题的社区治理模式。"社区治理"不是政府"在社区的治理",不是"社区在完成政府职能之后的自我治理",不是"由居委会或者民间组织来承接政府在社区的政务",而是政府、企事业单位、非营利组织、社区自组织和社区居民共同参与的多元合作治理。作为社区的成员,企业在逐步脱离社会职能过程中,在市场经济体制建立过程中,在缺乏完善的政府监管下,会偏离其社会角色,在利润最大化原则指导下漠视甚至侵犯社区的利益行为。李汉林在2011年《企业社会责任蓝皮书》新闻发布会上的发言中指出,企业社会责任研究的一个重要方向是要从群体、组织和社区的角度来研究企业社会责任的发展过程、发展条件和后果。企业组织在我们这个社会中,特别是在城市社区中,是最大和最多的社会组织,这样一种社会组织的行为直接会对我们社会不同群体的生活质量产生影响,对我们的生活方式和行为方式产生影响,对我们的价值观念产生影响。因此,学术界对企业社区参与的关注越来越多。为了推进、激活这一研究领域,本书通过对比国内外已有研究成果,归纳国内企业社区参与研究的特征,提出可拓展的研究空间。

1. 企业社区参与研究的特征

国外企业社区参与研究一直与企业社区参与实践进行着对话。从最初的慈善与资助、赞助与善因营销,到营利组织与非营利组织互动伙伴关系的建构,企业与社区的互动日益紧密,这些互动活动逐渐被企业社区参与这一概念取代。其研究经历了萌芽、拓展和转变三个阶段,研究焦点实现了三个转向:从企业所有者的个人慈善转向企业的自愿慈善,从基于价值导向的企业社区参与定性分析转向基于行为导向的企业社区参与定量求证,从企业社区参与的经济动因分析转向企业社区参与的非经济动因探究。这三个转向从根本上回答了企业社区参与"是否合法""是否对企业有利""是否为企业适应社会发展的需要"等问题,实际上表明社区参与已经从企业的外在压力要素转变为企业实现可持续发展的内在要求。与国外学术界关于企业社区参与的研究成果比较,总体来看,国内学者企业社区参与研究的相关成果呈现出以下特征:

第一,研究视角单一,缺乏基于理论整合的综合性分析,对企业社区参与实践的认知尚处于初级阶段。

与国内企业社区参与的研究环境相对应,国内学者对企业—社区关系的关注也经历三个转向:从基于单位制社会中的企业办社区转向基于社区制社会中的企业剥离其社会职能,从基于社区服务产业化的企业社区服务投资转向基于社区发展的企业社会责任,从基于市场经济发展的企业利润最大化转向基于可持续发展的企业合法性获得。这三个转向交错连接,对企业社区参与的研究居于企业该不该履行社区责任的阶段。讨论企业与社区管理,或者企业的社区关系管理的成果集中,对企业社区参与基本规律的探讨很少。基于企业管理视角的研究成果集中,基于公共管理、社会保障视角的研究成果较少。

第二,研究主题存在明显的"企业中心主义"导向,缺乏企业与社区联动发展的思维。

国外企业社区参与研究多基于"企业中心主义"导向,对社区参与评估集中考量的是企业社区参与与企业经济绩效有多大程度的相关性,缺乏对企业社区参与社会影响的有效测量工具,忽视社区的需要是否得到满足,企业—社区伙伴关系是否有利于共同目标的实现。尤其在社会自愈能力较弱的发展中国家,研究者对于跨国公司社区参与可能产生的家长式福利定位,较高的交易成本,社区依赖,以及"恩将仇报"的社区抗议等问题缺乏系统深入的关注;在企业社区参与决策过程中缺乏对提高社区话语权的思考;更缺乏对发展中国家政府促进企业社区参与体制与机制的研究。国内极少的与企业社区参与研究直接相关的研究成果,也是围绕"企业发展"展开的,如企业社区参与对企业合法性获得的贡献、企业与社区的互动机制建立、缺乏基于"企业与社区联动发展"的企业社区参与分析。

第三,研究方法以定性研究为主,缺乏基于企业社区参与的实证调查。

国内已有研究成果对企业社区参与的研究以案例研究为主,尚未对企业社区参与展开实证调查。已有研究中与企业社区参与有关的数据主要来源于企业社会责任中社区责任维度的调查,而研究者对社区责任的测量指标一般只有三四个,不能全面反映企业与社区之间的资源互动,缺乏具有工具意义的企业社区参与测量模型。

2. 可拓展的研究空间

中国与西方国家经历了不同的社区发展道路。西方国家延续了"商人必须回馈社区的传统",教区与社区重叠,企业参与社区管理是否存在提高劳动效率的作用是企业所有者早期的管理实验,企业社区参与是否贡献于企业的经济绩效,是否有利于企业战略发展成为其自然的思维逻辑。与此不同,中国企业与社区的关系经历了一个"否定之否定"的过程。社区从新中国成立初期的独立于单位的社会管理单元转变"大跃进"时期的单位附属,再从单位社会中的闲置组织转变为后单位社会中"社会管理的政治单元",企业也从全面参与社区管理转变为企业与社区全面剥离。虽然学术界对企业与社区的关系认知在理论上基本达成共识,在实践中企业(单位)

与社区（原职工居住区）的分离仍在继续。因此，国外丰富的企业社区参与研究成果对中国企业没有实际指导意义，国内企业社区参与研究存在中国情境下的拓展空间。

第一，与社区联动发展的企业社区参与研究。中国的社会建设遵循"共建共治共享"社会治理逻辑，"共建共治共享"建立在"共生互赢"的基础上。社区建设与社区空间内的各种社会组织存在紧密利益关联。社区范围内的基层政府管理机构、企事业单位、非营利组织、社会团体、社区自治组织、社区居民都是社区建设的主体。它们共同建设社区，共同治理社区社会问题，共享社区发展的成果。因此，在中国社区发展语境下，什么是企业社区参与？企业社区参与如何实现？影响企业社区参与的因素有哪些？企业与社区互利共赢何以可能，何以可行？基于"共建共治共享"企业社区参与模式是什么？这些都是推动中国企业社区参与研究的重要理论问题。

第二，企业社区参与评估工具的开发。企业社区参与推动了社区的发展，随着管理型政府向服务型政府的转变，"企业—社区互动导向"的社区参与研究将是我们未来需要关注的方向。国外开发的企业社区参与评价工具基本上都是从社区参与对企业的回报视角出发，评价企业社区参与对企业发展的贡献，针对矿产资源企业开发的"经济、社会评价工具"不适用于其他类型的企业，缺乏可操作的、具有普遍适用性的评价企业社区参与社会影响的有效测量工具。国外学者对于跨国公司社区参与可能产生的家长式福利定位、较高的交易成本、社区依赖，以及社区抗议等问题的关注，进一步说明社区发展导向的企业社区参与评估指标的开发非常重要。

第三，多学科整合、定性方法与定量方法匹配的企业社区参与研究。中国是一个地域广阔，具有丰富文化遗产的国家。地区之间的经济社会发展极不平衡，社区之间的差异很大。要了解中国企业在不同地区的社区参与活动，必须通过以点及面的方法，即从"典型到类型，从类型到全面"地认识中国企业社区参与的活动，从定性层面，运用"事件—过程"分析范式，提出企业社区参与的基本假设命题。以此为基础结合各种定量调查分析工具，建构企业社区参与的实践模型，探索中国企业社区参与的规律。同时，企业社区参与与企业社会责任既属于同一类型的范畴，又存在一定的区别。企业社区参与研究定位于企业与社会管理的基本单元——社区的互动，社区可以理解为一个完整的社会系统，企业与社区的互动既涉及伦理层面的价值判断，也涉及社会层面的客观约束，还涉及管理层面的运营效率。在哲学、伦理学视角下，企业与社会存在契约关系，企业与社区是共生的;在社会学视角下,社区参与是企业与社区这一开放的社会体系进行的互动,这种利益互动受到社区制度环境的制约;在管理学视角下,社区为企业运营提供了条件,企业与社区的关系决定了企业发展的可持续性。因此,在多学科整合的视角下展开的企业社区参与研究,对中国企业社区参与实践更有实际指导意义。

总之,跟随中国企业社区参与实践的步伐,发展中国家的企业社区参与研究还有很多黑箱等待着被打开。

第三节　企业社区参与研究的理论视角

一、共生理论

自然界的各种生物是共生发展的。最早的"共生"理念存在于达尔文的《物种起源》中,他描述了"猫与三叶草"之间丰富的食物链关系:猫吃田鼠,田鼠吃野蜂幼虫,三叶草靠野蜂授粉才能茂盛生长。这样,猫越多,三叶草就越多。最早创造"共生"一词描述不同生物间关系的是德国真菌学家德贝里(Anton De Bary)[1]。范明特(Famintsim)、科勒瑞(Caullery)在1952年和斯科特(Scott)在1973年分别清楚地提出共生、互惠共生、同住、寄生和其他有关不同物种生物体间关系的概念,丰富了共生研究,形成了系统的生物共生理论。

20世纪50年代开始,生物共生理论被广泛运用到社会科学研究领域。帕克认为:"人类是群生群居的动物,他无法单独生存,相对来看,人是弱小的,他不仅需要一定的环境保护他,供他居住,还需要有同类伙伴的协同合作。"[2]"在人类社会,每个人或群体都履行着某一特定的功能,彼此相互联系,相互依赖,这种履行不同功能的个人或群体之间的相互依存就是人类社会中的共生关系。"[3]日本建筑和城市规划学者黑川纪章宣称全球已进入了一个共生时代[4]。

---

[1]　Bary, A. D., *Die Erscheinung Der Symbios*, Strasbourg: Privately Printed, 1879.

[2]　帕克、E. N. 伯吉斯、R. D. 麦肯齐:《城市社会学》,宋俊岭等译,北京:华夏出版社1987年版,第65页。

[3]　Schwab, W. A., *Urban Sociology: A Human Ecological Perspective*, Hoboken, New Jersey: Addison Wesley Publishing Company, Inc., 1982.

[4]　参见刘荣增:《共生理论及其在我国区域协调发展中的运用》,《工业技术经济》2006年第23期。

我国学者对生物共生理论研究做了推进，倪达书提出了"稻田共生理论"，胡守钧提出了"社会共生论"①，袁纯清、吴飞驰等学者提出了经济领域的共生理论。

胡守钧认为，社会共生的原因是资源的稀缺性，社会共生关系是人与人、人与组织、组织与组织之间形成的以资源为纽带的关系。社会共生关系有三个构成要素：主体、资源和约束条件。社会共生关系按照收益分配指标可以分为互利共生关系、竞争共生关系、偏利共生关系；按照权利义务关系指标可以分为平等共生关系、不平等共生关系；按照共生的相关程度为标准可以分为强共生、次强共生、次弱共生、弱共生；按照互动方向指标可以分为水平共生、垂直共生。社会共生关系的基本结构为资源互换型共生结构、资源分享型共生结构。我们可以用整体性、适应性、稳定性描述社会共生系统。共生主体通过竞争与妥协实现旧的共生秩序向新的共生秩序转变。

袁纯清提出的"经济共生理论"认为，"共生"是共生单元在经济环境中按某种共生模式形成的关系。共生关系有三个构成要素，即共生单元、共生模式和共生环境；共生关系可以用共生密度、共生界面、共生模式等概念工具进行分析。共生关系按照行为方式可以分为寄生共生、偏利共生和互惠共生；按照组织程度可以分为点共生、间歇共生、连续共生和一体化共生等。企业的共生环境是市场环境和社会环境。他认为共生关系具有以下几个方面的本质特征：第一，共生不是共生单元之间的相互排斥，而是相互吸引和合作；不是自身状态和性质的丧失，而是继承与保留；不是一种相互替代，而是相互补充、相互依赖。第二，共生过程是共生单元的共同进化、共同发展、共同适应的过程。第三，共生关系能使共生单元向更有生命力的方向演化，在经济领域，共生关系将促进经济资源的有效配置。第四，共生关系反映了共生单元之间的物质、信息和能量关系。第五，共生关系对共生环境产生或者正向的，或者反向的，或者中性的影响。第六，共生过程产生的共生能量体现共生关系的协同作用和创新活力。②

吴飞驰提出的企业共生理论认为，企业共生是两个以上独立主体，相互需求的、动态的，既有合作，也有竞争的关系；可以运用"生存成本""共生度""共生力"等概念工具分析企业共生现象；企业应处理好内部企业员工之间、与投资者、与政府及社会各界、与客户对手的共生关系。企业共生力

---

① 胡守钧：《社会共生论（第二版）》，上海：复旦大学出版社 2012 年版。
② 袁纯清：《共生理论——兼论小型经济》，北京：经济科学出版社 1998 年版。

有三个重要的构成要素:企业家才能、治理机制和企业文化。孙天琦认为企业共生网络是包括企业、政府、股东、经理、消费者、雇员在内的一种全方位、多层次的共生网络,这种共生网络的构建可以降低内部组织成本和交易成本。企业的市场竞争可以从企业间的竞争演化成为企业共生网络之间的竞争①。冯德连提出中小企业与大企业的八种共生模式,各种模式的共生机制——市场制、中间性体制和科层制。共生机制与资产专用化水平、交易频率、不确定性等因素有关;建构中小企业与大企业的共生模式应从共生环境入手,发挥共生单元、共生秩序、外生媒介、内生媒介等的作用,从而促进共生的目标模式朝着符合市场经济体制的以对称性互惠的连续共生为主体的多元共生模式并存的模式结构演进。②王宇露等研究了企业共生模型的稳定性问题。③ 卜华白、高阳依据共生理论对企业战略联盟进行仿生化研究,提出企业战略联盟要注重"共生理念""共生稳定""共生进化""共生界面畅通"④。王玉臣提出了共生营销的概念,即"通过两个或更多相互独立的商业组织间在资源或项目上的合作,达到增强市场竞争能力的目的"的营销方式,并且分析了企业共生营销战略的特质、现实意义以及实现途径。⑤

另外,袁纯清还提出了金融共生理论⑥,胡晓鹏,齐宇、李慧明,刘荣增等还提出了产业共生理论。⑦

本研究以共生理论为基础认知企业社区参与行为来自于企业的内生需要,如果企业侵犯社区的利益将会被社区居民驱赶出社区,企业的运营将难以为继。企业与其所在社区内的其他组织,如以社区居委会为首的非营利性组织和机构,社区的特殊群体,基层政府,事业单位,其生产链条上的其他企业等,是一种相互依赖的互惠共生关系。因此,企业与社区的关

---

① 孙天琦:《产业组织结构研究——寡头主导大中小共生》,北京:经济科学出版社 2001 年版。
② 冯德连:《中小企业与大企业共生模式的分析》,《财经研究》2000 年第 6 期。
③ 王宇露、黄中伟:《企业共生模型及其稳定性分析》,《上海电机学院学报》2007 年第 1 期。
④ 卜华白、高阳:《共生理论及其对企业联盟战略的构筑启示》,《衡阳师范学院学报》2005 年第 2 期。
⑤ 王玉臣:《共生营销——企业战略的现实选择》,《企业改革与管理》2000 年第 7 期。
⑥ 袁纯清:《金融共生理论与城市商业银行改革》,北京:商务印书馆 2002 年版。
⑦ 胡晓鹏:《产业共生:理论界定及其内在机理》,《中国工业经济》2008 年第 9 期;齐宇、李慧明:《基于共生理论的产业共生构成要素分析——以滨海新区泰达生态产业园区为例》,《现代财经—天津财经大学学报》2009 年第 3 期;刘荣增:《共生理论及其在我国区域协调发展中的运用》,《工业技术经济》2006 年第 3 期。

系不仅是一种基于企业经营性质和发展战略的利益关联,还有可能是企业内生的、基于互惠共生的、社区情感引导企业的社区参与行为。

二、利益相关者理论

斯坦福研究所最早关注"那些支持企业组织的群体",认为这些"群体"是企业的利益相关者。伊戈尔·安索夫(Igor H. Ansoff)在其著作《新公司战略》中最早使用该概念,他认为企业的利益相关者可能包括雇员、股东、消费者和上下游关联企业,企业发展要寻求这些利益相关者之间的利益平衡。[1]

1984年,弗里曼(R. E. Freeman)在其著作《战略管理:一种利益相关者方法》中提出了利益相关者理论,明确了为学术界普遍认可的利益相关者定义[2]。在此基础上,卡罗尔从与企业互动的角度提出了最具代表性的狭义利益相关者概念[3];克拉克森(M. Clarkson)则为了开展实证研究,按照利益相关的远近提出了利益相关者的量化等级,如与企业存在直接利益交换的不可或缺的利益相关者——股东、雇员、消费者等;与企业没有直接利益交换但存在紧密依赖关系的政府、社区;与企业之间存在相互影响,但对企业生存不构成直接威胁的组织或群体——非营利组织、媒体等[4]。20世纪90年代后期,米歇尔和伍德(Mitchell, R. K. and Wood, D. J.)在此量化等级基础上更进一步,认为利益相关者有合法性、权利性、紧迫性三种属性,根据利益相关者所拥有属性的多少,给利益相关者打分,按照分值把利益相关者分为三种类型:确定型利益相关者、预期型利益相关者和潜在型利益相关者[5]。这种分类使得企业利益相关者的测量更加精确。

利益相关者理论从规范、经验、工具三个层面阐述了企业为什么要关注利益相关者的利益,怎样与利益相关者互动,以及企业从关注利益相关者利益中可以得到什么回报[6]。其中的代表性成果有《企业相关利益者理

---

[1] 〔美〕伊戈尔·安索夫:《新公司战略》,曹德骏、范映红、袁松阳译,成都:西南财经大学出版社2009年版。

[2] Freeman, R. E., *Strategic Management: A Stakeholder Approach*, Boston: Pitman Publishing Inc., 1984, pp. 31, 46.

[3] Carroll, A. B., *Business and Society: Ethics and Stakeholder Management*, Cincinnati: South-Western, 1993, p. 22.

[4] Clarkson, Max B., A Stakeholder Frame Work for Analyzing and Evaluating Corporate Social Performance, *The Academy of Management Review*, Vol. 20, No. 1, 1995.

[5] Mitchell, R. K., Agle, B. R. and Wood, D. J, Toward a Theory of Stakeholder Identification and Salience: Defining the Principle of Who and What Really Counts, *Academy of Management Review*, 1997, Vol. 22, No. 4, pp. 865-867.

[6] Donaldson, T., Preston, L. E., The Stakeholder Theory of the Corporation: Concepts, Evidence, and Implications, *Academy of Management Review*, 1995, Vol. 20, No. 1, p. 70.

论:企业与社会理论及研究中的运用》[1]《公司业绩的三维概念模型》[2]等。利益相关者理论关于企业与利益相关者应该分享企业发展成果的观点,以及其可操作化的概念工具,使其在企业社会责任研究中得到广泛推崇和应用。它在企业社区参与研究领域的运用从根本上推动了企业社区参与研究的发展。甘宁汉(N. Gunningham)等从经营许可条件的角度理解企业在社区的利益相关者[3]。企业保持和获取资源,减少不确定性的途径就是社区参与[4];同时,社区把各种难以交换的环境资源和社会资源投入到企业的运营中,作为沉默的投资者,应该得到企业的补偿[5];约翰逊(Harold Johnson)认为有社会责任感的企业要平衡雇员、供应商、交易商、当地社区以及国家等多方利益[6]。卡罗尔和布尔霍尔茨(Archie B. Carroll, Ann K. Buchholtz)分析了企业与社区的相互期待。[7] 尼古拉·罗格维斯奇(Nikolai Rogovsky)则概括了企业与社区之间的相互作用。[8]

利益相关者理论从描述性、工具性和规范性三个方面解释组织行为。[9] 从描述性来看,企业通过保护和提升社区福利建构社区对企业的认知[10],塑

---

[1] Brenner, S. N., and Cochran, P., The Stakeholder Theory of the Firm: Implications for Business and Society Theory and Research, Paper Presented at the Annual Meeting of the International Association for Business and Society, Sundance, UT, 1991, p. 462.

[2] Carroll, Archie B., A Three-Dimensional Conceptual Model of Corporate Performance, *Academy of Management Review*, 1979, Vol. 4, No. 4.

[3] Gunningham, Neil, Kagan, Robert A., Dorothy Thornton, Social License and Environmental Protection: Why Businesses Go Beyond Compliance, *Law & Social Inquiry*, Vol. 29, No. 2, 2004, pp. 307–341.

[4] Pfeffer, Jeffrey, Salancik, Gerald R., *The External Control of Organizations: A Resource Dependence Perspective*, Stanford, CA: Stanford University Press, 2003.

[5] Clarkson, Max, A Risk Based Model of Stakeholder Theory, Proceedings of the Second Toronto Conference on Stakeholder Theory, Centre for Corporate Social Performance & Ethics, University of Toronto, 1994.

[6] Johnson, Harold L., *Business in Contemporary Society: Framework and Issues*, Belmont, CA: Wadsworth Pub., Co., 1971.

[7] Carroll, Archie B. and Buchholtz, Ann K., *Ethics and Stakeholder Management*, Cincinnati: South-Western, 1996.

[8] Rogovsky, Nikolai, *Corporate Community Involvement Programmes: Partnerships for Jobs and Development*, Genova: International Institute for Labour Studies Press, 2000.

[9] Donaldson, T., Preston, L. E., The Stakeholder Theory of the Corporation: Concepts, Evidence, and Implications, *Academy of management Review*, Vol. 20, No. 1, 1995, pp. 65–91.

[10] Bartel, C. A., Social Comparisons in Boundary-Spanning Work: Effects of Community Outreach on Members' Organizational Identity and Identification, *Administrative Science Quarterly*, Vol. 46, No. 3, 2001, pp. 379–413; Maignan, I., Ferrell, O. C., Corporate Citizenship as a Marketing Instrument-Concepts, Evidence and Research Directions, *European Journal of Marketing*, Vol. 35, No. 3/4, 2001, pp. 457–484.

造企业的形象,因此,社区对企业的身份认同与企业的营销策略相互照应[1];斯科特和莱恩(Scott S. G.,Lane V. R.)认为组织的身份是在管理者和利益相关者之间不断重复的争论或协商过程中被逐渐理解的[2]。一个反映社区利益相关者想法的组织身份可以帮助企业增强与当地社区的联系,使社区利益相关者把企业当作他们中的一分子。社区利益相关者对企业的友好态度也会增强企业对他们的影响。从工具性来看,与社区利益相关者存在良好互动的企业将与社区形成显性或隐性的契约关系[3],能够建立以效率为基础的竞争优势,超越它的竞争对手[4]。从规范性来看,企业社区参与通过评价、衡量和处理利益相关者的要求来平衡所有社区利益相关者的利益[5],构建企业与他们的信任合作关系,促进社区的稳定[6],实现企业与社区的互惠发展。

本研究运用利益相关者风险承担理论和资源依赖理论,分析社区与企业之间的资源交换关系,结合企业属性分析不同类型的企业—社区关系,以此建构企业—社区关系影响企业社区参与的理论模型。

三、社会合作伙伴关系理论

所谓社会合作伙伴关系,又被称为跨部门合作伙伴关系,是指不同属性的组织因为共同的目标而建构的合作关系。社会合作伙伴关系作为"组织间的社会问题解决机制"通过共享资源解决公共问题,达到互利目标。合作伙伴关系的规则是开放合作共享[7],其理论的主要代表人物有沃道科(S. A. Waddock)、塞尔斯盖(J. W. Selsky)、帕克(B. Parker),他们的主要观点如下:在关系建构条件方面,合作各方为解决公共问题,须跨越公、私经

---

[1] Ven, Bert van de, An Ethical Framework for the Marketing of Corporate Social Responsibility, *Journal of Business Ethics*, Vol. 82, No. 2, 2008, pp. 339-352.

[2] Scott, S. G., Lane, V. R., A Stakeholder Approach to Organizational Identity, *Academy of Management Review*, Vol. 25, No. 1, 2000, pp. 43-62.

[3] Jones, Thomas M., Instrumental Stakeholder Theory: A Synthesis of Ethics and Economics, *Academy of Management Review*, Vol. 20, No. 2, 1995, pp. 404-437.

[4] Hess, D, Rogovsky, N., Dunfee, T. W., The Next Wave of Corporate Community Involvement: Corporate Social Initiatives, *California Management Review*, Vol. 44, No. 2, 2002, pp. 110-125.

[5] Reynolds, Scott J., Schultz, Frank C., Hekman, David R., Stakeholder Theory and Managerial Decision-Making: Constraints and Implications of Balancing Stakeholder Interests, *Journal of Business Ethics*, Vol. 64, No. 3, 2006, pp. 285-301.

[6] Boesso, G., Kumar, K., An Investigation of Stakeholder Prioritization and Engagement: Who or What Really Counts, *Journal of Accounting & Organizational Change*, Vol. 5, No. 1, 2009, pp. 62-80.

[7] 卿涛、郭志刚:《社会合作伙伴关系:内涵及模式》,《经济体制改革》2006年第6期,第64页。

济部门的界限和组织边界,主动提供资源承诺①。在伙伴关系的类型方面,社会合作伙伴关系是"社会导向的跨部门合作伙伴关系",包括4种类型:公共部门与私营部门的合作伙伴、公共部门与非营利组织的合作伙伴关系、私营部门与非营利组织的合作伙伴关系,以及公共部门、私营部门和非营利组织三者之间的合作伙伴关系,图3-1形象地展示了社会合作伙伴关系的类型。②

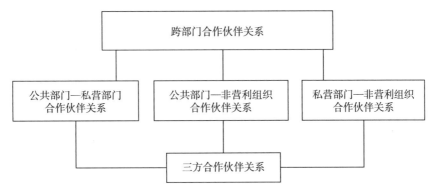

图3-1　跨部门社会合作伙伴关系(Seitanidi & Crane, 2009)

在合作伙伴关系演进方面,有的学者基于社区投资建构了包括识别、调研、创新、执行、整合的伙伴关系五阶段模型,用以分析合作各方共同解决社区问题的过程。③ 有的学者把伙伴关系评估加入伙伴关系演进模型中,提出了包括选择、设计、管理、评估的社会合作伙伴关系4阶段模型,认为评估结果决定了未来伙伴关系的走向④。有的学者则基于关系变化认为合作伙伴关系的生命周期包括情境、发起、建立、成熟4个演进阶段,合作各方经过合作关系需要认知、合作关系发起(明确共同问题、形成共同目标、建立同盟关系)、合作关系建构(合作互动、循环往复明确共同利益、形成交互关系)、合作关系成熟(问题解决、判断是否继续合作),完成合作关系的一个生命周期⑤。有的学者把合作后果加入合作关系变化,认为社会

---

① Waddock, A. Sandra, Building Successful Partnerships, *Sloan Management Review*, 1988, Summer, pp. 17–23.

② Seitanidi, Maria May, Crane, Andrew, Implementing CSR Through Partnerships: Understanding the Selection, Design and Institutionalisation of Nonprofit-Business Partnerships, *Journal of Business Ethics*, Vol. 85, 2009, pp. 413–429.

③ 赵辉:《公益性CSR项目实施中的伙伴关系、结构嵌入与绩效研究》武汉:华中科技大学博士学位论文,2014年。

④ Waters, G., Anagnostopoulos, C., Implementing Corporate Social Responsibility Through Social Partnerships, *Business Ethics: A European Review*, Vol. 21, No. 4, 2012, pp. 417–433.

⑤ Waddock, Sandra A., Understanding Social Partnerships: An Evolutionary Model of Partnership Organizations, *Administration & Society*, Vol. 21, No.1, 1989, pp. 78–100.

合作伙伴关系包括3个演进阶段:形成、实施和后果①。有的学者专门研究企业与非政府组织之间的伙伴关系,建构了一个包括启动、执行、评估的3阶段模型,并把决定3个阶段伙伴关系的因素操作化为21个变量②。在合作过程中,合作各方在合作过程中要实时监控,并采取有效措施消除合作实施的社会责任项目可能产生的负面结果③;合作各方需要考虑资源匹配程度、合作创新方案、合作互动技巧等取得互利合作效果的因素。

社会合作伙伴关系理论在国外企业社区参与研究中运用非常广泛,我国学者主要用其解读企业与非营利组织的合作,企业社区公益项目的实施过程。本研究拟运用社会合作伙伴关系理论,讨论企业社区参与的过程中企业与社区共享共建关系的形成机制。

四、新制度主义理论

迈耶和罗文(Meyer & Rowan)在20世纪80年代开创性地提出了组织社会学新制度主义理论。迪马奇奥和鲍威尔(DiMaggio & Powell)大大推进了这一理论,托尔伯特和祖克尔(Tolbert & Zucker)则提出了适应该理论的研究方法。该理论因对组织行为具有强大解释力而得到广泛运用,其主要观点如下:第一,组织必须适应其所处的制度环境和技术环境,制度环境服从合法性原则,技术环境服从效率原则,组织只有适应环境中的隐性和显性制度,才能获得运行的合法性④。第二,组织结构的趋同源于制度环境对组织的强制和规范作用,以及相互模仿⑤。第三,制度环境由组织的各种利益相关者的规范构成,组织适应其制度环境,就是受各种利益相关者的规范约束⑥。第四,组织的制度化是一个过程,这个过程是对各个利益相关者

---

① Selsky, J. W. and Parker, B., Cross-Sector Partnerships to Address Social Issues: Challenge to Theory and Practice, *Journal of Management*, Vol. 31, No. 6, 2005, pp. 849–873.

② Jamali, D. and Keshishian, T., Uneasy Alliances: Lessons Learned from Partnerships Between Businesses and NGOs in the Context of CSR, *Journal of Business Ethics*, Vol. 84, No. 2, 2009, pp. 277–295.

③ Wilburn, K., A Model for Partnering with Not-for-Profits to Develop Socially Responsible Businesses in a Global Environment, *Journal of Business Ethics*, No. 85, 2009, pp. 111–120.

④ Rowan, Brain, Meyer, J. W., Institusionalized Organizations: Formal Structure as Myth and Ceremony, *The American Journal of Sociology*, No. 83, 1977, pp. 340–363.

⑤ DiMaggio, P. J. & Powell, W. W., The Iron Cage Revisited: Institutional Isomorphism and Collective Rationality in Organizational Fields, *American Sociological Review*, No. 48, April 1983, pp. 147–160.

⑥ Ruef, Martin and Scott, W. Richard, A Multidimensional Model of Organizational Legitimacy: Hospital Survival in Changing Institutional Environments, *Administrative Science Quarterly*, Vol. 43, No. 4, 1998, pp. 877–904.

共同认可的行为的遵从。① 第五,组织受环境制度约束,即便知道利益是什么,期望根据利益行动,也不能完全受利益驱使②。

制度理论解释了社区的制度环境如何形塑企业社区参与内容和程度③。作为制度压力的来源,社区使得企业如何捐赠和在哪里④。新制度主义理论从三个方面理解制度环境对组织行为的影响:文化认同、社会规范、调控因素。从文化认同来看,劳恩斯伯里(Lounsbury. M)的研究显示同构程度或者社区关于适当的企业社会实践的意识将迫使企业采取被社区认可的一致性行动;⑤格思里(D. Guthrie)发现当地著名的企业能够告诉社区新来者,什么社区参与行为是适当的行为。从社会规范来看,社区的评价标准和体系告诉企业什么样的捐赠水平是正确的⑥。奥斯特洛尔(Ostrower)发现非营利组织与企业的互动关系对企业捐赠水平有显著正向影响⑦;格思里和麦夸里⑧的研究证明社区内活跃的捐赠体制机制,特别是社区基金会和精英参与群体,会提高企业的社区参与水平。从调控因素来看,法律、政治行动者、政府的规章制度等调控的因素影响企业在哪里和如何参与社区行动。金和雷诺克斯(King, Andrew A., and Michael J. Lenox)通过研究自律和政府制裁对化工行业环保行动的功效发现,在缺少政府干

---

① Zucker, Lynne G., The Role of Institutionalization in Cultural Persistence, *American Sociological Review*, No. 42, 1977, pp. 726-743.

② 张永宏主编:《组织社会学的新制度主义学派》,上海:上海人民出版社2007年版,第439—458页。

③ Marquis, C., Glynn, M. A., Davis, G. F., Community Isomorphism and Corporate Social Action, *Academy of Management Review*, Vol. 32, No. 3, 2007, pp. 925-945.

④ Guthrie, D., *Survey on Corporate-Community Relations*, New York: Social Sciences Research Council, 2003; D. Guthrie, M. McQuarrie, Privatization and the Social Contract: Corporate Welfare and Low-Income Housing in the United States Since 1986, *Research in Political Sociology*, No. 14, 2005, pp. 15-51.

⑤ Lounsbury, M. A., Tale of Two Cities: Competing Logics and Practice Variation in the Professionalizing of Mutual Funds, *Academy of Management Journal*, Vol. 50, No. 2, 2007, pp. 289-307.

⑥ Galaskiewicz, J., Wasserman, S., Mimetic Processes Within an Interorganizational Field: An Empirical Test, *Administrative Science Quarterly*, 1989, pp. 454-479; Galaskiewicz, J., Burt, R. S., Interorganization Contagion in Corporate Philanthropy, *Administrative Science Quarterly*, 1991, pp. 88-105; Galaskiewicz, J., An Urban Grants Economy Revisited: Corporate Charitable Contributions in the Twin Cities, 1979-81, 1987-89, *Administrative Science Quarterly*, 1997, pp. 445-471.

⑦ Ostrower, F., *Trustees of Culture: Power, Wealth, and Status on Elite Arts Board*, Chicago: University of Chicago Press, 2002.

⑧ Guthrie, D., McQuarrie, M., Privatization and the Social Contract: Corporate Welfare and Low-Income Housing in the United States Since 1986, *Research in Political Sociology*, No. 14, 2005, pp. 15-51.

预的情况下,化工组织有明显的机会主义潜力;①牛顿和哈特(T. Newton, G. Harte)也强调志愿行动的局限,表明强制性法规对于企业以何种方式以及关注哪些领域的社会行动来说是重要的指南。②贝勒菲尔德和科尔宾(W. Bielefeld, J. J. Corbin)认为地方政府在关注企业对社区的投资上扮演了一个重要的角色;③捐赠和税率间的对应关系,官方定义的奖励等对企业社会行动的水平来说也是一个非常重要的影响因素④。企业与社区的互动必须建立在其适应制度环境的基础上,企业才能实现可持续发展。本研究中影响企业参与社区治理因素的分析适合用组织社会学的新制度主义理论去解读。

五、合作治理理论

自从1989年世界银行发布的《撒哈拉以南:从危机到可持续发展》提到"治理危机"以后,"治理"这一概念开始在社会科学领域大为流行。20世纪后期,随着社会权力主体日益多元化,"治理"取代"统治",成为公共管理的新理念。1992年,联合国教科文组织成立"全球治理委员会",对什么是"治理"进行了阐述。以此为基础,许多学者都提出了从各自研究视角出发的"治理概念"⑤。其中,格里·斯托克(Gerry Stoker)关于"治理"的五种观点得到学术界的认同⑥。

学者们把"统治"与"治理"进行比较,认为:治理的目标是善治,而统治的目标是善政;统治是对公共事务实行自上而下的管理,治理则是通过自上而下、自下而上不断互动的过程解决公共问题;统治的主体是政府,治理

---

① King, Andrew A., Lenox, M. J., Industry Self-Regulation Without Sanctions: The Chemical Industry's Responsible Care Program, *Academy of Management Journal*, Vol. 43, No. 4, 2000, pp. 698-716.

② Newton, T., Harte, G., Green Business: Technicist Kitsch? *Journal of Management Studies*, Vol. 34, No. 1, 1997, pp. 75-98.

③ Bielefeld, W. Corbin, J. J., The Institutionalization of Nonprofit Human Service Delivery the Role of Political Culture, *Administration & Society*, Vol. 28, No. 3, 1996, pp. 362-389.

④ Burt, R. S., Corporate Philanthropy as a Cooptive Relation, *Social Forces*, Vol. 62, No. 2, 1983, pp. 419-449; Bakija, Gale, Jon M., W. G., Slemrod, J. B., Charitable Bequests and Taxes on Inheritance and Estates: Aggregate Evidence from Across States and Time, *National Bureau of Economic Research*, 2003; Geneen, H., Bowers, B., *The Synergy Myth and Other Ailments of Business Today*, New York: St. Martin's Press, 1997.

⑤ 俞可平主编:《治理与善治》,北京:社会科学文献出版社2000年,第4页。

⑥ 〔英〕格里·斯托克:《作为理论的治理:五个论点》,华夏风译,《国际社会科学杂志》1999年第1期。

的主体是相互合作的公共机构和私人机构①；实现善治的根本途径是协同与合作。

合作治理理论专门用于指导人们解决那些需要利益相关者协商和参与的，具有网状结构的复杂问题。学者们认为政府、企业、非营利组织的合作过程是在自由裁量的基础上发挥各自优势的过程②。有学者指出，合作治理是一个或者多个政府机构与企业或者非营利组织以互利为目的，公开沟通达成协议，共同参与公共事务的管理③。不同的国家，不同的政治体制，不同的文化传统，不同的利益主体，会产生不同的合作实践。但是，合作治理有三个共同的特点：首先，参与合作的主体一定分别代表着公共部门、私营部门和第三部门的力量；其次，各种力量在合作过程中拥有平等的权利；最后，各种力量合作的目标是一致的。

从合作产生的影响因素来看，存在合作经历的利益相关方之间产生的社会资本可以成为它们再次合作的动机④；没有合作经历的利益相关方之间形成的关系对合作结果有积极影响时，对合作动机的影响也是正向的⑤；相反，如果利益相关方认为合作停留在形式上，各方没有平等的权利，其合作动机就会降低⑥。每一个利益相关方基于互利互惠的合作目标，且各方的获利被认为是公开公平的⑦，利益相关方各自目标的实现程度取决于各方在决策过程中拥有同等的裁量权。

治理理论对解决现代中国的政治、经济、社会问题提供了丰富的理论资源。但是治理理论具有强烈的意识形态倾向，对不同于西方政治体制、经济发展水平和文化传统的中国来讲，不能毫无选择地吸收和运用。

从合作治理理论的适用范围来看，虽然它产生于西方成熟的市民社会

---

① 〔瑞士〕弗朗索瓦-格扎维尔·梅里安(Francois-Xavier Merrien)，肖孝毛译，《治理问题与现代福利国家》，《国际社会科学杂志(中文版)》1999年第1期。
② 〔美〕约翰·D. 多纳休、理查德·J. 泽克豪泽：《合作：激变时代的合作治理》，徐维译，中国政法大学出版社2015版，第4页。
③ Ansell, C., et al., Collaborative Governance in Theory and Practice, *Journal of Public Administration Research and Throey*, Vol. 18, No. 4, 2008, p. 544.
④ Margerum, R. D., Collaborative Planning: Building Consensus and Building a Distinct Model for Practice, *Journal of Planning Education and Research*, Vol. 21, No. 3, 2002, pp. 237-53.
⑤ Brown, A. J., Collaborative Governance Versus Constitutional Politics: Decision Rules for Sustainability from Australia's South East Queensland Forest Agreement, *Environmental Science and Policy*, Vol. 5, No. 1, 2002, pp. 19-32.
⑥ Futrell, Robert, Technical Adversarialism and Participatory Collaboration in the U.S. Chemical-Weapons Disposal Program, *Science, Technology, & Human Values*, Vol. 28, No. 4, 2003, pp. 451-82.
⑦ 颜佳华、吕炜：《协商治理、协作治理、协同治理与合作治理概念及其关系辨析》，《湘潭大学学报(哲学社会科学版)》2015年第2期。

和社会结构碎片化、多元化、去中心化的后现代社会，但是，中国在由蒙昧、封闭的前现代社会转向理性、开放的现代社会，由整齐划一的现代社会转向破碎多元的后现代社会的过程中，公共服务供给的多元主义状态和资源相互依赖的需求使得合作治理理论需要在中国情境下的运用与拓展。

本书运用合作治理理论解读企业与社区内其他组织、基层政府的关系，主要是为了定位企业与社区之间的合作关系，这种合作关系对于社会发展来讲具有整合的功能，从功能的发挥来看，政府有必要制定相应的公共政策推动企业的社区参与，以实现经济与社会的和谐发展。

第四节　主要概念界定

1. 企业社会责任

企业社会责任由英文"Corporate Social Responsibility"翻译而来，也有学者翻译成公司社会责任。最早提出企业社会责任定义的是鲍恩（Bowen），他认为商人的社会责任是指商人有义务根据社会目标和社会价值观的期望来制定政策、作出决策或采取措施[①]。20世纪60年代对早期企业社会责任定义做出重大贡献的是戴维斯（Davis），他认为社会责任是指"企业至少部分出于直接经济利益和技术利益之外的原因而作出的决策和采取的措施"，"商人的社会责任必须与其社会权利相称"，"逃避社会责任会导致企业的社会权利逐步减退"[②]。20世纪70年代，企业社会责任的定义开始多样化并且变得更加明确。20世纪90年代，企业社会责任的概念基本上转移到其他主题上，如利益相关者理论、企业伦理理论、企业社会绩效和企业公民。我国学者在借鉴国外企业社会责任思想的基础上结合中国社会的实际，从不同学科的视角对企业社会责任的概念进行了阐释。本书关于企业社会责任的定义沿用库珀（S. Cooper）结合利益相关者理论提出的广义概念，即企业社会责任是指企业为其影响到他人、社会和环境的所有行为应该负有的责任[③]。

[①] Bowen, H. R., *Social Responsibilities of the Businessman*, New York: Harper & Row, 1953, p. 6.

[②] Davis, K., Can Business Afford to Ignore Social Responsibilities? *California Management Review*, Vol. 2, No. 4, 1960, pp. 70–76.

[③] Cooper, S., *Corporate Social Performance: A Stakeholder Approach*, Burlington: Ash Gate Publishing Company, 2004, pp. 56–59.

2. 企业社区参与

企业社区参与译自"Corporate Community Involvement",类似的词有企业社区投资"Corporate Community Investment"。有的学者把企业社区参与定义为商业企业为其入驻社区的不同利益相关者提供服务①。有的学者则把它界定为企业通过各种形式,如善因营销、慈善募捐、志愿者活动等,推动社区发展的活动②。还有的学者把它置于经济全球化的背景下,认为企业社区参与是企业为提升美誉度,通过各种路径在其投资的东道国地区或者社区与各利益相关方合作,创造和设计公益项目,促进经济社会发展的活动③。不论学者从何种研究目标出发,基于何种理论视角,我们可以发现他们视野里的企业社区参与能够发挥社会治理效应,能够促进经济社会环境的改善,能够达成公共问题的化解。因此,本研究把企业社区参与定义为企业投入人力、物力和智力资源,与社区内外各种力量分工合作,协同治理社区公共事务和发展公益事业的系列活动④。

3. 社区

社区(community)的概念最先由德国社会学家滕尼斯在1887年出版的《社区与社会》一书中首次提出。对于社区的统一定义在社会科学中并不存在,不过各个领域的学者都认同它包含地理区域、社会交往和认同的度量⑤。至于哪种度量最重要和他们采用哪种形式则依赖于研究的规则和主题。本书根据研究的目的和可操作原则定义社区的概念。G. 邓肯·米切尔认为,社区是指在一定地域范围内,共同从事经济社会活动,具有共同价值标准和情感归属的社会单元⑥。一些社会学家提出根据以下两个方面来把握"一定的地域空间":(1)社区必须发挥一些基本功能,包括提供基本经济需要、社会化、社会控制、社会参与和相互支持的功能。(2)社区是社会

---

① Burke, L., Logsdon, J. M., Mitchell, W., Reiner, M., & Vogel, D., Corporate Community Involvement in the San Francisco Bay area, *California Management Review*, Vol. 28, No. 3, 1986, pp. 122-141.

② Moon, J., Muthuri, J. N., An Evaluation of Corporate Community Investment in the UK: Current Developments, Future Challenges (December), A report of Charities Aid Foundation, United Kingdom, 2006. 转引自 Muthuri, Judy, N., Participation and Accountability in Corporate Community Involvement Programmes: A Research Agenda, *Community Development Journal*, Vol. 43, No. 2, 2008, pp. 177-193.

③ Lakin, Nick and Scheubel, Veronica, *Corporate Community Involvement: The Definitive Guide to Maximizing Your Business' Societal Engagement*, Sheffied, UK: Greenleaf Publishing, 2010, p. 5.

④ 张桂蓉:《社区治理中企业与非营利组织的合作机制研究》,《行政论坛》2018年第1期。

⑤ Hillery, G. A., Definitions of Community: Areas of Agreement, *Rural Sociology*, No. 20, 1955, pp. 111-123.

⑥ 〔英〕G. 邓肯·米切尔主编:《新社会学词典》,蔡振扬、谈谷铮、雪原译,上海:上海译文出版社1987年版,第51页。

的缩影,与其他群体不同,它也是一个社会系统,包括如政府、经济、教育、宗教、家庭等子系统。所以,社区必须具有一定的空间规模。① 那么,本研究中的社区空间究竟以什么为边界呢？我们看到的情况是,企业常因政府动员参与受灾社区的重建;或因社会组织动员开展社区公益活动。不管企业开展的是战略式社区参与活动,还是应急式社区参与活动,抑或是公益性社区参与活动,都有可能突破其入驻社区空间范围。因此,为了准确刻画中国企业社区参与的真实情况,本书把社区定义为企业社会公益活动影响的地域范围。

---

① 夏建中:《现代西方城市社区研究的主要理论与方法》,《燕山大学学报(哲学社会科学版)》2000年第2期。

第四章 空间分异下企业社区参与的案例探索

在地理空间层面,企业与社区之间存在着两种空间关系:空间同构或者空间分异。企业与其运营所在社区的空间关系为空间同构,企业与非其运营所在社区的空间关系为空间分异。本章对企业社区参与的案例研究进行设计,通过分析企业与社区的空间关系差异,把企业社区参与的案例研究分成两个阶段,第一阶段主要对空间分异的状态下的企业社区参与活动进行探索性研究,力图回答空间分异的状态下,企业参与社区治理"为什么""怎么样"的问题。

第一节 企业社区参与案例研究设计

在国内学术界没有可借鉴的企业参与社区治理实证研究成果的情况下,案例研究方法最适合回答企业参与社区治理"为什么""怎么样"的问题。

一、案例研究方法定位

进行案例研究,我们需要辨别企业与社区基本关系类型。以空间关系为区分标准,可以发现:空间分异下的企业与社区关系,空间同构下的企业与社区关系。空间分异下企业的社区关系是指企业没有入驻社区,与其社区参与对象之间不存在直接资源交换的关系。空间同构下企业的社区关系是指企业入驻社区,与社区存在或多或少直接资源交换的关系。在空间分异条件下,企业与社区的关系是建构的,企业会不会参与社区治理?企业怎样参与社区治理?企业与社区关系如何影响企业参与社区治理?在空间同构条件下,有的企业关注社区利益,有的企业漠视社区利益,同一个社区范围内为什么会出现这样的情况？有的社区居委会成员或者社区居民认为企业应该参与社区建设，履行社区责任；有的社区的居委会成员或者社区居民则认为社区不能给企业添麻烦，应该给企业提供良好的运营环境，不同类型的社区之间为何有如此区别？企业与社区能够实现共建共享吗？与社区存在空间同构关系的企业和与社区存在空间分异关系的企业在社区参与上有何异同？显然，单一案例研究无法回答这些问题。

案例研究方法有很多类型。根据研究中使用案例的数量，可以分为单一案例研究和多案例研究；根据研究中案例引入的不同功能，可以分为探索性案例研究、描述性案例研究和解释性案例研究。如果将这两种分类结合起来，建立一个 2×3 的矩阵模式，则可以形成 6 种不同的案例研究类型①。（见表 4-1）根据本章需要回答的问题，适合选择探索性多案例研究方法展开讨论。

表 4-1 案例研究的不同类型

	探索性研究	描述性研究	解释性研究
单一案例研究	探索性单一案例研究	描述性单一案例研究	解释性单一案例研究
多案例研究	探索性多案例研究	描述性多案例研究	解释性多案例研究

二、案例研究的过程

1. 案例研究分为两个阶段

不同的企业与社区关系将影响企业的社区参与行为，如何界定企业与社区关系的差异呢？社区内的入驻企业或多或少都会与社区产生各种关系，需要社区为其提供运营环境，相互之间有信息和物质的交流，企业参与社区治理可以理解为情理之中，企业怎样参与社区治理呢？在没有政府动员、非应急式灾后社区援建项目中，与社区空间分异的企业，是否愿意参与与其不存在日常紧密关系的社区公共事务呢？为了回答这些问题，使结论具有周延性，我们把案例研究分成两个阶段，第一阶段采用逐项复制法则分别研究三个案例，这三个案例中参与社区治理的企业都没有入驻社区，每一个案例都是一个完整的研究，我们考察研究结果是不是内敛的、观点指向一致的，证明其理论命题成立。第二阶段的案例与第一阶段的案例形成差别复制。第二阶段的三个案例之间仍然采用逐项复制法展开研究，这

---

① 〔美〕罗伯特·K.殷：《案例研究方法的应用》，周海涛等译，重庆：重庆大学出版社 2005 年版，第 14 页。

三个案例中参与社区治理的企业都入驻社区,并采取"双尾设计",要求案例中企业参与社区治理程度存在极端差异。每一个案例都是一个完整的研究,我们考察研究结果是不是内敛的、观点指向一致的,证明其理论命题成立。

每一个阶段的案例研究过程如图 4-1。

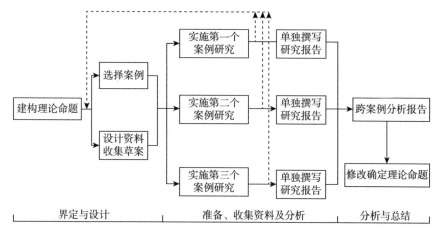

图 4-1 案例研究过程

2. 案例研究中的案例分组

把第一阶段的案例称为第一组案例,第二阶段的案例称为第二组案例,两组案例反映是否存在空间同构关系对企业社区参与的影响。案例要反映企业社区参与的过程和社区关系对企业社区参与的影响,在样本案例选择过程中,应该考虑两组案例的选择具有以下特征:第一,不同地区的经济发展水平不同,企业参与社区治理的推进状况存在差异,组间案例所处地区的经济发展程度应该存在差异。因此两组案例应该来自不同经济发展水平的地区。但是,同一组案例必须是同一个地区,以降低案例研究的外部变异性。根据不同经济发展水平下企业社区参与的差异,第一阶段的一组案例企业控制在经济发达的地区;第二阶段的一组案例企业控制在经济发展水平居于中等程度的地区。

第二,组内和组间的案例具有显著的区分度。组间案例以是否与社区存在空间同构关系区分;第一组组内案例企业的社区参与活动发生在与其不存在空间同构关系的社区。为了清楚了解企业在这种情况下为什么参与社区治理,怎样参与社区治理,尽量减少案例研究中的不同条件,选择同一行业企业的社区参与案例,以解读什么样的社区参与活动可以演化成企业的日常参与行为。第二组组内案例需要界定在与社区存在空间同构关系的情况下,企业的社区关系如何影响企业社区参与,社区、企业的类型,企业入驻社区的时间,企业与社区的资源交换关系都必须存在差异,以了解这些差异如何影响企业社区参与的程度。两组案例可以形成企业社区参与程度的递进关系。

第三,组内案例本身具有特殊性和典型性。艾森哈特(K. M. Eisenhardt)认为,案例研究作为一种初步归纳理论的有效工具,样本的选择不需要遵循抽样法则,只要案例本身具有足够的特殊性和典型性就可以保证良好的信度和效度[①]。

第二节 案例研究的目的与讨论的命题

一、案例研究的目的

在本研究中,社区被定义为企业社区参与影响的空间范围,也就是说被调查社区并不局限于企业运营所在区域,因为企业的社区参与并不局限于其运营所在区域。那么,企业与社区空间同构,意味着企业在其运营过程中,或多或少需要依赖社区提供的基本资源,企业参与社区治理的主要原因是企业与社区存在共生关系,当然,对良好的社区治理环境,企业与社区也存在共享的可能。那么,在企业与社区空间分异的情况下,企业社区参与何以可能? 企业社区参与何以可行呢?

在本章的案例研究中,首先排除一种特殊情况,就是企业参与政府动员式的灾后社区重建,按照企业社区参与的定义,这也属于企业社区参与行为,但是,这是一种特殊情况下的企业社区参与行为,我们需要讨论的是在一般情况下,在不存在外力作用下,企业与社会组织之间的合作,企业自愿地参与社区建设的活动。

从目前中国社区的发展趋势来看,社区公共事务的日常管理主要由社区居委会承担;社区公共事务中的专业化服务开始通过政府购买,由非营利组织提供。一些非营利组织活跃的地区,非营利组织在社区社会问题的解决方面发挥越来越多的作用。与社区不存在空间同构关系的企业一般

---

① Eisenhardt, Kathleen M., Building Theories from Case Study Research, *Academy of Management Review*, Vol. 14, No. 4, 1989, pp. 532-550.

是在非营利组织动员下,与其合作,完成相关社区建设项目。因此,通过本章对案例进行的讨论,可以说明,在不存在空间同构的情况下,企业参与社区治理的基本条件。

二、案例研究讨论的命题

本组案例探索要讨论的问题是空间分异的情况下,企业为什么参与社区治理,以及怎样参与社区治理,基于已有研究成果,拟提出以下三个方面的假设命题。

(一)企业社区参与活动中利益相关方的价值认同

"治理革命"的到来,使得社会不再是公共事务旁观者,而是公共事务的直接管理者或者参与管理者[1],公共行政不再是简单管制,而是提高整个社会的自我治愈能力[2],政府"通过支持性法律、经常性的财政资助与其他支持性的政府干预来鼓励非政府组织的建立和发展"[3],引导第三部门与企业在社区治理中合作。是否达成合作意向,关键在于各方在合作结果预期、合作方式和原则等方面是否存在共识[4]。首先,企业与利益相关方对合作结果的预期一致。企业管理者的行为取向、道德观念[5],对慈善公益的重视程度[6],合作内容与企业业务匹配程度[7],对企业与利益相关方的合作具有推动作用。其次,企业与利益相关方在合作过程中的共享利益公开透明。企业与利益相关方合作,因参与社区治理,促进社区自我发展,获得社区经营许可和顾客忠诚等外部合法性;同时,因参与社区公益活动,扶贫济

---

[1] 张乾友:《行动主义视野中的社会治理转型》,《江汉论坛》2016 年第 6 期。

[2] Stivers, Camilla, "A Wild Patience: A Feminist View of Ameliorative Public Administration", Timney, Mary, Mayer, Richard T., *Public Management in an Interconnected World: Essays in the Minnowbrook Tradition*, New York: Greenwood Press, 1992, p. 54.

[3] Newland, Chester A., Public Administration Amid Turbulence: Facilitation of Enhanced Future Governance, *International Journal of Organization Theory and Behavior*, 2008, Vol. 11, No. 3, p. 337.

[4] Austin, James E. and Seitanidi, Maria M., Collaborative Value Creation: A Review of Partnering Between Nonprofits and Businesses. Part 2: Partnership Processes and Outcomes, *Nonprofit and Voluntary Sector Quarterly*, Vol. 41, No. 6, 2012, pp. 929–968.

[5] Buchholtz, Ann K., Amason, Allen C. and Rutherford, Matthew A., Beyond Resources the Mediating Effect of Top Management Discretion and Values on Corporate Philanthropy, *Business & Society*, Vol. 38, No. 2, 1999, pp. 167–187.

[6] 冯臻:《影响企业社会责任行为的路径——基于高层管理者的研究》,上海:复旦大学博士学位论文,2010 年。

[7] Mescon, Timothy S. and Tilson, Donn J., Corporate Philanthropy: A Strategic Approach to the Bottom-Line, *California Management Review*, Vol. 29, No. 2, 1987, pp. 49–61.

困,获得雇员的"行为道德感""荣誉感"等内部合法性[1];参与合作的利益相关方,主要是非营利组织,也可因参与社区治理,提高其社会认可度[2],获得丰富的社会资本,更高的专业能力[3]。据此,提出命题1:企业与非营利组织对社区参与的价值认同是企业社区参与的动机。

(二) 企业社区参与活动中利益相关方的资源关系

企业社区参与是企业通过慈善公益的方式,促进社会发展目标实现的活动[4]。在这一活动中,企业与非营利组织合作,发挥各自的优势,使公共问题的解决更有效率[5]。为解决公共问题展开的合作,需要合作各方在资源上具有互嵌式的紧密关系[6],这种互嵌关系确保了合作的低成本、高效率。合作各方的资源互嵌形成的相互依赖关系能够挖掘、创新资源的社会经济价值,进而提高资源的利用效率。合作不是简单的"一加一等于二",而是"一加一等于三,或者四"。各方必须清晰识别各自的资源优势,明确资源的互补度和互补方式。低成本、高互补度的资源投入将使企业产生高的合作动机[7],实现合作的高效率。据此,提出命题2:企业与非营利组织的资源互补关系是企业社区参与的必要条件。

(三) 企业社区参与活动中利益相关方的权力关系

只有建立在相互信赖和平等互利基础上的合作,才能建立合作各方的伙伴关系,才能充分挖掘合作的效率[8];企业的社区参与战略必须以与社区

---

[1] 田志龙、程鹏璠、杨文、柳娟:《企业社区参与过程中的合法性形成与演化:百步亭与万科案例》,《管理世界》2014年第12期。

[2] Yaziji, M., Doh, J., *NGOs and Corporations*: *Conflict and Collaboration*. New York: Cambridge University Press, 2009.

[3] Vock, M., Dolen, W. V., Kolk, A., Micro-Level Interactions in Business-Nonprofit Partnerships, *Business & Society*, Vol. 53, No. 4, 2014, pp. 517-550.

[4] Lakin, Nick and Scheubel, Veronica, *Corporate Community Involvement*: *The Definitive Guide to Maximizing Your Business Societal Engagement*, Sheffied, UK: Greenleaf Publishing, 2010, p. 5.

[5] Austin, J. E., Strategic Collaboration Between Nonprofits and Businesses, *Nonprofit and Voluntary Sector Quarterly*, Vol. 29, No. 1, 2000, pp. 69-97.

[6] Imperial, Mark., Using Collaboration as a Governance Strategy: Lessons from Six Watershed Management Programs, *Administration & Society*, No. 37, 2005, pp. 281-320.

[7] Austin, James E. and Seitanidi Maria M., Collaborative Value Creation: A Review of Partnering Between Nonprofits and Businesses. Part 2: Partnership Processes and Outcomes, *Nonprofit and Voluntary Sector Quarterly*, Vol. 41, No. 6, 2012, pp. 929-968.

[8] Waddock, Sandra A., Building Successful Social Partnerships, *Sloan Management Review*, Vol. 29, No. 4, 1988, pp. 17-23.

共享发展成果为基础①。地方政府通过一系列的公共政策,撬动更多的社会资源投入到公共问题的解决中,鼓励企业、非营利组织参与公共领域的活动,以社区为单位,解决社区的公共安全、社会保障、文化娱乐等方面的问题②。参与合作的任意一方都不能在决策过程中被不平等对待③,在企业社区参与活动中,如果因为社区是受助方而不能决定受助内容和方式,社区的发展将不是可持续的④。据此,提出命题3:企业社区参与项目中合作各方享有裁量权将使合作各方获益。

第三节　案例的选择与案例资料的收集

一、案例的选择

经济发达地区非营利组织非常活跃,政府购买社区服务的比例远高于中等经济发展地区。因此,考察与社区不存在空间同构关系的企业社区参与行为,适合选择经济发达、非营利组织发展较好的东南沿海。在这样的区域,企业不在社区辖区范围内,与社区中的居民委员会(或村委会)联系不紧密,但是,企业与实施社区发展项目的非营利组织关系紧密。

根据理论抽样和判断抽样的方法,我们选择了广东省三个社区发展项目:广东从化仙娘溪村"新农围"室内改造项目、"都市方舟"打工妈妈互助中心项目、儿童乐益会"病童游戏室"项目,其理由如下。

首先,选择汤物臣·肯文集团应邀参与的、与绿耕社会工作发展中心合作的"新农围"室内改造和农村公共空间创造计划,是因为这个计划以促

---

① Seitanidi, Maria May, "Covert Political Conflict in Non-Profits Organisations in the Stage of Partnership Selection: Challenges from Within", The Case of Earthwatch-Rio Tinto Partnership, in 10th Annual Conference of the European Business Ethics Network-UK Association (EBEN UK) and 8th Ethics and Human Resource Management Conference, Cambridge, UK.11th-12th April 2006.

② Guthrie, D. and McQuarrie, M., Privatization and the Social Contract: Corporate Welfare and Low-Income Housing in the United States Since 1986, Research in Political Sociology, No. 14, 2005, pp. 15-51.

③ Sharmin, S., Khan, Niaz A. and Belal Ataur R., Corporate Community Involvement in Bangladesh: an Empirical Study, Corporate Social Responsibility and Environmental Management, Vol. 21, No. 1, 2012, pp. 41-51.

④ Muthuri, Judy N., Participation and Accountability in Corporate Community Involvement Programmes: a Research Agenda, Community Development Journal, Vol. 43, No. 2, April, 2008, pp. 177-193.

进农村社区经济社会发展、建设社会工作队伍为目标,是广州市民政局向绿耕社会工作发展中心购买的"从化城乡合作项目"的重要内容,该项目后来获得全国首届优秀社会工作项目一等奖,这个案例具有典型性、代表性,影响范围大。其次,选择九筑国际建筑设计股份有限公司参与的广州番禺区碁石镇石岗东村打工妈妈互助中心建设项目,是因为这个项目由麦田教育基金会资助,其目的是改善广东番禺区流动儿童课后教育机构的设施条件,项目落成仪式被多家媒体线上线下广泛报道,影响大,具有社会知名度。最后,选择乐益会"病童游戏室"项目,是因为这个项目由儿童乐益会发起,汤物臣·肯文创意集团(以下简称汤物臣)和广东卓艺设计顾问有限公司(以下简称卓艺)为主要参与者,索菲亚家居股份有限公司(以下简称索菲亚)、广东庞玻新型建筑装饰材料有限公司(以下简称庞玻)为汤物臣和卓艺业务供应链上的企业,在它们的动员下参与该项目,并赞助了该项目所需要的环保材料。医院中的病童为受助对象,医院提供了游戏室场地,并提出游戏室必须达到什么条件才能满足协助病童治病的目的,减轻病童的痛苦。该项目中有多家企业参与,其中,汤物臣在第一个案例中也是参与者,这个案例发生在第一个案例之后,时间上的先后,可以证明企业社区参与活动的价值在企业中得到了认可,而且,这个项目完成后,项目组成员在广州设计周上分享了成果。另外,三个案例中的企业都具有长期的社区参与经验,得到了行业、社会的认可,对他们的社区参与行为进行案例研究能够实现研究目标。

二、案例资料的收集

案例资料收集的过程如下:首先,通过参与羊城设计联盟(以下简称羊盟)2014年企业参与公益事业调查问卷的设计,获悉它是有志于推动社会发展的民间行业协会,随后通过羊盟官方网站,发现该行业协会中的骨干企业都长期参与社区治理项目;其次,根据这些项目信息,结合凤凰网、新华网等网站的报道,发现这些项目都有其他组织的参与;再次,通过各合作组织的官方网站,分析它们的愿景与目标,发现其共性;最后,在羊盟发展部负责人的帮助下,联系其秘书长、社区治理项目相关企业和非营利机构负责人进行深度访谈,获得档案资料,并实地考察相关社区。

以"来源多元,且相互印证"为基本原则收集案例资料。案例资料来自网络新闻报道、相关组织官网信息、内部文件,以及现场观察和结构访谈。结构访谈使得材料的细节更加清晰,反映的事实也更加生动。因此,在案例资料收集方法中,结构访谈是我们获得资料最重要的方式。结构访谈分两个阶段完成。第一个阶段的访谈在 2016 年 6 月 2—8 日进行,调查员联系好羊盟的秘书长,参观了羊盟的总部和相关企业,与参与合作的企业负责人进行访谈。访谈结束后,整理访谈资料。我和访谈员、相关专家讨论资料的完备程度,访谈内容与案例探索目标的吻合程度,建立相应案例资料库,确定下次访谈的内容。第二个阶段的访谈于 2016 年 10 月—2017 年 3 月之间通过微信聊天工具进行。两个访谈阶段都安排了两位调查员参与其中[①]。在访谈过程中,为了确保访谈结果的信度和效度,注意了访谈对象职业岗位的多元化,尽量访谈到每一个项目的参与方。我现场记录访谈内容并录音,对照记录在 24 小时内把录音转录为文字,与其他途径获得的案例资料整合,建立案例资料库。两个阶段的访谈提纲如表 4-2 所示。

表 4-2 访谈提纲

访谈框架	访谈问题摘要
基本情况	企业、非营利组织的基本情况
参与的可能	参与社区治理的原因 参与社区治理的目的
参与的实现	如何发现社区治理项目的合作伙伴 如何选择社区治理项目的合作伙伴 如何解决社区治理项目中的重要问题 参与各方都发挥怎样的作用
结果	企业获得的直接与间接利益 社区问题的解决程度

访谈对象信息见表 4-3。

表 4-3 访谈对象

访谈对象	编号	访谈时长	合作项目名称
羊盟专职人员	1	2.0 小时	"打工妈妈互助中心"项目负责人
企业设计师	2	1.0 小时	"打工妈妈互助中心"项目参与者
企业管理者	3	2.0 小时	羊盟社会发展事务部主席 乐益会医院儿科住院"病童游戏室"项目参与者
企业管理者	4	1.5 小时	"六访仙娘溪村"[②]项目负责人

---

① 本阶段的深度访谈由我的学生杭南参与完成,在此感谢她为此所做的所有工作。
② 广东从化仙娘溪村新农村经济建设项目。

（续表）

访谈对象	编号	访谈时长	合作项目名称
企业员工	5	1.0 小时	"六访仙娘溪村"项目实施者
非营利组织员工	6	2.0 小时	"打工妈妈互助中心"项目实施者

第四节 仙娘溪村"新农围"室内改造和公共空间创造项目

按照案例研究需要讨论的命题，在与社区不存在同构关系的背景下，企业的社区参与"何以可能""何以可行"的逻辑，以企业参与的社区项目为研究单位，展开案例研究。

一、项目参与主体的基本情况

参与完成仙娘溪村"新农围"室内改造和公共空间创造项目的行动主体包括绿耕社会工作发展中心、汤物臣、仙娘溪村村民。仙娘溪村是广州市从化区良口镇长流村五个自然村之一，有五个村民小组，人口近五百人，距今有两百多年的历史，居民以农耕为生，年轻人基本上都外出打工，村里主要是老年人、妇女和儿童，是一个贫困村。

广东绿耕社会工作发展中心（以下简称绿耕中心）由中山大学—香港理工大学共同创办的绿耕城乡互助社发展而来，在广东省民政厅注册后，成为专业化的省级社会工作服务机构。绿耕中心从2001年开始实践农村社会工作，2007年确立"城乡合作"的项目框架，现在成为中国开展城乡社区工作、农村社会工作和灾害社会工作时间最长的社工机构。

汤物臣，始于2002年成立的汤物臣·肯文设计事务所（Inspiration Studio），现在包括旗下全资附属子品牌点子室内设计（iDTEAM）、非释空间美学机构（INTERPRETATION），是一家专注于诠释"公共性、开放性、趣味性"的设计理念，进行度假、娱乐、旅游、餐饮、办公等商业空间设计的中型企业，曾在我国香港地区和美国、日本、德国等国家获得设计大奖，在建筑设计行业具有一定的知名度，主张用设计解决当下社会存在的问题，找到释放生活善意的设计手法，创造善意空间，成为具有社会责任感的企业。

二、企业参与仙娘溪社区发展项目何以可能

仙娘溪村的建设得益于广州市2009年社工人才队伍建设，政府购买了

绿耕中心社会工作服务项目——从化农村社会工作试点项目。绿耕中心委托汤物臣参与仙娘溪村的"新农围"室内改造计划。

汤物臣的董事们热衷于公益事业,他们认为公益文化是企业文化建设非常重要的组成部分,将公益事业融入企业文化和品牌建设中,一方面能够实现企业和社会的和谐统一,另一方面也能够增强企业员工的社会责任感。汤物臣参与"新农围"室内改造计划,并不仅仅提供设计方案,他们还参与了一系列的公益活动,先后六次去仙娘溪村。第一次去,他们捐赠了一些书和日用品给当地的小朋友和老人家。第二次去,他们帮助村民做一些农活,如除草、种菜等等。第三次去,他们设计和修建了路牌,规整了道路,让那些离家外出打工的年轻人能够找得到家,为那些来乡村体验农村生活的游客提供方便。第四次、第五次去,为了让更多的人了解这个村子,他们改造设计农民的房屋,让房子变得很漂亮,修缮改造成乡村旅社。第六次去,他们为村民的农产品,像土鸡蛋、梅精、花生、梅酒、洛神花等设计漂亮的包装,并推销给城市市民。

绿耕中心的宗旨为:扎根社区、精耕细作、培力弱势、彰显公义,有效推动中国城乡社区发展和城乡合作的事业,立志成为服务社会、培养专业社会工作者、开展学术研究的创新性平台。通过从化农村社会工作试点项目,绿耕中心创立了独特的农村社会工作模式,在这种模式里,企业与社会工作机构实现了无缝对接。企业的公益目标与非营利组织的项目目标一致,是汤物臣参与绿耕项目的根本原因。

三、企业参与仙娘溪社区发展项目何以可行

仙娘溪的村民比较贫困,交通不便、没有特别的经济来源,农村基本上只留下老年人、妇女和儿童。绿耕中心机构刚进村实施项目的时候,召开村民大会,没有几个村民参加,村民只希望社工机构把钱直接给他们,让他们自己实施这个项目。社工改变工作方式,花了几个月的时间驻村走访,发现村民的需要和仙娘溪的发展优势。首先,他们从 2009 年开始将村民们遗弃不用的老房子、旧物收集起来,整理出家具史、房屋史,增强村民们的社区归属感,提高村民的项目参与度。其次,他们开发了青梅加工小组、生态种植小组、乡村旅社妇女小组等可持续的生计方式。最后,他们邀请设计企业参与。绿耕中心每年 6 月份都会联系汤物臣开会讨论当年的活动策划,把村民的需要反馈给企业,期望企业给予技术支持。汤物臣的设计师把老房子修缮整理成基本保持原貌的乡村旅社,绿耕中心发动并指导当地的 7 位妇女来管理。仅乡村旅社妇女小组 2011 年收入即达 128436 元,

2014年增加到240000元,旅社收入的10%作为村里的公益基金,10%作为绿耕中心的发展基金。根据乡村发展的基本情况,汤物臣还带领村民筑路,与绿耕中心一道在村子里面推广有机种植,通过城乡互助的方式,发动广大的志愿者,实现城乡社区的对接,把村里的有机蔬菜和粮食卖到城里。

仙娘溪农村社区发展项目开发推广的"城乡汇有机小农墟"在广州逐步形成规模,《南方都市报》《羊城晚报》《新快报》和广东电视台等媒体纷纷报道,广东从化城乡合作项目也获得全国首届优秀社会工作项目一等奖。2014年4月27日民政部副部长专门到仙娘溪村视察,肯定了项目取得的成绩。

四、仙娘溪社区发展项目的运行机制

在仙娘溪社区发展项目中,政府向绿耕中心购买社会服务,监督验收绿耕中心实施的社区发展项目;绿耕中心运用社会工作方法,发现农村经济社会发展的具体路径;汤物臣则根据绿耕中心的要求和村民的期望,提供技术支持、物资捐赠和人力资源。它们共同使仙娘溪村实现了"让爱回家,村落文化回归"的美好愿景,同时,改变村民的生存方式甚至思想,推动村落文化的世代相传,促进仙娘溪村经济社会发展。项目的成功,也塑造了企业的公益形象。仙娘溪社区发展项目的运行机制如图4-2所示。

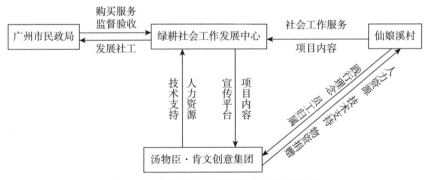

图4-2 仙娘溪村社区发展项目运行机制

第五节 "打工妈妈互助中心"建设项目

一、打工妈妈互助中心建设项目参与主体基本情况

参与打工妈妈互助中心建设项目的主体主要是麦田教育基金会、羊城设计联盟、广州九筑建筑装饰设计有限公司。

广东省麦田教育基金会(以下简称麦田)的前身是麦田计划,麦田计划创立于2005年,2010年9月在广东省民政厅注册成立。

羊盟是2012年初由广州本土民营设计企业联合发起的民间非营利组织,迄今已集结了三十多家在华南地区具有知名度的空间设计机构。羊城设计联盟具有传统的行业协会特性,具有代表、沟通、协调、监督、统计和研究的职能;它对内制定行约行规,维护行业利益并实现行业自律,对外创造交流机会、整合资源,促进产业健康持续发展;其目标是强调公益特性,贡献社会,支持设计行业教育、社会公共建设、公共服务等方面,坚持发展成为具有社会效益的非营利组织。

广州九筑建筑装饰设计有限公司(以下简称九筑建筑)是羊城设计联盟的成员企业,为广州方纬精装股份有限公司全资子公司,从事建筑景观规划、室内设计、陈设艺术设计、项目策划与管理等业务,是一家拥有近百人的中型设计机构,曾荣获行业内外各种殊荣,企业致力于实现企业与员工共赢的可持续发展。

二、企业参与"打工妈妈互助中心"建设项目何以可能

打工妈妈互助中心位于广州市番禺区石岗东村,是由打工妈妈邹佳俊发起,旨在服务城市社区流动儿童,让打工妈妈们省心、放心的非营利机构。它最初申请了千禾基金会的资助,解决了房屋租金和两位专职老师的工资问题,但是广东番禺的互助中心环境简陋,室内的布置和硬件配置条件比较差。麦田为了改善打工妈妈互助中心的设施,把资助"互助中心建设"项目纳入"都市方舟"计划。麦田的工作人员首先做了一个整体的规划,然后求助于羊盟,羊盟利用公益网络资源,推荐九筑建筑参与互助中心的设计,并邀请广东轻工职业技术学院的学生参与这个互助中心的施工。

麦田是以改善贫困山区儿童及城市流动儿童的教育生活状况为宗旨的运作型基金会,它通过建立全国的志愿者团队,开展捐资助学、兴趣课程、素质拓展等运作型项目。目前已经在全国成立79支麦田服务团队,同时建立了52个资助点,服务社区100多个。麦田提供5.5万元用于打工妈妈互助中心建设,并制定整体规划,负责项目的管理。

羊盟是一个由有志于用设计做公益的企业组成的民间行业协会,它一方面聚集一些愿意捐钱、愿意参与公益项目的企业,另一方面与一些公益组织保持长期的联系,发挥公益平台的作用。

九筑建筑之所以参与这个项目,是因为企业的董事们认为,自己的才

能除了用于工作,还可以做公益,就感觉自己做了别人没有做的事。作为羊盟的成员企业,他们这样评价,大家都愿意去做公益,但是不知道做什么是社会需要的,去哪里做,也不知道哪个时间合适去做,这种符合自己职业特点,力所能及的项目是最好的,行业性质的非营利组织给了我们做公益的机会。

三、企业参与"打工妈妈互助中心"建设项目何以可行

企业派出的设计师认为,设计是以人为本的,受助对象的积极参与对设计师的工作颇有助益,提供了很多的奇思妙想。九筑建筑的设计师在考察现场之后,与互助中心的妈妈、老师和孩子们深入沟通,把他们的想法、要求融入设计方案中,设计师做了一个玻璃展示柜,把妈妈们做的手工放在里面,展示出售;考虑到孩子们的安全,他们在阳台的水泥护栏上做了花瓶,每个孩子可以认领一个瓶花,谁照顾得好谁就是最棒的,让孩子有荣誉感、责任感,积极参与。

麦田除了出资资助这个项目外,还是项目运行的管理者,在项目实施过程中与设计师紧密合作,非常认可设计师对项目的高效完成发挥的作用。由于设计师对细节把握更加准确,所以麦田的工作人员把合作当作是一个彼此学习的过程。对于设计专业的学生来讲,这是一个很好的接触社会的机会,他们在学习的时候就接受公益的理念,明白可以用设计去做一些有意义的事情。

羊盟则为这个项目的完成做了很多接洽和协调的工作;在项目推进过程中,不断地监督设计师按照项目运行计划完成,承担了资源链接的责任。项目落成仪式被《南方都市报》和《信息时报》第一时间报道后,也被《羊城晚报》《新快报》、新浪网、凤凰网等媒体广泛转载。因为基金会、企业和羊盟的参与,互助中心得以正常运转,互助中心成为流动孩子们的乐园,流动人口沟通互助的公共空间。

四、"打工妈妈互助中心"建设项目的运行机制

在"打工妈妈互助中心"建设项目中,广州市民政局对麦田教育和羊盟行使监督管理职能,确保其非营利组织性质。麦田根据基金会的宗旨自主设置社区项目,关注社区流动儿童的教育,并为这一项目提供资金资助,对项目实施管理,制定整体项目计划。由于资金限制,麦田得到羊盟和九筑建筑的项目设计援助,设计师和职业技术学院的学生都是项目的

志愿者。各个参与主体共同决策,目标一致,项目完成效果良好。其运行机制见图 4-3。

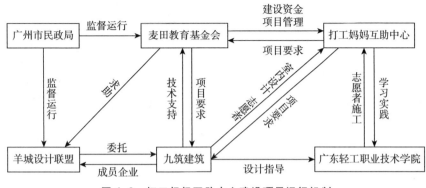

图 4-3　打工妈妈互助中心建设项目运行机制

第六节　医院病童游戏室建设项目

一、医院病童游戏室建设项目参与主体基本情况

医院病童游戏室建设项目参与的主体主要有汤物臣·肯文创意集团、广东卓艺设计顾问有限公司、儿童乐益会、索菲亚家居股份有限公司和广东庞玻新型建筑装饰材料有限公司。

儿童乐益会是一个致力于通过游戏和运动的力量促进困境儿童发展的国际组织,总部位于加拿大的多伦多,由四块奥运金牌得主、社会企业家约翰·奥拉夫·科斯于 2000 年创立。儿童乐益会在 20 多个国家通过游戏和运动的方式传授重要生活技能,帮助困境儿童拥有更好的未来,同时为社区带来持续积极的改变。儿童乐益会援助的儿童大多身陷各种困境,如受艾滋病影响的儿童、生活在难民营中的儿童、遭受性别歧视的儿童等。

广东卓艺设计顾问有限公司(以下简称卓艺)于 1998 在广州注册成立,专注于为机场、酒店、大型商业空间、销售中心、会所、别墅等提供室内软硬装设计和高级定制服务,已具有成熟的软硬装配套工程体系,坚持诚信、创意、品质、高效的经营理念,在国内二十多个主要城市,欧洲、非洲、东南亚均有很多成功项目,是行业内具有较好声誉的企业。

索菲亚家居股份有限公司(以下简称索菲亚)成立于 2003 年,是一家主要经营定制衣柜及其配套定制家具的研发、生产和销售的深圳公司,公司致力于提供环保家具、高质量服务,满足消费者对设计、安装等专业服务的个性化要求,是全国工商联首届衣柜协会会员单位。

广东庞玻新型建筑装饰材料有限公司(以下简称庞玻装饰)成立于2015年,在佛山市工商局登记注册,它以恪守信誉、用户满意为宗旨,以使合作客户获利更多、发展更快为目标,是一家致力于打造知名品牌的新生企业。

二、企业参与医院病童游戏室建设项目何以可能

医院病童游戏室建设项目是世界慈善组织儿童乐益会发起的,旨在帮助住院病童减轻痛苦、配合医生治疗、消除恐惧心理的关注特殊儿童的项目。

企业参与医院病童游戏室建设项目的过程与打工妈妈互助中心建设项目有类似之处。首先是儿童乐益会找到其在"手牵手计划"中有过合作的广东东意设计咨询有限公司(以下简称东意)寻求帮助,但其公司业务主要集中在建筑设计,而非室内设计。东意的董事是羊盟社会发展部部长,他在羊盟的会议上把这个项目提出来进行讨论,寻求其他企业的帮助。汤物臣与卓艺联合承接了这个项目。

汤物臣与卓艺两家企业的董事都是"七+5"善意空间①公益组织的创办人,同时也是羊盟的成员,他们都具有让设计为更多人服务的理想。作为民间行业组织的成员,他们希望能够把大家聚集起来,形成一股力量,发出属于行业的声音。医院病童游戏室项目希望能为住院时间较长的孩子,例如白血病儿童,在陌生的、弥漫着哀伤的环境中带来童年的快乐。

在资金受限的情况下,为了尽量给游戏室提供高质量的环保材料,汤物臣和卓艺动员索菲亚家居和庞玻装饰参与完成项目,为两个儿童活动室免费提供所有定制家具和隔音玻璃,并承担所有运输和安装任务。索菲亚家居参与项目的时候正在进行"创新分享"文化建设,提倡从生产、营销、设计、服务等方面创新,与员工、社区、合作伙伴分享成果、经验和知识,他们认为企业社会责任不只限于捐款捐物,生产环保安全的产品,关怀有需要的人群,更是具有渗透力的善举。庞玻装饰的高层管理人员也认为用绵薄之力为社会创造一片乐园是他们的荣幸。同时,医院的施工要求对于两家企业来讲是新的管理实践。

---

① "七+5"善意空间是2011年成立于广州市的公益设计组织。"七"代表七十年代即将接棒未来的年轻设计师,"5"代表联合发起公益设计行为的5名优秀设计师。

三、企业参与医院病童游戏室建设项目何以可行

为保证项目效果,儿童乐益会项目管理人员、设计师、家具厂商、医院多次协商,制订紧凑、流畅的工作计划。首先,汤物臣和卓艺两家企业接受儿童乐益会的合作邀请后,为了让住院儿童拥有操控感,在游乐空间中获得常态生活,减少对病痛的恐惧,降低焦虑水平,积极配合治疗,先后多次到武汉协和医院、南京儿童医院听取医护人员的意见,进行现场调研和复核,提交设计创意方案。其次,索菲亚家居和庞玻装饰根据医院提出的晚上不能施工、施工噪音必须控制、施工时长必须尽量缩短的要求,两家企业派出的安装师都是凌晨到达项目点,次日早上 8 点就开始工作,所有的施工工作全部在一周内完成。大家齐心协力,使得项目既解决了空间使用和规划的问题,又解决了通风、噪音和环保问题。项目落成后,项目组成员在广州设计周上分享了成果,同时,《公益时报》、凤凰网、搜狐网、网易新闻等媒体进行了报道。

四、医院病童游戏室建设项目运行机制

在医院病童游戏室建设项目中,政府相关部门主要承担监督非营利组织运行的责任;儿童乐益会设置医院病童游戏室项目,提供项目资金,选择相关医院,实施项目管理,向与其有过合作的企业求助;企业依托其参与的非营利组织羊盟和善意空间,由行业性质的非营利组织确定具体参与项目的汤物臣和卓艺;这两家企业按照医院要求提供游戏室设计方案,动员索菲亚家居和广东庞玻捐赠室内环保材料,并安装游戏室家具,协作完成病童游戏室建设项目。在项目实施的过程中,它们依靠慈善网络资源和行业网络资源动员 4 家企业参与项目,形成一种资源扩散效应。

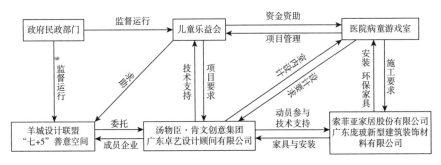

图 4-4　医院病童游戏室项目运行机制

第七节　企业社区参与的跨案例分析

为了案例分析的方便,把仙娘溪社区建设项目命名为项目 A,打工妈妈互助中心建设项目命名为项目 B,医院病童游戏室项目命名为项目 C。我们根据讨论的命题比较分析案例的共同点。

一、价值认同是企业社区参与的充分条件

企业参与社区治理,是通过与非营利组织合作实现的,两者对合作的价值认同依赖其合作的价值创造预期。奥斯汀和塞坦尼迪把企业与非营利组织合作产生的价值分为内部和外部两种价值轨迹,外部价值主要指促进社会改善的,由合作产生的社会影响、社会福利及其发展;内部价值是合作者获得的收益。① 共同的价值追求,将使参与社区治理的主体因聚焦于公共事务而产生合作关系,并在治理过程中达成共识。据此,把每个合作项目创造的价值进行类型化的分析。

在项目 A 中,汤物臣的企业创始人实现了个人社会价值,达到了建设企业公益文化,塑造了企业公益形象的目的;绿耕中心则发展了社会工作机构,获得了政府的认可,提高了知名度和公信力,创造性地建立了农村贫困社区发展的"绿耕"模式。这一模式后来在云南得到推广。在项目 B 中,麦田教育实践了基金会的宗旨;九筑建筑实现了用技术做公益,以人为本的设计理念,树立了企业形象;学生志愿者则获得专业技术的训练,培养了公益心和社会责任感;羊盟则汇聚了行业力量,发挥了公益平台的作用。在项目 C 中,儿童乐益会实现了帮助困境儿童的组织愿望,汤物臣和卓艺践行了企业的公益理念——"通过释放生活善意的设计解决社会问题",索菲亚家居和庞玻装饰提高了利益相关者忠诚度,进行了新的管理实践,推广了环保家居材料;羊盟和善意空间为企业提供了公益平台,回归设计为更多人服务的本质。

这三个项目中,企业社区参与的内容各不相同,但它们创造的外部价值是一样的,即用设计的力量为公益增值,传递创新公益理念,改变传统捐

---

① Austin, James E. and Seitanidi, Maria M., Collaborative Value Creation: A Review of Partnering Between Nonprofits and Businesses. Part 2: Partnership Processes and Outcomes, *Nonprofit and Voluntary Sector Quarterly*, Vol. 41, No. 6, 2012, pp. 929-968.

资捐物的公益方式。同时,参与项目的所有企业董事都是项目实践者,他们热心社会公益,主动履行社会责任,力图把企业创办成"社会型企业";都建立或者参与具有行业性质的非营利组织:羊盟和善意空间,带动其他企业参与公益项目,并且注重企业公益文化建设,具有设计为更多人服务的可持续发展理念。这些企业以促进社会发展作为设计公司的目标之一,通过公益专案,让当地社区在获得帮助的同时,能在技术层面发挥它们的优势,让技术在社会发展层面也同样可以发挥作用,让公司实现可持续发展。企业的公益价值认同,使得非营利组织可以获得更多的资源,用较少投入获得较多的公益产出,同时得到政府的认可和支持。可见,企业的内外部价值创造与非营利组织契合一致,是企业与非营利组织合作参与社区治理的充分条件。命题1成立。

二、资源互补是企业社区参与的必要条件

根据合作治理理论,合作可以获得更高的效率、更多的信息和资源,但是,这是对合作引致利益的构想。合作要成为力量倍增器,关键还是合作伙伴之间的合适度,合作价值潜力首先取决于合作者之间的资源关系。资源可以分为有形资源、无形资源和人力资源。据此,对三个项目中企业与各参与者之间的资源关系展开比较分析。

在项目A中,政府作为社区社会工作服务的购买主体,主要提供项目实施的基本资金,履行项目验收责任;绿耕中心拥有公益项目的管理经验,能够深入农村社区,了解村民的需求;汤物臣则能提供掌握设计技术的职业团队,资金、技术、公益项目管理经验、志愿者、社会工作者各种资源聚合,项目目标必然达成。在项目B中,政府监督基金会的运行,不直接参与项目的实施;麦田教育提供打工妈妈互助中心建设资金,拥有公益项目管理经验,实施项目管理;羊盟利用了自身公益资源网络,委托成员企业九筑建筑参与项目;九筑建筑则提供设计技术,利用行业内网络资源,动员广东轻工职业技术学院学生完成项目施工,项目顺利落成。在项目C中,儿童乐益会设置项目,提供项目资金和公益项目管理人员,利用公益网络资源,通过羊盟,联系汤物臣和卓艺参与项目实施,这两家企业根据两家医院的要求,提供室内设计方案,动员供应链上的两家企业索菲亚家居和庞玻装饰捐赠和安装隔音、环保家具,完成了病童游戏室建设。项目B和项目C都出现了类似的情况:基金会需要完成公益项目,一般首先联系在公益项目中有过合作的企业,而企业因为自身不具有参与项目的条件,就借助行业性质的非营利组织,帮助基金会寻找合作伙伴,而参与合作的企业都拥

有项目完成所需要的技术和资源。在这三个成功的项目中,参与主体之间都存在资源互补关系,而且缺少其中一种资源,项目都难以完成。因此,我们可以理解,企业参与的社区发展项目的成功,依靠项目参与主体之间的资源互补关系。命题2成立。

三、共同决策是各个参与主体获益的基本方式

合作治理理论认为,参与社区治理的合作主体必须是平等的,各主体在治理全过程中享有同等的地位与权利,合作各方利益的实现程度取决于各方在决策过程中拥有同等的裁量权。虽然企业是私人机构中最具有力量的组织,拥有资金、技术和人力资源,更重要的是拥有降低成本高效生产的思维逻辑,但是企业强烈的利益偏好会使其目标定位偏离公共利益的最大化。相对于企业,非营利性组织寻求物质回报的动机较弱,有时候甚至会分担政府的一些或者大部分日常工作,推动与政府目标一致的工作进展,但是,非营利组织在推进公共项目的过程中,可能出现与服务客体需要相冲突的偏好,导致工作效率低下和资源浪费。社区合作治理项目要真正实现治理目标,关键是参与合作的各方与受助者发挥各自优势,相互作用,共同决策。

在项目A中,绿耕中心运用社会工作的方法,发动村民参与乡村经济发展、文化建设活动,根据仙娘溪的实际情况,提出了促进仙娘溪村经济发展的途径,以及项目的具体内容;汤物臣决定了"新农围"室内改造和公共空间创造计划的技术参数,完成了项目计划;整个项目的成功实施过程都有绿耕中心、汤物臣和村民的参与与合作。在项目B中,麦田根据打工妈妈互助中心的要求,对整个项目进行了规划,实施项目管理;九筑建筑加入以后,设计师与互助中心的妈妈和孩子们交流,提交了互助中心的室内设计方案,麦田接受了设计师的建议,修改项目计划,学生们在设计师的指导下完成了室内设计项目。在项目C中,儿童乐益会设置了项目,提供项目资金资助,确定项目实施的医院;企业的设计师根据医院的要求和儿童的特点,向儿童乐益会提交游戏室的设计方案,动员供应链上的企业加入,按照医院要求施工,在短时间内完成游戏室项目。

综合分析三个项目,可以发现以下共同的特点:第一,企业、行业协会、基金会、受助者都参与了项目实施的全过程,并参与了项目内容和实施方式的决策;第二,不同性质的合作各方在实施项目的过程中相互学习,共享价值,构成相对稳定的力量三角,实现项目收益的最大化。命题3成立。

在社区治理项目中,各参与方的合作机制如图4-5所示。

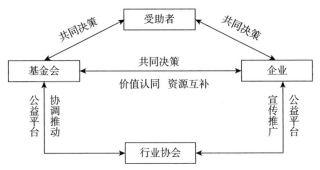

图 4-5 社区治理中企业与社区利益相关者的合作机制

第八节 本章小结

本章选择了三个与社区不存在空间同构关系的企业社区参与案例,并从合作治理的理论视角,分析了企业与其他合作主体共同完成社区参与项目需要具备的基本条件,即证实了本章讨论的三个命题:第一,共同的价值认同是企业与非营利组织合作,参与社区治理的充分条件;第二,企业与合作治理参与主体之间的资源互补关系是企业社区参与的必要条件;第三,社区发展项目参与主体共同决策,是各参与主体获益的基本方式。这三个命题回答了非入驻企业为什么会参与社区发展项目,以及怎样才能使得参与主体获益,真正解决社区问题。同时,本章列出的企业社区参与项目内容虽然不一样,但是企业社区参与的特点是一致的,企业社区参与活动都是帮助困难群体的公益活动,具有一定时间限制;依托非营利组织的动员,依靠非营利组织设置的项目,强有力的非营利组织在企业社区参与中具有正向促进作用;企业参与的每一个项目都契合了企业最擅长的领域,发挥了企业资源的最大效用,企业"力所能及"的履行企业社会责任的方式值得推广。概括来讲,在空间分异条件下,企业社区参与具有短期性、擅长性、项目化、公益性、被动员的特点。

第五章 空间同构下企业社区参与的案例探索

在空间同构状态下,企业与社区之间存在直接资源交换关系,具有不同属性的企业与社区交换的资源结构存在差异,因此形成不同的企业—社区资源交换关系。直接的资源交换关系决定了企业社区参与存在的必要性,不同的企业—社区资源交换关系决定了企业社区参与的程度。本章根据上一章的案例研究设计,进行空间同构下企业社区参与的探索性多案例研究。

第一节 案例研究的目的与讨论的命题

一、案例研究的目的

基于中国社区发展的阶段,如果与社区存在空间同构条件,要回答"企业参与社区治理的基本规律是什么"这个问题,必须解决"企业与社区之间的关系是什么""如何测量企业社区参与",以及"企业—社区关系如何影响企业社区参与"这三个基本问题。同时,要了解企业参与社区治理的实际程度,必须调查企业社区参与的作用对象,确定企业社区参与的评估指标,探讨企业参与社区治理的程度如何受到制度环境的调节。为了回答这些问题,本章拟运用目的抽样和理论抽样相结合的方法,选择湖南省不同类型企业的社区参与实践,以与第一组案例进行比较。在理论预设的基础上,通过叙述案例的内在逻辑,考察多案例研究中各个构念关系逻辑的可复制性,展现企业社区参与的机理,提出实证研究需要探讨的命题,为定量研究打下基础。

二、企业社区参与的测量指标

中国社区建设从一开始就是由政府推动的,所有的政策、措施源于政府,始于政府,因此,在人们的心目中,社区边界打上了行政边界的烙印。从社区建设的中国语境出发,本书把基层政府界定的行政辖区意义上的社区作为案例研究资料的来源。把发生在社区范围内的企业参与社区公共事务、公益活动的行为都确定为企业参与社区建设的活动。社区建设是指强化社区要素、发展社区组织、增强社区活力、提高社区居民生活水平的活动。社区建设的根本目的是促进社区的发展,企业的社区参与活动有利于社区建设,促进社区发展。徐永祥认为,社区发展是社区居民、地方政府、各种社会组织挖掘社区资源,解构社区公共问题,持续提高居民生活质量的过程。在这一过程中,社区实现了共同体精神的培育,建立了和谐互助的利益相关者关系。① 广义地讲,社区发展的根本目标是社区居民生活质量的持续提高;狭义地讲,社区发展的目标是社区居民福利水平的持续改善。在促进社区社会发育与发展的原则下,基于可比性、数量化和计量化条件,徐永祥认为衡量社区发展的基本指标涉及人口结构、环境质量、生活水平、社会保障、公共服务、文化安全、自治能力等方面。企业社会责任是指企业为其影响到他人、社会和环境的所有行为应该负有的责任。企业运营对于利益相关者——社区的影响主要体现在社区的生态环境、社区生活质量、社区社会保障、社区社会服务、社区文化等方面。同时,劳动者的正当权益不仅包括劳动过程中的基本权利,还要包括作为人、作为自己的主人应该受到尊重和获得发展的权利。基于对雇佣劳动者的社会责任,企业必须关注劳动者的全面发展,并且企业可以通过社区参与行为满足劳动者全面发展的需要。因此,衡量企业社区参与程度的指标可以从与企业社会责任测量指标重合的社区发展程度测量指标中析出。

依据企业社区参与的概念,企业运营可能对社区造成的影响主要包括生态环境、居民生活水平两个方面。

生态环境指标包括人均绿地面积、绿化覆盖率、垃圾的分类处理、空气质量指数、水污染及其治理程度、噪音污染及其控制程度等。其中受到企业影响的社区生态环境指标主要包括空气质量指数、水污染及其治理程度、噪音污染及其控制程度等方面。由于不同的企业给社区造成的污染并不是完全一样的,为了在有限的题项中包含最大的信息量,企业社区参与

---

① 徐永祥:《社区发展论》,上海:华东理工大学出版社2001年版,第5、132、33—39页。

评估指标中不设计具体的环境污染指标,而以环境保护项目代替。卡罗尔认为企业污染环境是企业在对待利益相关者——社区时的不道德管理。本书从是否为法律强制约束两个层次,对企业影响社区生态环境的行为进行测量。

社区生活质量指标包括人均住房面积、人均年收入、恩格尔系数、每万人口商业服务网点数、公共空间与公共建筑配套设施满足程度、公益性社会服务的满足程度等等。按照现行企业与居民区的地理分布,以及人们为生活方便根据工作地点就近选择居住区域的情况,企业运营行为能够对社区生活质量产生影响的指标主要有社区居民的收入、社区社会保障满足程度、公益性服务满足程度三个方面。社区居民的收入受到居民就业的影响,而雇用社区居民属于企业的经济行为,投资社区公共基础设施属于企业的社会投资,两者不能合并为同一类型的企业社区参与行为。

社区社会保障指标包括居民最低生活保障救助率、享有或参加社会医疗保障的人口比重、特困与孤寡老人的救助和保护情况、残疾人和老年人等的权益保障度、每千人拥有的医务人员数和医疗床位数等。其中,企业能够对社区社会保障发挥作用的是对特困、孤寡老人、残疾人等的救助。

社区社会服务指标包括每万人拥有的各种社会福利设施床位数、每万人拥有的社区服务专业人员数、每万人中的志愿服务人员数、社区社会服务机构的数量及专门化和专业化的程度等。其中,企业对社区社会服务的影响主要体现在其能够通过一系列的鼓励政策和活动动员员工积极参与志愿者活动,增加志愿服务人员数量。

社区文化指标包括人均公共图书馆藏书拥有量、公共文化活动藏书数量、人均年文化消费支出额、居民对社区文化活动的参与率等。其中,企业对社区文化建设活动的参与,如捐赠公共图书、为企业运营所在社区居民日常文化建设活动提供条件等可以影响社区文化指标。

根据朱永明设计的企业社会责任指标体系,企业的社区责任主要表现为:企业为社区居民提供就业机会,企业文化活动对社区文化建设的贡献,企业运营对社区生态环境的影响,企业参与社区公益慈善活动等。[①] 因为以街道辖区为边界的社区实际上是社会的基本单元,企业对社会公益活动的责任也可以体现在社区范围内。

卡罗尔认为,无论企业是什么行业、有多大规模和在什么地点,基本上

---

① 朱永明:《企业社会责任评价体系研究》,《经济经纬》2008年第5期。

都会认为所有者(股东)、雇员、客户、当地社区和社会整体的利益相关方群体是必须予以优先考虑的。① 企业对社区的管理有三种方式和倾向:不道德的管理、超道德的管理和道德的管理(见表 5-1)。超道德的管理最多是一种伦理中立,这种管理倾向在 20 世纪 90 年代是站不住脚的,企业应该实行道德的管理,才能使"一个好的社会"成为现实。卡罗尔关于企业道德地对待社区的管理方式主要涉及社区的环境、教育、经济发展和公益活动。考虑到社区发展必须实现的经济功能、社会控制功能、社会福利保障功能和社会参与功能,整合企业可能对社区发展产生影响的指标,参考朱永明关于企业社会责任指标中社区责任指标的设计,本文把企业的社区参与行为划分为四个维度:环境保护、就业创造、社会投资、教育文化。

表 5-1　企业对待社区的管理方式和倾向[1]

管理方式	对待利益相关方群体(当地社区)的三种管理方式和倾向
不道德的管理	最大限度地对社区进行剥削;污染环境;工厂和企业最大限度地利用社区;有意识地忽视社区需求;充分利用社区资源而不给予回报;在能为自己获利的情况下违反社区法和其他法规
超道德的管理	在进行决策时不考虑社区或社区资源;社区因素被视为与决策无关;社区和员工同样是生产的一个要素;遵循法律上的考虑,但仅此而已;尽量减少与社区及其成员、社区活动、地方政府的交往
道德的管理	将建构有活力的社区作为积极追求的目标;力图成为一个先进的公民并引导他人有着同样的举动;积极参与和帮助那些需要帮助的机构,比如学校、休闲机构、慈善群体;在环境、教育、文化、艺术、志愿者活动和其他社区事务中发挥带头作用;参与战略性慈善活动;管理中将社区目标和公司目标看作是相互依赖的

目前,国际评估机构针对企业的社区责任而开发的评估指标有两个:社会经济测评工具(Socio-Economic Assessment Toolbox, SEAT)②和 ISO 26000。SEAT 由英美资源集团于 2003 年提出,目前已经在超过 16 个国家的 60 多个运营地点使用,这些国家包括澳大利亚、奥地利、巴西、智利、中国、捷克、纳米比亚、波兰、俄罗斯、斯洛伐克、南非、斯威士兰、阿联酋、美国、委

---

① Carroll, Archie B., The Pyramid of Corporate Social Responsibility: Toward the Moral Management of Organizational Stakeholder, *Business Horizons*, 1991, Vol. 34, No. 4, pp. 39-48.

② 李伟阳、肖红军、郑若娟编译:《企业社会责任经典文献导读》,北京:经济管理出版社 2011 年版,第 146 页;韩妮:《"社会经济测评工具"(SEAT)简介》,《WTO 经济导刊》2008 年第 3 期,第 54—55 页。

内瑞拉和津巴布韦,成为英美资源集团内执行的强制标准。英美资源集团从企业自身与环境和社会的关系出发,在可持续发展原则的指导下,为了对业务开展带来的利益和影响进行管理,对社区关心的合理的事宜给予回应,同时支持对公众的承诺,实现与所在社区的共赢发展,而制定这一评估工具。但是由于它主要针对的是资源勘探和开采的公司,中国并没有参与其中,对中国的普遍适应性较低,只能参考其社区参与的评估指标。

ISO 26000 是由国际标准化组织于 2010 年向全球发布的社会责任国际标准,中国全程参与了这一指标的制定,企业社区参与和发展是其包含的社会责任核心主题之一。社区参与和发展主题下的重要社会责任议题有:社区参与、教育和文化、就业创造和技能开发、技术开发与获取、财富与收入创造、健康、社会投资 7 个方面。本研究根据目前企业履行社会责任普遍较低的实际情况和我国社区只是"国家治理社会的基本单元"这一客观事实,结合第四章案例研究的结论,整合已有的研究成果,讨论企业社区参与四个维度的具体指标。

由此,提出命题 1:企业社区参与的测量指标包括环境保护、就业创造、社会投资、教育文化四个维度。

三、企业社区参与的影响因素

廓清了企业社区责任的内容,接下来我们要了解哪些企业会参与社区建设。社区是社会的基本单元,作为企业利益相关者的社区总是期待企业能够做出慷慨的捐赠、从事社会公益活动和帮助社区发展。如果企业对社区的期待做出合适的回应,它将在社区范围内获得相较于其他企业更大的竞争力[①]。在实践中,企业通过与社区的互动,了解社区的基本情况,对于影响企业的关键社区事务进行研判和回应。经济效益好、规模大的国有企业参与社区事务的程度可能最大,经济效益不好、规模小的民营企业参与社区事务的可能性最小;还有服务行业企业依赖社区内客户,对社区事务的参与度可能最大,而生产生产资料行业的企业对社区内客户的依赖程度低,对社区事务的参与度可能最小(见表 5-2)。因此,我们提出命题 2:具有不同特征的企业社区参与的程度不同。

---

① 王利丽、张薇:《民间力量:企业社会责任第三推动力》,载公益时报、香港乐施会企业社会责任项目组编:《中国企业社会责任报告 2006》,北京:中国社会出版社 2007 年版。

表 5-2　不同特征企业社区参与程度的变化

企业特征	参与社区建设程度高	⟶	参与社区建设程度低
经济效益	高	中	低
规模	大	中	小
所有制性质	国有企业	股份制企业	民营企业
所属行业类型	提供服务的行业	生产生活资料行业	生产生产资料行业
企业创立时间	5年以内	10年	15年

入驻社区的企业特色各异，与社区的关系也各种各样。有的企业因社区良好的运营环境和优惠的税收政策入驻社区；有的企业成长于社区，与社区共享成长历史；企业因规模、行业、性质、经济效益等属性差异会产生不同的社区关系。以企业发展是否依赖社区来划分，企业与社区的关系可以分为两类：一类是纵向关系。企业立足于全球市场，经济效益良好，员工来自四面八方，其运营所需要的能源、场地尽管来自于社区的提供，但是企业很少受社区的约束，企业与社区的关系主要是资源交换关系，是纵向的，与社区的利益关联度比较小。一类是横向关系。企业立足于社区，市场以其所在社区为中心向四周扩散，它依赖社区提供的人力、物力支持，需要在社区获得良好的口碑。这样的企业非常关注企业的社区形象，重视与社区的关系，在企业决策时考虑社区的利益。

社区也是千差万别的。有的社区有着悠久的历史传统，居民具有强烈的社区认同感，积极主动维护社区利益。在这样的传统社区中，社区居民一般在入驻社区的企业工作，在企业进行决策时，企业员工的社区情感会在一定程度上发挥作用。另外，企业入驻社区的时间越长，其对社区的情感也就会越深，而在中国社会中这样的企业一般是有着较长历史的大型国有企业，这样的企业有着企业办社会的经历，在其历史传统中渗透着对于社区利益的关注，企业对社区的参与度就会很高。有的社区资源丰富，经济发达，人口的受教育水平、年龄结构有利于社区经济发展，受到企业的青睐，企业愿意入驻社区，甚至与社区开展合作项目，把社区作为其战略发展的一部分，与社区共同发展。

显然，企业与社区的关系不同，企业对于社区利益的关注也就不同。因此，提出命题3：企业与社区关系不同，企业社区参与的程度也不同。

企业与社区的关系不同会导致企业产生不同的社区参与动机。在社区成长起来的企业，嵌入社区程度较深，企业可能因为制度的惯性和其社区情感参与社区建设；把社区作为其市场的企业，与社区之间存在利益伙伴关系,企业为了维护社区形象,开拓社区市场,参与社区建设;与社区既不存在利益关联,也不存在情感关系的企业,可能为了企业的发展理念、企业领导人的个人理想、慈善贡献的原因参与社区建设。同时,虽然企业的社区关系会引致企业社区参与的动机,但社区在企业社区参与活动中却不是被动的,社区属性也会反过来触发企业参与社区建设。有丰富资源的社区会吸引企业关注,成为企业战略发展的一部分;有成熟规范管理模式的社区,可以强力约束企业行为。不管是哪一种社区关系,都会面对具有不同属性的社区,建构不同的企业行为压力,从而影响企业参与社区的程度。

因此,提出命题4:企业参与社区的动机与社区资源动员能力在企业与社区关系影响企业社区参与过程中起中介作用。

企业是社会整合的重要力量,企业作为社会治理的单元应该与政府、非营利组织、全体居民、特殊利益群体等共同平等参与社区公共事务的处理。但是,企业的这种参与意识不是天然形成的,也不是完全受企业与社区关系的约束。如果地方政府能够按照国家的法律法规制定完善的地方性法规,基层政府能够严格执行地方性法规,如环境保护、劳动者权益、消费者权益等方面的法规完善,企业履行社区责任的意识就会强烈;如果企业对执法部门的信心很强,企业履行社区责任的主动性就会增强。也就是说,不管企业与社区处于何种关系,企业的社会执法环境将调节企业参与社区建设的程度。

非政府组织是指在特定的法律系统下,不被视为政府部门的协会、社团、基金会、慈善信托、非营利公司(社会企业)或其他法人等不以营利为目的的组织。在我国,非政府组织一般指民间组织。在我国现行的法律框架和对应的政府职能管理体系下,NGO 主要体现为社会团体、民办非企业单位和基金会[①]。非政府组织是社会良性发展的重要力量,它可以弥补公共事务治理中的政府失灵和市场失灵,形成一种非制度性压力。非政府组织数量多、力量大、管理水平高,独立性强将有利于推动企业在任何情况下关照社区利益。同时,政府对于企业侵犯社区利益的行为回应及时,将有利于协调企业与社区的关系,达致企业与社区利益的平衡,实现企业与社区的共赢。

据此,提出命题5:执法环境、非政府组织发育程度、政府回应的敏捷程度在企业与社区关系影响企业社区参与的过程中起调节作用。

---

① 〔美〕罗伯特·K. 殷:《案例研究方法的应用》,周海涛主译,重庆:重庆大学出版社 2004 年版,第 14 页。

第二节 案例的选择与案例资料的收集

一、案例的选取

一般来讲,经济发达地区的社会组织发展迅速,企业参与日常社会公益活动多不局限于与其存在空间同构关系的社区;经济发展水平较低的地区,社会组织发展相对不那么成熟,企业参与社会公益活动多集中于与其存在空间同构关系的社区。因此,案例研究的第二阶段关注处于中等经济发展程度地区的企业社区参与行为。

第二阶段的案例研究中,企业与社区存在空间同构关系。只有选择的被调查社区在成熟程度、拥有的资源方面具有不同的特点,才能鉴别企业与社区同构的情况下不同的企业与社区关系。关于社区类型分类,参考于燕燕根据社区自治程度和异质性的城市社区可分为:传统的邻里社区、纯单位社区、居住功能较强的混合社区、城乡接合部社区和新开发的居住区。① 结合近几年城市化速度加快,棚户区改造工程逐步实施,这五种类型的社区特质发生变化的事实,可对五种类型的社区进行甄选。传统的邻里社区一般位于城市中心,除少部分居住区被保留以外,大部分居民外迁,或者居住区就地改造,且社区内企业基本上外迁,不适合选为案例社区。新开发的居住区基本上为纯居住小区,或者高档住宅小区,社区内除超市外,没有不同特征的企业存在。因此,只有纯单位社区、混合型社区和城乡接合部社区适合作为案例。根据目的抽样和理论抽样,按照社区的空间位置,发现长沙市的三个社区适合展开企业社区参与的案例研究。其理由如下:

首先,选择长沙市天心区大托镇的先锋村,是由于该社区位于长沙市辖区边缘的新城区,这里有一个企业与社区合作的大型商业项目:友阿奥特莱斯主题购物公园。这个大型项目是研究企业与社区共生互赢关系的典型个案,通过研究可以了解社区如何为企业提供良好的运营环境,企业在战略发展过程中如何结合社区实际实现共生发展。其次,选择雨花区砂子塘街道办事处的白沙社区,是因为该社区是长沙市建设成熟的老城区,处于城市的中心区域,是典型的纯单位社区,社区中的企业属于大型

---

① 于燕燕:《社区自治与政府职能转变》,北京:中国社会出版社 2005 年版,第 88—90 页。

国有企业,有着为社区提供服务的传统。对该社区中企业社区参与行为的研究可以帮助我们了解单位制社区解体后企业在社区发展中的定位,现代市场经济条件下企业的社区责任如何体现。最后,选择星沙镇金茂路社区,是因为这是一个成立时间不长、有着众多小型企业和新型商品房小区的新型城区,是混合型社区。它迥异于其他两个社区:企业与社区之间没有典型合作关系,更没有社区情感,企业是否关注社区利益,履行社区责任更多依靠的是社区工作人员的资源动员能力和企业管理者的自觉。

二、案例资料的收集

根据研究问题,主要采用文献与档案研究法、直接观察法、问卷法、访谈法几种案例资料搜集方法。案例资料搜集过程如下:首先,通过文献与档案研究,了解社区的基本情况(包括其所辖区域、地理位置、成立时间、组织结构、人口结构、经济结构),入驻社区的企业与社区合作的项目等背景资料。其次,通过直接观察法了解企业对社区治理的贡献。再次,通过问卷法(见附件企业社区参与调查问卷一)了解居民对于企业社区参与的认知,以及对于驻区单位和企业社区参与行为的评价。最后,通过对社区自组织中社区工作人员和社区居民以及企业中居住于社区的员工、基层政府工作人员进行深度访谈,了解企业与社区的互动过程、社区对于企业的参与期望,企业参与社区治理的基本情况。访谈对象基本情况见表5-3。

表5-3 访谈对象一览表

编号	受访单位	受访者职务	受访人数
1	星沙镇政府	工会主席	1
2	星沙镇金茂路社区	社区居委会工作人员、居民	8
3	砂子塘街道白沙社区	社区居委会主任、社区居民	10
4	湖南中烟工业有限责任公司	企业管理部主管	2
5	友阿奥特莱斯主题购物公园	商铺服务员	10
6	开元仪器有限责任公司	总经理办公室主任	1
7	湖南省个体私营企业协会	秘书长	1
8	天心区先锋村	村财务会计	1
9	三一重工	团委、人力资源部员工	2

（续表）

编号	受访单位	受访者职务	受访人数
10	先锋新宇社区	集体资产办公室书记	1
		财务室主任及财务室人员	3
		居民、个体工商户、租赁人员	10
11	友阿奥特莱斯股份有限公司	办公室主任及工作人员	2

注：访谈分为两个阶段，第一个阶段为初次调查，时间为2012年7—8月。第二阶段为重返案例社区，调查的时间和对象分别为：2017年3月对先锋新宇社区、友阿奥特莱斯股份有限公司进行的再调查，即编号10、11所列受访单位、受访者和受访人数；于2017年8月对砂子塘街道白沙社区进行了再调查，即编号3所列受访单位、受访者和受访人数。

访谈法是获取案例资料最为重要的方法，调查者通过与被访问者面对面交流获取案例资料。访谈方式大致可以分为结构式访谈和非结构式访谈。通过多方努力、多次协商联系，访谈者与访谈对象建立了良好的沟通关系，访谈对象非常配合，所以，每一次访谈对象都允许我们录音。访谈结束后，首先在二十四小时内将录音整理成文档；然后，对文档进行归纳分析，整理成访谈记录；再交给访谈对象确认后，作为访谈资料归档。当然，在整理访谈记录的过程中，尽量按照访谈对象的原话记录，在不改变访谈对象观点的情况下，略去了一些带有地方特色的方言，把口语化的句子书面化。同时，为了检验企业社区参与的结果，2017年对白沙社区、先锋新宇社区进行了再调查。在结构式访谈中，我们试图从社区居民、社区居委会成员、基层政府管理人员的角度了解企业与社区的关系，企业与社区的内容、过程和结果，访谈提纲如表5-4。

表5-4 社区访谈提纲

访谈框架	访谈问题概要
基本情况	社区发展的基本情况
企业与社区的关系	企业与社区工作的关联 企业在社区应该承担的义务或者责任 非常关注社区利益的企业名称和数量
企业社区参与的内容	企业参与社区建设的内容
企业社区参与的过程	企业社区参与的具体方式和作用 企业社区参与过程中与其他行为主体的作用
结果	企业获得的直接与间接利益 社区问题的解决程度

企业管理人员、企业员工的访谈提纲如表5-5：

表5-5 企业员工、管理者的访谈提纲

访谈框架	访谈问题概要
基本情况	企业的基本情况
企业与社区的关系	企业与社区的关系 企业在社区应该承担的义务或者责任 社区能为企业发展提供的帮助
企业社区参与的内容	企业参与社区建设的内容
企业社区参与的过程	企业社区参与的具体方式和作用 企业社区参与过程中与其他行为主体的作用
结果	企业获得的直接与间接利益 社区问题的解决程度

三、案例资料的分析方法

根据研究目的，案例研究资料的分析方法具有以下主要特点：(1)在企业社区参与理论的基础上，根据概念工具的定义，对案例资料进行分类、制表，以检验研究的假设。(2)根据已有研究成果和研究主题的需要，确定研究变量的内涵，提出案例描述的逻辑；整理案例资料，寻找案例资料中与研究命题相互呼应的支持性证据或者竞争性的解释，用以检验研究的假设命题。在案例描述过程中，从企业社区参与的方式与内容、企业与社区关系影响企业参与社区治理的程度两个方面形成叙述的内在逻辑，然后对案例进行小结，分析案例中能够体现研究命题的经验事实。最后，开展跨案例研究以便检验、补充、修正、深化理论命题，为建构概念模型和进一步的研究奠定基础。

第三节 混合社区中的企业社区参与

一、混合社区背景

混合社区是指在独立的地段或者城市边缘兴建的社区，这种社区建设的历史较短，社区空间被各种类型的单位分隔，社区中有围墙，有门栏。既包括商品房小区，又包括安置小区，还有各种类型的私营企业存在。由于社区被单位分隔,社区内居民缺乏认同感和归属感,社区内出现职业和阶层的空间分异和区隔。金茂路社区即属于混合社区。

金茂路社区是在1992年城市化过程中形成的,居民大部分是星沙镇上各个村的拆迁户,是一个移民社区。2004年以前社区居委会是政府派出机构,2005年通过换届选举产生社区居委会和党支部。金茂路社区隶属于星沙街道办事处,所辖总面积约0.6平方千米,常住居民4600余户,总人口12000人左右(其中外来务工人员6000人左右)。包括3个物业小区(乡边小镇、蝴蝶角等),17个社区共建单位;17个居民小组,9名社区居委会成员(其中大学生村官2人)。社区党支部直管党员72名,下设4个党小组。社区组织健全,功能完善。于2005年新建了一栋1200平方米的办公楼,分别设置了党建活动室、一站式办公服务厅、远程教育室、警务室、治安协调室、计生服务室、图书阅览室、文娱活动室、市民学校、雷锋超市、档案室等。还建立了社区医疗服务站(仁康医院)、室外健身休闲广场,并拥有1600平方米的农贸市场。

金茂路社区以丰富多彩的社区活动为载体,完善和发挥社区服务功能,切实加强社区卫生、文化、环境、治安、社会救助、劳动和社会保障等各项服务,逐步形成"资源共享,共驻共建"的工作机制。第一,基层政府服务体系完善。社区内管理有序,服务体系完善,"一站式"服务厅设有党员服务、社会治安、计划生育、劳动社会保障、居民最低生活保障、户政等六个服务窗口,极大地提高了为民办事的效率。第二,社区服务机构功能显现。社区医疗服务站发挥了应有的作用,做好了社区内居民各种疾病的防治工作,使社区居民小病不出社区,同时开展了"家庭医生到您家"的服务活动。第三,社区志愿者活跃。社区在册志愿者100余人,分别成立了城市文明形象劝导队、义务巡逻队等,同时针对社区内的老年人开展了居家养老服务。党员志愿者与社区内20余名残疾朋友结成"一对一"帮扶对子,经常帮助他们打扫卫生,在节日的时候送去慰问品、慰问金等;志愿者队伍每年开展大型服务活动不少于12次;城市文明形象劝导队、义务巡逻队每天上街入巷,开展文明劝导和昼夜巡逻。第四,社区居民参与度高。社区基本实现了民主选举、民主管理、民主决策、民主监督。在社区居委会的领导下社区建有威风锣鼓队、女子舞龙队、老年乐队、门球队等15支文化体育娱乐队伍,极大地丰富了社区居民的文化娱乐生活和精神生活。

金茂路社区先后被评为省级"城市和谐社区建设先进单位"、市级"和谐示范社区"、市级"文明社区"、市级"先进基层党组织"、市级"安全社区创建工作先进单位"、长沙市"第二届杜鹃杯十佳文明社区"、长沙市"科普文明社区"、县"人民满意社区",并多次荣获县计划生育、民政、综治、城市管理等工作先进单位。①

二、居民评价中的企业社区参与

金茂路社区是一个小规模私营企业集中、发展历史不长的社区,在这个社区无法了解企业—社区的历史渊源对企业社区参与可能造成的影响。社区与其入驻企业之间、与社区行政辖区外星沙街道办事处管辖范围内的企业之间没有显性契约关系,在这个社区也无法发现企业与社区相互嵌入式的发展。因此,无法访谈到建构企业与社区关系的焦点人物,适合选择问卷调查的方法了解社区居民对企业参与社区治理的评价,然后再分析哪些企业满足了社区的需要,哪些企业对此置之不理,并探讨其中的原因。

(一)调查问卷的设计

通过问卷调查拟了解社区居民认同哪些企业社区参与行为,企业的社区参与对社区以及居民个人生活产生了哪些影响。根据这一调查目的,结合企业—社区关系的相关理论,设计调查的题项。

"当一个企业与它所处的社区有良好的关系时,这种良好的关系将会为社区生活质量的提高及企业运作的成功做出重要的贡献。"②企业与社区的关系是建立在良好互动基础上的。如前文社区定义所示,社区是指企业主要业务影响的地理区域或者行政辖区。比如,城市里的大型卖场会有非常多的利益相关者,其供货商所在城镇,卖场所在地区,所辐射到的顾客生活区域,都可能形成这个企业建构良好社区关系的诱因。当企业建立良好的社区关系时,它面对的是整个社区利益相关者网络,而不仅仅是相关社区问题的当事者,企业由此获得的是整个社区利益相关者的认可,这种认可,我们把它理解为企业的社区社会资本。社会资本理论认为社会资本是为了实现互利共赢而促进协调与合作的网络、规范和社会信任;社会资本嵌入社区利益相关者的关系网络,帮助连接和团结利益相关者,那么,社区社会资本的丰富程度可以衡量社区居民生活水平的高低。社区社会资本在给社区带来好处的同时,也会使社区的每个人受益。我们可以设想,社区和企业都希望并且通过参与社区公共事务让社区变得更好,这样一些

---

① 案例资料根据访谈内容整理。
② 〔美〕詹姆斯·E. 波斯特、安妮·T. 劳伦斯、詹姆斯·韦伯:《企业与社会:公司战略、公共政策与伦理》,张志强等译,北京:中国人民大学出版社 2005 年版,第 364 页。

愿望和行动将变成一些约定积聚起来,演化成为社会组织和个人认可并执行的社区公约,社区公约和社会资本促进了社区的发展和居民个人生活质量的提高。

企业通过参与社区公共事务,协助解决社区社会问题而建构的社会资本成为企业—社区互利的纽带,企业的需求也将得到满足(见表5-6)。当然,企业与社区的相互希望与实际可能产生的作用是存在区别的。尼古拉·罗格维斯奇(Nikolai Rogovsk)曾经详细分析了企业与社区之间的相互作用。[①] 企业具有营利性质,它不可能对社区有求必应;同时,不同的社区对企业有不同的要求,不同的企业对社区的期望也有不同的焦点。因此,对于企业可能参与的社区公共事务,在问卷题项中不能非常细致。再结合中国社区建设的实际,设计社区对企业可能产生的需求题项,以及在社区居民感知中企业对社区的作用题项(见表5-7)。

表5-6 社区与企业之间的相互期望

社区希望企业参与的活动	企业希望社区提供的服务
支持艺术和文化活动	让员工感兴趣的教育与文化资源
协助管理交通	家庭娱乐设施
参与市郊规划和社区发展	公共服务——警察、消防队,下水道、水源和电力服务
支持当地健康护理体系	合理的税收并且不干预企业经营
支持医院和诊所的建设	在社区生活和决议制定上有企业的参与
支持学校建设	合理的交通运输设施
社区运动的积极领导者和参与者	诚实廉洁的政府官员
给困难群体提供资助	协商解决问题的机制
协助控制人口	
参与应急计划	
支持当地的回收项目	

资料来源:〔美〕詹姆斯·E.波斯特、安妮·T.劳伦斯、詹姆斯·韦伯:《企业与社会:公司战略、公共政策与伦理》,张志强等译,北京:中国人民大学出版社2005年版,第368页。

---

① Rogovsky, Nikolai, *Corporate Community Involvement Programmes: Partnerships for Jobs and Development*, Geneva, Switzerland: International Institute for Labour Studies Press, 2000.

表 5-7 社区居民对企业社区参与认知题项

社区居民希望企业参与的活动	企业对社区的作用
对社区困难群体开展慈善公益活动	使当地人获得就业机会
为雇员工作提供良好的生活环境	促进当地经济的繁荣,服务业的发展
捐资助学	出资修建或对社会开放了一些休闲场所
为社区公共活动设施建设提供帮助	改善了当地的自然环境
保护社区环境	帮助了当地的困难群众
禁止雇用童工进行生产	促进了学校教育的发展
	污染了环境,增加了当地的灰尘和噪音
	改变了人们的生活方式
	其他

为了得到相互印证的数据,调查问卷中设置题项,了解社区居民对企业产生良好印象的原因、社区居民从企业中可以得到哪些好处以及居民由此产生的社区满意度。

(二)调查数据的获得方法与样本基本情况

问卷调查于2012年6月在金茂社区居委会的帮助下展开。由居委会成员带领调查者到社区居民集中的集市发放问卷,因为问卷数量和题项并不是很多,问卷填写采取当场填写的形式,并结合问卷题项进行访谈,由调查者当场收回。共发放问卷100份,回收问卷85份,可利用率是85%。调查样本基本情况如表5-8。

表 5-8 调查对象基本情况

变量	类型	频数	百分比%	有效百分比%	累计百分比%
性别	男	27	31.8	31.8	31.8
	女	58	68.2	68.2	100.0
职业	专业技术人员	6	7.1	7.1	7.1
	干部及行政人员	12	14.1	14.1	21.2
	工人	3	3.5	3.5	24.7
	农民	5	5.9	5.9	30.6
	私营业主	13	15.3	15.3	45.9

（续表）

变量	类型	频数	百分比%	有效百分比%	累计百分比%
职业	家务劳动者	6	7.1	7.1	52.9
	个体劳动者	5	5.9	5.9	58.8
	教师	3	3.5	3.5	62.4
	下岗、失业、无业	7	8.2	8.2	70.6
	居委会工作人员	7	8.2	8.2	78.8
	商业服务业员工	3	3.5	3.5	82.4
	退休人员	10	11.8	11.8	94.1
	学生	3	3.5	3.5	97.6
	其他	2	2.4	2.4	100.0
文化程度	小学	2	2.4	2.4	2.4
	初中	27	31.8	31.8	34.1
	高中	29	34.1	34.1	68.2
	中专	4	4.7	4.7	72.9
	大学本科	14	16.5	16.5	89.4
	研究生	8	9.4	9.4	98.8
	缺失	1	1.2	1.2	100.0
政治面貌	中共党员	21	24.7	24.7	24.7
	民主党派	1	1.2	1.2	25.9
	无党派人士	38	44.7	44.7	70.6
	缺失	25	29.4	29.4	100.0
月收入	1000元以下	33	38.8	38.8	38.8
	1000—2000元	22	25.9	25.9	64.7
	2000—3000元	11	12.9	12.9	77.6
	3000—5000元	4	4.7	4.7	82.4
	5000元以上	1	1.2	1.2	83.5
	缺失	14	16.5	16.5	100.0
	总计	85	100.0	100.0	

数据主要用 SPSS 20.0 统计，用简单频数分析回答需要探讨的问题。

（三）数据结果分析

1. 社区居民认可的企业社区参与

在社区居民对于企业社区参与的认知度的调查中，数据显示调查对象中除极少数居民对于禁止企业雇用童工和保护社区环境不认同外，大部分社区居民对企业的社区参与呈现高度的赞同态度，这些企业社区参与内容按照居民的赞同程度由高到低分别是：对社区困难群体开展慈善公益活动，为社区公共活动设施建设提供帮助，禁止雇用童工，保护社区环境，捐资助学，为雇员提供良好的工作条件（见表5-9）。根据当时的访谈分析原因，问卷答题对象中有极少数个体经营户或者个体经营户的家属，由于是小本经营，又是由农村户口转成的城镇户口，存在雇用自己的孩子做帮手的现象，所以对于禁止雇用童工有不同的看法。还有比较少的社区居民认为助学和社区公共设施的建设，保护环境应该是政府的责任。

表5-9 居民赞同的企业社区参与(%)

	完全同意	比较同意	同意	不同意	比较不同意	完全不同意
对社区困难群体开展慈善公益活动	70.45	20.90	8.65	0	0	0
为雇员提供良好的工作条件	52.91	24.80	22.29	0	0	0
捐资助学	60.08	20.83	16.86	2.23	0	0
为社区公共活动设施建设提供帮助	64.70	13.71	20.05	1.54	0	0
保护社区环境	61.23	12.92	16.56	9.29	0	0
禁止雇用童工进行生产	64.70	19.40	12.40	1.20	2.30	0

2. 社区居民对企业印象深刻的原因

在"社区居民对具有哪些特征的入驻企业印象深刻"方面，数据显示经济效益好和员工收入高、纳税、参与社区公共事业、被新闻媒体报道位居前四位，说明社区居民比较重视企业的经济功能。有趣的是，参与社区公共事业与被新闻报道的两项的频数一样，且高于广告对于企业的效应（见表5-10），说明企业在社区"做得好"比"说得好"更重要，同时，也从一个侧面显示企业对于社区的实际参与度不高。

表 5-10　入驻企业给社区居民印象深刻的原因

	频数	百分比%	缺省值
经济效益好,员工收入高	48	56.5	10
参与社区公共事业	11	12.9	10
缴纳税款多	29	34.1	10
广告频繁	7	8.2	10
家属在该企业工作	4	4.7	10
环境污染	0	0	10
被新闻媒体报道过	11	12.9	10
其他	5	5.9	10

3. 企业对社区及社区居民的影响

在"入驻企业对社区建设的影响"方面,数据显示65.9%社区居民普遍认为企业促进了当地社区商业的繁荣,50.6%居民认为企业直接或者间接提高了社区居民的就业率,12.9%的居民认为企业改变了人们的生活方式(见表5-11);但是,居民对于企业给社区带来的环境污染反应比较大,对于有噪音污染和空气污染的企业,社区居民非常反感,会向社区居委会反映,向星沙镇政府投诉。根据社区居委会工作人员的介绍,也有企业在社区中的中小学设置了奖学金、助学金,但是由于社区居民不很了解,认为企业对于当地教育事业的发展没有贡献。

表 5-11　入驻企业对社区的影响

	频数	百分比%	缺省值
使当地人获得就业机会	43	50.6	5
促进了当地商业、服务业的发展	56	65.9	5
出资修建或对社会开放了一些休闲场所	2	2.4	5
改善了当地的自然环境	4	4.7	5
帮助了当地的困难群众	2	2.4	5
促进了学校教育的发展	0	0	5
污染了环境,增加了当地的灰尘和噪音	9	10.6	5
改变了人们的生活方式	11	12.9	5
其他	2	2.4	5

在具体到企业对社区居民个人的影响方面,数据显示 40% 的居民娱乐休闲活动增加,44.7% 的居民参加健身活动,54.1% 的居民认为居住环境变漂亮了(见表 5-12)。这主要是因为社区公共休闲和健身设施的增加,居民由以农业生产为主转为以参与工业生产和服务业为主这种职业转换带来的生活方式转变造成的,再加上城市社区建设的政府投入和企业参与(部分企业捐资修建社区道路),居民自然对居住环境的满意度提高。夜生活的丰富和家务劳动时间的缩短说明居民生活质量也得到了提高,居民的社区归属感自然就会比较强(见表 5-13)。

表 5-12 入驻企业对社区居民个人的影响

	频数	百分比%	缺省值
娱乐休闲活动增加了	34	40.0	16
有固定上班时间	8	9.4	16
参加健身活动	38	44.7	16
夜生活更加丰富了	12	14.1	16
家务劳动的时间缩短了	4	4.7	16
居住环境变漂亮了	46	54.1	16
其他	1	1.2	16
没有任何变化	1	1.2	16

表 5-13 对自己所居住的社区的态度

		频数	百分比%	有效百分比%	累计百分比%
有效百分比	非常满意	10	11.8	12.8	12.8
	比较满意	39	45.9	50.0	62.8
	满意	19	22.4	24.4	87.2
	比较不满意	6	7.1	7.7	94.9
	非常不满意	4	4.8	5.2	100.0
	总计	78	91.8	100.0	
缺失		7	8.2		
总计		85	100.0		

总的来看,数据结果如康书记(社区党支部)所说:"社区对企业也没有什么规定,企业应该承担一点义务,总的来讲就是自愿互利,资源共享,社区共建。"

三、影响企业社区参与的因素

（一）企业与社区的相互作用

根据访谈资料,可以发现企业与社区之间的互利事实表现在以下几个方面:

第一,社区为企业员工提供良好的居住环境。金茂路社区规模比较大,共有198栋居民楼,一楼为经营门面,由个体工商户经营,二楼和三楼为住户。大部分由周边地区企业的员工租住。社区管理的目的主要是为居住在社区的企业员工提供良好的人居环境。社区居委会组织了120人的社区居民志愿者队伍,为社区老弱病残提供服务,像社区医疗,帮助孤寡老人搞卫生等等;组织了10人城市文明形象劝导队,队员上街走访社区,劝导居民保护社区环境;组织了16期市民培训班,市民素质明显改观;还组织了10人义务巡逻队,负责下半夜的社区巡逻,提升了社区社会治安。居住在社区的企业员工的社区认同感比较强。

第二,社区为企业员工的招聘和管理提供便利。社区居委会关注企业雇用的流动人口,为受雇于企业的流动人口提供公共服务;同时,帮助企业解决落户问题和用工问题,建立劳动信息网,为个体工商户和企业提供用工信息,每年也有劳动培训。企业招聘有几种方式,一是由镇政府组织大型招聘会,一是在长沙县劳动局招聘,或者与社区直接联系。社区为美洁公司和山河智能(入驻星沙开发区时)提供了大量用工信息;社区也向入驻企业提供一些政策信息,主要是一些有利于企业运营的优惠政策等。

第三,企业在经济上支持社区公共事务的开展。入驻金茂路社区的企业在社区运转经费方面提供了一定的支持。长沙县对整个星沙镇每个社区每年拨10万元运转经费(该调查资料于2012年完成,2017年再次调研时,社区的运转经费已有显著提高,最低运转经费达到60多万元,由于居民生活水平的提高,社区需要的运转经费也同步提高,社区居委会仍然会向驻区企业募集),由于社区规模比较大,星沙镇给金茂路社区拨18万元运转经费,这包括所有工作人员的工资和办公运转费用,而社区每年所有实际开支是40万元。经费的缺口主要向个体经营户、入驻企业和单位募集。企业(物业公司等)提供资金的方式主要是以奖带投,就是企业设置项目由社区居委会负责完成,然后,企业或者单位给予一定经费补偿。

（二）企业对社区的依赖程度

第一,对社区依赖程度高的企业直接参与社区公共事务。有些企业成长于社区,与社区居委会的互动频率较高,有些事务必须依赖社区居委会来解决,这样的企业表现为直接参与社区活动,比如物业管理公司。在我们调查的周边小镇小区中,物业公司按照社区的要求安排一个人,参加社区公共事务会议。这个人相当于一个组长,工资由物业公司发,人归社区管理,物业小区的居民也参加社区的活动。社区每年基本上都会组织入驻的单位召开1—2次座谈会,征求他们的具体意见,了解他们对居委会的建议,提出社区建设方案。金茂路社区每年召开咨询座谈会,参加会议人员除了居民代表以外,还有7名来自企业、医疗卫生机构等方面代表。居委会在会上征求企业和单位的意见,加强企业对社区建设的参与,为解决社区困难想办法,并制订社区年度发展计划。比如,社区每年组织个体私营企业老板按照三个节气为特困户提供帮助,如油、米、冬天里的棉被等,资金主要来自民政慈善会和企业老板捐赠。

当然,17家入驻社区的企业和单位参与社区建设的程度并不完全一致。有一些企业老板主动捐一些物质在爱心超市,有些企业就不愿意。一般与社区关系融洽得好、发展较好的企业做了一些工作,比较典型的有鹏飞纸业、荣康医院、华夏医院等,如鹏飞纸业的老板每年都捐钱慰问困难户,每个困难户几百元不等;荣康医院提供经费,与居委会一道在通程广场组织了2012年社区大型文艺晚会。有的企业认为社区文化建设对企业发展没有什么意义,有的企业则认为社区文化建设对企业文化建设有意义,只要社区提出,企业就会积极参加。虽然社区2005年才开始组建文化活动中心,2006年正式开展活动,但是,2012年的时候,社区活动中心就已经有了排练厅、乐器队、腰鼓队、文艺宣传队。

第二,与社区利益关联不大的企业只关注应急性的社区公益活动,但也间接地促进了居民收入增长。金茂路社区是城市化过程中新开发的社区,属于星沙镇政府管辖区域。星沙镇有很多入驻不久的私营企业,这些私营企业与社区的联系非常少。居民们特别提到了"三一重工",他们的评价可以归纳为以下几个方面:首先,企业具有履行社会责任的意识。像支援受灾社区的重建,捐资助学,帮助困难群体等等,"三一重工"做得很好,因为这些事情可以增加企业的美誉度,增强员工的荣誉感,获得政府的支持。企业比较重视和政府的关系,企业认为其从事的行业没有政府的支持是不行的。比如在2008年金融危机的时候,企业就坚持"减薪不减人"的原则,不给社会造成失业的压力。当然,企业的声誉好,优秀的人才就会愿意到企业工作,企业在合作伙伴中的信誉也会提高,商业机会自然会多一些。其次,企业忽视社区关系。它们与当地社区居委会基本上没有联系,只与当地相关检查部门有定期的沟通。对于社区的要求，企业并不接受。比如解决社区居民的就业问题。有的居民反映，入驻社区之初，"三一重工"与县政府的协议之一就是解决部分社区居民的就业问题。迫于政府的要求，"三一重工"在社区还是有过招聘工作，但是仅仅聘用了一个人，而这个人做了不到两个月就回来了。社区居民们认为"三一重工"都是到涟源招人来，明确不招聘星沙镇的人；即便招进去了，也是被排挤，什么累的、脏的事情都要这个人做，他受不了就会离职。也有居民认为可能"三一重工"招聘的是专业人员，当地人不符合重工的岗位要求，没什么技术，不招本地人也可以理解。总的来讲，经济技术开发区的大企业与社区的关系不是很融洽。大企业有些很有名气，根本没什么有求于社区，对社区一般不理睬。它们对政府的态度会好些，地方政府也受益，比如税收就多一些。对社区来讲，这些大企业可以带动当地服务业的发展，增加社区的流动人口，比如买日用品的增多了，房子的出租率提高了等，间接提高了社区居民的收入。

四、受利益关联主导的企业社区参与假设命题验证

通过对金茂路社区居民的调查，了解到居民们对企业参与社区治理的理解，社区居民对于入驻社区的企业印象深刻的原因，入驻社区的企业对社区和社区居民个人生活的影响，我们可以发现企业参与社区治理的测度指标可能包含以下几个方面：第一，企业必须承担保护社区环境的责任，否则，社区居民就会举报企业的行为，企业也没有办法持续经营。第二，企业应该为提高当地社区居民的就业率做贡献。社区居民普遍认为入驻企业不仅改变了居民的生活方式，提高了居民的生活质量，而且通过直接或者间接的方式提高了当地居民的就业率。对当地居民就业贡献大的企业一般会得到社区的好评。第三，参与社区公共事务的协商和处理，包括入驻企业为公共设施建设提供帮助，修建社区道路，帮助困难群体等，是获得社区居民好评的重要方面。企业在公共事务上的参与所起的作用要比广告带来的社会效应强。第四，企业支持当地教育和文化的发展是测度企业社区参与的重要指标。社区居民主要对于企业捐资助学、禁止使用童工持赞成态度。总的来讲，社区居民对于其所在社区的归属感比较强，也从另一个侧面说明，企业与社区的关系基本上是融洽的，社区居民对于企业的社区参与行为基本认可，命题1基本上得到验证。命题1中测量企业社区参与的四个维度在案例中都有反映，但是各个维度中的部分参与内容并没有体现出来，比如企业抵制合作伙伴污染环境的行为，为失业者提供就业培训，为残疾人提供就业帮助，积极鼓励员工参与社区志愿者活动等，需要在

后续的调查中补充。

通过对案例资料的整理,发现基层社区管理者对于企业与社区关系的理解认识较为深刻,他们有较强的为企业服务的意识,也非常清楚,如果社区不能为企业提供良好的运营环境,企业就不会入驻社区,社区的经济也不可能繁荣;同时他们也有要求企业参与社区公共事务的强烈意识。而且,他们认为企业与社区的关系存在明显差异,企业参与社区的程度因企业与社区的关系而异。他们的证据是一些大型的、经济效益好的,与社区关系不紧密的企业忽视社区利益,而一些小规模的私营企业会主动帮助社区的困难群体。这样一些事实可以初步验证命题2:具有不同特征的企业社区参与的程度不同;命题3:企业与社区关系不同,企业社区参与的程度也不同。

通过采访入驻社区的企业管理人员,我们可以发现,企业履行社会责任的动机非常明显,只是对于社区参与本身理解比较狭隘。企业与社区关系的不紧密直接导致企业对于所在社区关注度低,更加关注其履行社会责任的公共关系效应,即为获得政府的支持,参与一些非常规性的社区建设项目,如支持受灾社区重建、捐资助学、捐资助教、"减薪不减人"、修建以企业命名的社区道路等。事实上,这也属于社区参与活动。但是,对于当地社区,尤其是落实到常规性的社区参与活动,如支持社区的困难群体,参与社区文化建设活动等,企业就没有什么积极性,它们认为这些不重要,不可能给企业带来绩效的提高。可见,企业社区参与的动机可能是企业与社区关系影响企业社区参与程度的中介变量。

同时,具有强烈地域空间色彩的社区,与大型的企业并不一定有很强的嵌入关系。金茂路社区只是一个移民社区,其居民大部分原来是农民,文化水平不高,社区居民在入驻企业,尤其是大规模企业中工作的人比较少,而且当地也没有教育机构与这样大规模的企业合作,社区居委会对于大规模企业的日常运转项目,如环境治理、安全生产等常规管理项目,没有管理权力,社区基层管理机构与企业也就不存在工作交集。与此相反,中小规模的企业,或者因为社区为其消费市场可见,或者因为其成长于社区,或者因为企业所有者和员工就生活在社区,与社区有着千丝万缕的联系,注重与社区居委会的关系和在当地社区的声誉,一旦社区居委会工作人员工作能力强,企业就会积极参与社区事务。根据星沙镇政府工会主席的介绍,金茂路社区是星沙镇的文明示范社区,与镇政府辖区内其他社区比较,社区居委会工作人员能力较强,社区运行的办公经费很大一部分是工作人员自筹的,所以,社区生活环境,文化建设等各个方面建设得比较好,成绩突出。这一现象初步说明社区资源动员能力在企业—社区关系影响企业参与社区治理的程度方面具有中介作用,即验证了命题4:企业参与社区的动机与社区资源动员能力在企业与社区关系影响企业社区参与过程中起中介作用。

在与企业员工访谈和社区基层工作人员的访谈中,他们都提到了政府。企业管理人员认为政府对于企业发展非常重要,社区基层管理人员认为政府要给社区政策,将会推动企业参与社区治理;并且,他们认为入驻社区的企业不敢污染环境,因为社区居民绝对不会同意。由此看来,他们对于环境保护执法和政府的回应还是有一定信心的。同时,金茂路社区在运转资金困难的情况下,可以每年募集到二十多万元的资金,一定程度上说明,社区自治组织的发育程度,成熟程度,社区居民自发组织起来的文明宣传队对于社区环境的改善,对于社区利益的维护等会对企业参与社区治理起到了一定的调节作用。这初步验证了命题5:执法环境、非政府组织发育程度、政府回应的敏捷程度在企业与社区关系影响企业社区参与的过程中起调节作用。

综上所述,在混合型社区中,企业社区参与的基础是共享的空间关系,受其社区利益左右。不同行业、不同规模企业的社区利益不同。大规模机械制造行业企业依靠国内、甚至国际市场,其业务范围不局限于社区,对社区资源的依赖程度比较低。生活资料制造和服务行业企业对当地社区依赖程度高,更关注其所在地社区利益。大规模企业注重政府关系,因此也会通过参与地区公共基础设施建设、提供就业帮助、缴纳税收,以及响应政府应急式受灾社区重建号召,获得政府支持。而小规模服务企业则投身基层社区服务,参与社区文化建设和帮扶济困,获得社区居民的好感,树立企业社区形象。见图5-1。

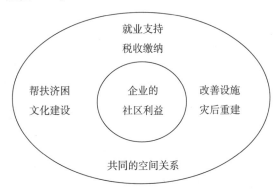

图 5-1 企业与社区的共享关系

第四节　单位社区中的企业社区参与

一、单位社区背景

现在的单位社区是去单位化以后产生的,称为后单位社区更合适。原社区虽隶属于某一单位,自设各类服务设施,社区居民大多是同一职业,同一单位的员工。去单位化后,社区有所变化:原来自设的各类服务设施成为社区公共服务设施;原社区居民由于购买新房搬出单位社区,社区居民职业同一化程度降低。但是,由于单位与社区共同发展的历史情感,社区内居民的社区认同感和社区归属感较其他社区高;由于制度惯性,单位对于社区利益的关注度,参与社区公共事务的程度也相对较高。

白沙社区位于长沙市雨花区,是雨花区砂子塘街道辖区内的一个企业型社区,成立于1984年,占地面积0.62平方千米,社区配有党总支书记兼主任1名,党总支副书记兼青妇统战专干1名、驻社区户籍民警兼党总支副书记1名、民选两委委员5名(委员在社区与党组织交叉任职)。下设的"社区服务中心"配备专职人员有服务中心综合服务主任、生产/食品安全综合治理与经济专干、人口与计划生育专干、社会保障与民政专干、城管爱国卫生文化服务专干共五名工作人员,分管辖区单位16栋居民楼,楼栋长、信息员16名,居民小组长17人,居民代表54名。居民住户1080户,常住户籍人口3029人,企业招聘、劳务外派人员1500余人,党员有70多人。湖南中烟工业有限责任公司长沙卷烟厂、长沙市金沙实业有限公司部分职工及其家属占总人口的2/3多,外来常住居民占1/3少;两家企业从业人员近4000人;企业生产、办公用房用地533336平方米,其中社区办公用地1000平方米,内设服务大厅、市民学校、关心下一代协会青少年活动室、党员服务中心、人民调解室、雷锋超市、远程教育室、群众工作站,开辟了企业退管与居家养老、老干部服务"四就近"场所,社区内拥有60米长的宣传长廊,宣传橱窗40余块,及时宣传党和政府的方针、政策以及各种利民信息,竭诚为社区居民提供全面周到的各类服务,尽力满足居民的精神需求。白沙社区2005年被评为湖南省文明社区,长沙市2009年授予白沙社区"和谐示范社区"光荣称号,并连续三年在砂子塘街道绩效考评中名列前茅,并评为"绩效考评先进社区"。2017年,白沙社区被评为长沙市社区提质改造"示范社区"。

二、社区运转中的企业社区参与

白沙社区是一个位于城市中心、历史长、由原单位制社区转化而来的企业型社区,社区居民基本上是企业员工,企业与社区的关联度非常大。企业对于社区治理的参与令社区居委会的工作人员很是骄傲。由于居委会主任是企业原工会主席,可以通过访谈居委会主任了解企业对社区治理全方位地参与。

第一,企业在提供社区基本运转经费方面已经常规化、制度化。据居委会主任介绍,居委会的主要工作人员是企业的员工,企业负担了社区居委会部分人员的工资,这部分人又为社区工作。社区的办公条件非常好,社区的办工场所、办公经费、人员工资、社区活动费用,企业都有基本规定。每年年底社区居委会都要向企业申报预算,预算一般情况下能够得到批准,每年都有保障,这已经成为企业的制度化规定。比如基本运转费用,社区办公每个月的电费都要花两千多块,每个工作人员都有一台座机电话,办公场所空调暖气都有,街道拨给社区基本运作这一块的经费很少,只有几万块钱,社区运转起来主要依靠企业的支持。

第二,企业积极参与管理社区公共事务。社区的公共休闲设施,消防设施,生活环境非常好,都是企业做的贡献。社区有一个 40 亩对公众开放的白沙花园,花园里面有篮球场、网球场、乒乓球室、门球场、健身房、激情广场、文艺大舞台等设施。随着老年人口的增加,企业还把液化气站改成了一个小花园,老年人可以到那里散步锻炼,非常舒服。附近的居民也经常到社区的花园来散步,尤其是夏天,花园里人很多。2017 年,企业在整个长沙市社区提质改造过程中,把厂区靠社区交通道路一侧的围墙修缮成通透式围墙,并把围墙向内移,把原来厂区的绿地改造成步道,设置休憩的椅子,增加花草种植,增加社区居民休闲场所。企业原来的医院也改成了社区医疗卫生中心,可以方便四周的社区居民就近看病。下大雪的时候,企业还会组织企业员工为社区街道铲雪。企业对于维护社区环境相当支持,企业刚刚建设的时候烧煤,烧煤产生硫磺就污染空气,后来改为烧油,烧柴油成本比较高,再后来改成以天然气为燃料。一是对企业有好处,成本降低了;二是能够保护环境。随着经济效益越来越好,企业管理也越来越规范,企业很早就通过了 ISO 9001 质量管理标准认证,强调物资采购流程的合理设计,抵制资质比较低,尤其是有破坏环境行为的企业。企业每年也会拨一点经费用于社区放寒暑假的中小学生搞活动,比如跳蚤市场、跳绳比赛、知识竞赛,还有去韶山参观学习等等,组织者主要是企业关心下一代协会的退休人员,参与社区活动的中小学生很多。

第三,企业定期支持公益活动,帮助失业者。企业具有明确的社会责任导向,其对社区公益活动的参与已经定期化、规模化,从搜集的档案资料中可以找到企业公益活动的详细数据,列举如下(见表5-14)。从企业参与的公益活动来看,企业的公益捐赠主要是面向其所在的城市区域,聚焦于城市社区文化建设、捐资助学、扶贫慈善捐款等方面,每年也会有一部分预算用于帮助解决边远贫困地区的社区社会问题,如中小学校校舍建设、受灾社区的重建等。受企业文化导向的影响,企业的各个部门还会组织企业员工定期慰问福利院的儿童,很多员工参加了资助贫困儿童接受教育的民间组织。对于企业所在社区居委会辖区来讲,企业建立现代企业制度以后,主业与企业原内部设置的主要面向员工的后勤服务业必须分离,企业另外成立总管后勤的金沙公司。这个公司成立之初即解决了不少社区失业人员的工作问题。企业员工对企业的社区参与也比较支持,很多员工自发组织起来帮助社区贫困家庭。

表5-14 2009—2012年长沙卷烟厂部分公益活动一览表(金额单位:万元)

时间	资金去向	具体内容	金额	时间
2009年	湖南省质量技术监督稽查总队	打假经费赞助	50	2009-06
	长沙市雨花区王家冲小学	学校建设经费	8	2009-12
	长沙市职工技术协会	技能竞赛赞助	20	2009-12
	长沙市教育局	教研教改经费赞助	60	2009-12
	湖南省体育职业学院	亚运会备战经费赞助	40	2009-12
合计:			178	
2010年	亚洲制造业协会	中国绿色工业论坛会议赞助	20	2010-07
	长沙矿业有限公司	职工困难救济与危房维护	5	2010-07
	湖南省公安厅民警基金会	特困民警及英烈家庭援助	20	2010-08
	深圳市政天鸿印刷公司(胡××)	《生命的奇迹》印刷费赞助	20	2010-12
	长沙信息年鉴编辑部	《长沙信息年鉴》经费赞助	1.8	2010-12
	雨花区慈善会	善款赞助	100	2010-12
	长沙市总工会	职工技能竞赛经费	20	2010-12
	长沙市雨花区王家冲小学	学校建设经费	10	2010-12
合计:			197	

（续表）

时间	资金去向	具体内容	金额	时间
2011年	望城县桥驿镇沙田村村民委员会	农村扶贫援助	10	2011-01
	党旗耀三湘编辑部	编辑赞助费	2	2011-06
	长沙市职工技术协会	职工职业技能竞赛活动经费	20	2011-12
	长沙市学前教育协会	学前教育工作经费	40	2011-12
	长沙市总工会女职工委员会	女职工"关爱行动"资金	5	2011-12
	雨花区王家冲小学	学校安全维修、维护资金	10	2011-12
	砂子塘街道办	文明创建资金	10	2011-12
	长沙市城乡规划局	《长沙市城市发展报告》编辑宣传费	2.8	2011-12
	大托镇先锋村	基础设施建设费、维稳协调小组工作经费	100	2011-12
合计：			199.80	
2012年	桑植县刘家坪白族乡学校	向桑植县刘家坪白族乡学校捐赠2万元图书一批	2	2012-07

三、影响企业社区参与的因素

白沙社区是历史遗留的典型单位社区,企业与社区几乎融为一体。通过了解社区发展的历史,可以深刻理解企业与社区的情感关系如何影响企业对于社区治理的参与。

(一) 社区情感推动企业参与社区的成长

1. 白沙社区因企业需要而成立,是企业发展的一部分

虽然白沙社区命名为社区的时间并不长,但是白沙居委会成立的时间实际上很长,也就是白沙社区的前身。长沙卷烟厂刚成立的时候,按照地方政府的规定,厂里的废品不能由自己回收,必须由居委会回收。企业位于茶园坡居委会(现在的茶园坡社区)辖区,由居委会替企业征收,卖掉的废品收入由茶园坡居委会用作运转经费,茶园坡社区现在的办公楼房就是当时卖掉收集的废品后盖起来的。长沙卷烟厂那个时候废品很多,经济效益不是很好,卖废品的收入对企业来讲还不是一个小数目。1984年,企

为了收回废品回收权,专门申请成立居委会,就是单位制社区,名称为白沙居委会,并且在机构设置关系上,白沙居委会由劳动服务公司托管。由于企业职工技术协会属于非营利性质的组织,下设公司可以享受税收减免政策,企业取消劳动服务公司,以技协的名义成立金沙实业有限公司,再把金沙实业有限公司交给企业工会管理,企业的后勤工作全部承包给金沙公司,白沙居委会归金沙公司管理。白沙居委会隶属于金沙公司的时候,居委会和退休办合并在一起,没有自主权,街道拨给居委会的基本运行经费主要是退休办用,居委会的管理也不规范。

2. 社区居委会独立运转,企业为社区奠定运转基础

2006年开始从中央到地方,再到基层政府都很重视社区的发展,全国各地都在开展社区建设运动。同一年,企业由于前几年的飞速发展,在全国范围内开展大规模并购活动,并在政府引导之下成立湖南中烟工业有限责任公司。白沙社区居委会独立出来,企业制居委会演变成现在的单位社区居委会。最初,白沙居委会成员共四个人,在一套两室一厅的房子里办公。2008年,长沙市开展城市文明创建活动,要求每个社区有工作场所和阵地,300平方米才能达标。白沙社区和砂子塘街道办事处一起向金沙实业有限公司提出申请,金沙公司根据企业用房情况,提供了现在的办公场地。这个办公场地原来是一个为职工提供福利的超市,企社分离后,超市关闭,成为居委会的办公场所。按照2017年长沙市政府关于城市社区提质改造要求,社区居委会的办公面积最低需要达到800平方米,现在整栋楼都是社区居委会的办公场所。一楼是居委会及街道派驻社区的工作人员办公室,二楼作为社区居民休闲中心。社区居委会开始独立运转,运转的基础设施均为企业提供。

综上所述,我们可以看到企业的发展与社区的发展基本上是相伴随的,只要是在企业能力范围之内,企业对社区的公共事务都是积极参与的。与大型的国有企业不同,社区也还有一些小规模的私营企业和个体工商户,这样的企业与社区之间没有深厚的情感,它们最多就是配合社区的综合治理,比如环境卫生、食品安全、办理工商业执照、纳税,其他的活动基本不参与。

(二)员工与居民的身份重叠使社区为企业排忧解难

尽管白沙社区辖区比较小,社区居委会仍尽力为企业的员工提供全面的服务。当企业与周边社区有矛盾的时候,社区居委会和街道办事处一起,与其他社区协调。比如,企业为社区内员工居住小区新建的车库被紧

邻的桔园社区一栋居民楼的居民投诉,说是有噪音,有尾气,挡住了他们的阳光,要求企业赔偿。实际上,车库在地面上只有四层楼高,挨近其他社区的那一边没有窗户,噪音影响很小,尾气的排放并未达到污染环境的程度;他们的楼房有七层楼高,楼房与车库之间还有一个单车棚,所以,居民楼的采光并没有受到多大的影响。但是紧邻社区这栋居民楼的居民不断到企业投诉要求赔偿,影响了企业的正常运转。在社区居委会的组织下,最后区政府、街道、企业和社区不断协商,双方达成相互谅解。另外,社区还要对辖区内的小型企业和个体工商户的生产经营安全、食品安全、环境卫生进行监督管理,以保障社区居住员工拥有良好的生活环境。

在社区文化建设方面,企业把企业文化和社区文化的建设结合起来。社区借鉴企业文化建设思路,在居民文化生活方面常抓不懈,特色文化建设在创建和谐社区中及居家养老、老干部服务"四就近"工作中发挥了重要作用。社区依托街道教育文化建设和企业文化建设的优势,相互融合,融会贯通。努力打造白沙和谐文化品牌,2010年注册成立了白沙社区群众文化艺术团,不断提升白沙社区的知名度,不仅为区街争光添彩,宣传了企业文化,而且丰富了居民的日常生活。

四、受情感互嵌主导的企业社区参与假设命题验证

本案例社区是在中国仍然有相当数量的典型单位社区,这种社区历史很长,与企业关系非常密切,企业的社会责任感也很强,因为有企业办社会的经历,企业对于社区的参与度比较高,所以,在这个案例中,我们可以发现企业从环境保护、帮助困难群体、支持社区教育、建设社区文化、帮助就业,甚至提供社区基本运转经费,各个方面都有所涉及。在教育与文化方面,资助未成年人接受正规教育,积极设立助学金帮助社区贫困学生,参与社区文化建设。在公益活动方面,经常组织员工帮助所在社区的困难群体,鼓励和支持员工参与社区志愿者活动,积极捐资改造社区健身休闲设施,积极捐赠慈善基金用于受灾社区的重建,投资公益慈善项目。在就业岗位方面,企业投资决策为社区创造了就业机会,在同等条件下优先雇用当地社区居民。在环境保护方面,企业在运营过程中遵守环境保护的法规,及时修复企业生产对环保造成的损害,实施了环境保护的项目,抵制合作伙伴破坏环保的行为。据此,研究命题1初步得到印证。

单位社区有一个大型国有企业,也有小规模的私营企业,从社区工作人员与其他社区的比较,以及对于社区内其他企业的评价,可以说明不同特征的企业社区参与的程度是存在差异的,因此,命题2在本案例中得到印证。

　　单位社区内基本上居住的都是企业的员工,企业员工对于社区的归属感,企业入驻社区的时间都决定了企业的社区归属感很强,在一定范围内,即便是在市场经济条件下,也会把参与当地公共事务管理当作是一部分的义务。而与社区关系不密切的私营企业,情况就有所不同,会满足于配合社区的基本管理。社区与国有企业的关系也很密切,当企业与周边社区有纠纷的时候,社区会出面协调,社区基层工作人员同时是企业的员工,为企业员工服务的意识也非常强,企业与社区的关系就非常融洽。据此,可以初步验证命题3:企业与社区关系不同,企业社区参与的程度也不同。

　　在本案例中,我们可以发现,企业参与社区的动机更多的可能是为社区服务,就是为自己的企业员工服务,因为该社区的居委会基本上就是从企业内部发展起来的,即便是改制成为有自主权的社区以后,主要的工作人员仍然是企业员工,或者企业聘用的员工,这样一来,社区基层管理人员与企业之间的关系千丝万缕。社区主任是原国有企业工会的副主席,属于中层管理人员。可以想象在这样的情况下,社区动员企业资源的能力肯定有别于其他社区,以至于企业参与社区建设的程度更加细致而全面。据此,我们可以认为企业参与社区的动机与社区资源动员能力促进了企业全面参与社区建设,命题4得到初步印证。

　　企业使用燃料的不断改变,社区居委会从1984年隶属于劳动服务公司,成立之初以回收废品降低企业运营成本为目的,到后来隶属于金沙公司专门为企业提供后勤服务,再到改制成社区拥有自主权,社区自组织不管是在硬件和软件建设上都在不断突破,成绩显著。基层政府对于企业因为停车场的修建而引起的社区纠纷进行的大力协调,也使得企业在能力范围之内对基层政府的要求积极回应,比如街道公共绿化带的改造,社区小学的校园建设等等。这些都说明,执法环境,这里主要涉及环境保护方面法律法规的执行,基层社区组织的发展,政府对于社区事务的回应都会提高企业参与社区建设的程度。据此命题5初步成立。

　　综上所述,我们可以发现,单位社区中,企业员工与社区居民的重合关系,社区居委会成员与企业员工的身份重叠,是企业与社区深入互动的根本原因。企业全方位参与社区建设,为社区提供公共基础设施,开展社区公益、文化活动;社区为企业维护公共秩序,运营环境,从而使得企业员工和社区居民产生共同的情感归属(如图5-2)。

图 5-2 长沙卷烟厂与白沙社区的共享关系

第五节 城乡接合部社区中的企业社区参与

一、城乡接合部社区背景

城乡接合部社区处于城市向农村过渡的地带,这一地带受城市经济发展的影响,是城市化过程中的新城区,社区既有依靠种植业和养殖业为生的居民,也有依靠商业和工业为生的居民;社区居民之间既有农村基于血缘和地缘关系的乡土情感关系,也存在一些城镇基于业缘关系的理性交换关系。这种社区属于"村改居型"和"村居合并型"社区。这类社区中存在因集体土地被征收而产生的集体经济体,集体经济是社区居民收入的重要来源。这一特征使城乡接合部社区与前两类社区存在根本性的差异。

先锋新宇社区由先锋村转变而来,位于长沙市南大门,社区总面积 4.5 平方千米,土地面积约 6000 亩,下辖 17 个村民小组,1055 户,3000 余人;全村共有党员 103 名,设 7 个党小组;村两委班子成员 7 名,其中大专以上学历的 5 人。社区的地理位置非常好,处于长株潭城市群发展的中心,同时,也是长株潭城市群的交通枢纽,107 国道、芙蓉南路、书院路、环保大道、果子园路、长沙地铁一号线、城际铁路都在这里交汇,为人们到这里购物休闲提供了便利。先锋新宇社区处在天心区生态工业园区内,入驻工业园区的企业必须达到环保标准,因此社区的生活环境非常好。在"村改居"之前,先锋村就是湖南省十大明星村之一;村委会工作能力强,能凝聚人心,年年被评为市、区、镇先进基层党组织。先锋村在村委会的带领下,获得小康建设示范村、计生红旗单位、环保工作先进单位等荣誉称号。

近年来,随着城市化的推进,全村征地 2900 亩,拆迁房屋面积 5 万多平方米,动迁人口 1600 余人,成为开发建设的热土。全村经济发展迅速,2011 年实现社会总收入 2.854 亿元,村财务收入 1000 万元,人平均可支配收入达到年 20372.25 元。有线电视入户率、自来水入户率、电话拥有率均达到 100%,并且全面实现了农村合作医疗;自 2002 年起,对本村男满 65 周岁,女满 60 周岁的村民实行养老制度,每月发放 60 元生活补助费。作为省精细化管理示范工程——先锋村新宇安置房,占地面积 13 万平方米,1012 套,可安置 1300 余人,并全部分配到位。2006 年,加大招商引资力度,村委会与友阿集团合作,开发奥特莱斯主题购物公园项目。项目用地面积约 280 亩,采取土地租赁合作方式,友阿集团投资 4 亿元建设奥特莱斯主题购物公园,先锋村通过出租集体土地每年获得近 1000 万元的租金收入,解决近 1000 人的就业,村民人均可增加收入 2500 元/月以上。经过几年的发展,在天心工业园的发展规划下,先锋村迅速蜕变为长沙城南系统化、大幅射的商业中心。

长沙天心工业园区是一个以高新技术和环保型工业为发展方向的省级工业园区,到 2019 年已经建成 17 年。作为长株潭城市群融城发展战略的重点工程,天心工业园区占地面积 5.83 平方千米,先后引进 30 余个项目,合同引资额超过 100 亿元。园区一直致力于成为环境友好、设施配套、产业结构合理、投资多元的,集就业、居住、娱乐为一体的经济技术开发区。

友阿奥特莱斯是友谊阿波罗股份有限公司斥资 3 亿元打造的中南地区最大购物公园,占地 220 多亩,整体面积等同于 24 个足球场。它是湖南地区第一个,也是规模最大的,国内外品牌直营场所,力图通过减少中间环节,确保消费者全年可享消费商品最低折扣。同时购物公园内拥有多家银行 ATM 机、邮局、汽车美容、电影院、游乐场、美容美甲等配套设施,为目前中南功能配套设施最齐全的集购物、休闲为一体的主题购物公园。该购物公园于 2011 年元月开业。现在友阿奥特莱斯运营模式已经相当成熟,包括铺面的出租、分成的计算等都已规范。先锋村引进的友阿奥特莱斯项目是天心工业园引进的成功项目之一,这一项目实现了企业与社区的共生互赢发展。

二、合作中的企业社区参与

入驻先锋新宇社区后,友阿奥特莱斯股份有限公司年销售额成阶梯状增长,从 2011 年销售总额 2 亿多元,增长到 2017 年的 17 亿元。企业的消费辐射面广,成为友阿集团旗下增长最快的实体零售卖场。虽然企业的发展是多种因素共同作用的结果,但社区的发展确实印证了企业与社区的合作使得企业社区参与改变了社区的面貌。

第一,企业与社区的合作提高了居民的收入。按照最初先锋村村委会与友阿集团签订的合同,先锋村按 600 万元/年的标准,划出了准备出租的土地面积给企业,让企业确定要租用的面积;然后用 600 万元除以当时准备出租的总面积,乘以企业确定要租用的面积,算出大概 510 多万元/年。按年份来计算,前 5 年为 510 多万元;从第 6 年起,每年涨 40 万元,到第 10 年应该是 700 万元左右。从第二个 10 年起,租金为 800 万元/年,同时要进行利润分成。第三个 10 年的租金为 900 万元/年,同时 30 年合作完成后,地面上所有的财产将全部无偿归先锋村,如建筑等;而企业可以继续经营 10 年。第四个 10 年的租金是 1000 万元/年。因为无法预计 30 年之后的土地价值,所以先锋村选择了土地出租的形式。30 年后不但能够保有土地,还有友阿奥特莱斯留在土地上的建筑,这有利于先锋村的下一步发展。

2015 年,先锋村已经完成村改居的工作,先锋村转变为先锋新宇社区。友阿奥特莱斯合作项目带来的收益转化为先锋新宇社区居民的集体资产收益,2015 年 9 月之前,这部分集体资产收益以生活补助、养老保障金、生活费等名义分发给每个社区居民。随着集体资产收益的增长,先锋新宇社区通过居民大会共同商议,在保障所有户籍在先锋村的居民共同分享收益的条件下,对女性 55 周岁,男性 60 周岁的居民单列生活补助,居民因此每月最多能领到 1300 元。

第二,企业与社区的合作解决了社区居民的就业问题。在与社区合作之初,企业承诺在符合用工条件的情况下,优先录用先锋村的村民,但是没有具体的量化规定。先锋村在合作伊始大概有近千人在友阿奥特莱斯工作。企业一般会对要录用的村民进行职前培训,村委会人员对企业这部分的工作非常满意,村民也很乐意在奥特莱斯工作。笔者 2013 年参观友阿奥特莱斯项目的时候采访过友阿奥特莱斯的雇员,她们看上去刚刚从事商业工作,非常淳朴,也很热情,访谈的时候她们都笑着说:"我们以前在离家比较远的地方工作,有在河西的,也有在东塘、五一广场的商场当服务员,早出晚归的,现在在外面工作的都回来了,都愿意在家门口工作,与在其他地方工作比较,工资差不多,但不用再早出晚归。"2017 年我们重返先锋新宇社区调研时,友阿奥特莱斯股份有限公司办公室主任介绍,企业现在为周边社区提供了近2000个岗位(包括保洁、营业员、保安等)。先锋新宇社区就有近五百人在商场工作,每个月能够领到4000多元基本工资,不包括销售提成。

第三,企业与社区的合作加快了周边公共设施的建设,提高了居民的生活品质。项目协商之初,先锋村周边连道路都没有通,只有芙蓉路通向外面,项目引进以后,先锋村向天心环保工业园区提交了申请,奥特莱斯也和园区进行了协商,最后由政府出资支持,很快就把道路修通了。现在社区基础生活设施一应俱全。2017年社区提质改造完成以后,当地居民对居住环境做出了这样的评价:以前是"矮矬穷",现在是"绿富美"。村民们将商场当成了日常休闲的去处,很多村民在晚间会去商场散步。小孩子也有了玩耍的地方,比如游乐场、影院等。虽然对村民在这里消费没有优惠折扣,但是这些设施还是有公共服务的性质。尤其是道路的建设,如果没有友阿奥特莱斯,周边道路的建设也没有这么快,现在地铁、城际轻轨、高速公路四通八达,株洲、湘潭的居民到友阿奥特莱斯商场购物非常方便。交通便捷方便了村民出行,提高了先锋新宇社区的地价。由于村民的生活水平提高,适龄青年的结婚问题也容易解决。不管是男青年还是女青年,结婚后都会留在社区居住,人口的迁入率很高,所以现在人口增长也很快。

第四,企业积极组织社区公益文化活动。2011年7月,友阿奥特莱斯股份有限公司成立了共青团总支部委员会,下设4个支部:管理支部、第一、二、三支部。共青团组织充分发挥青年团员的作用,每逢节假日,都会组织社区居民参加文娱活动,如音乐节、儿童才艺表演等。同时企业志愿者队伍会不定期参与社区爱国卫生活动,帮弱济困。目前社区对部分困难群体的帮助来自四个方面:其一,由民政提供救助,如大病救助;其二,旧的农村合作医疗解决一部分;其三,社区提供一部分,如果是重大疾病的话,社区会发给受助对象1000元左右现金;其四,企业的资助,每年年底企业会给家庭困难的社区居民400元/人的慰问金。

第五,企业与社区合作提高了社区的资源动员能力。企业带来的经济繁荣可以带动基础设施建设和关联产业的发展,以此提高社区的商业价值。现在入驻先锋新宇社区的商户很多,这个时候与商家谈判的起点比当初与友阿集团谈判的起点高了很多。同时,社区居民生活质量的提高,也会提高原居民的社区归属感,荣誉感,以及创造幸福生活的能力。

三、影响企业社区参与的因素

1. 利益关联推动企业与社区相互支持

奥特莱斯主题购物公园是典型的企业与社区合作的项目。要理解企业与社区的关系如何影响企业社区参与,不得不从分析项目引进和项目协议的签订开始。

先锋村的奥特莱斯项目之所以顺利实施,首先是政府的牵线搭桥。友阿集团董事长胡子敬根据长株潭一体化的发展规划,看好城南先锋村这块长株潭城市三角的核心地带,把在先锋村打造吸引长株潭三地顾客的主题购物公园作为友阿集团战略发展的重头戏。当时的天心区副区长了解这一情况后,联系先锋村党支部书记,并会同双方进行有政府参与的三方协商。天心区政府对奥特莱斯项目提了两个要求:第一,项目设计和规划都要符合天心环保工业园区的规划;第二,奥特莱斯项目的营业税收,要交一部分给天心区政府。在满足这两个条件的情况下,天心区政府将全力促成项目的建设。当然,先锋村也有选择投资主体的自主权,但是选择的项目要符合天心环保工业园区的整体规划。

先锋村党支部书记在与友阿集团代表见面之前,建材市场项目已经向先锋村表明了投资意向,而且村集体与建材市场投资方初步达成了协议,启动了批地、立项的程序。但是先锋村最终还是选择了规模较大的奥特莱斯。原因有两方面:第一,与奥特莱斯项目比较,建材市场项目带动其他项目发展的作用小;第二,建材市场投资方的资金不如奥特莱斯项目雄厚,三五年之内很难发展起来,租金收取没保障,风险较大。

2006年,先锋村与奥特莱斯项目投资方开始谈判,谈判整整进行了一年多时间。2008年双方签订协议,合作时间为40年。2010年3月项目开始动土修建,2011年元月项目正式运营。项目协议签订过程中,先锋村村民代表和村委会成员展开了广泛的讨论,所有的村民都知道这个项目的来龙去脉,了解协议的所有内容。村民代表大会是由村民小组的组长、妇女组长,加上每个小组2—3个的村民代表组成。先锋村下设17个村民小组,村民代表大会人数是60多人,它是先锋村最高权力机构。经过村民代表大会投票表决,先锋村与奥特莱斯项目投资方达成合作协议。

村民大会最初商议要以股东制的形式合作,企业答应给村里35%的股份,由企业出资金,先锋村出土地。但是考虑到作为小股东先锋村没有话语权,而一旦出现亏损,村里还要承担责任,最后决定以出租土地的方式与友阿集团合作。合作意向达成后,村委会启动所有报建手续,包括处理资料、盖章、与政府联络等。

村委会与企业联系比较多的是双方的财务人员。租金每半年支付一次,提前电话确定支付的情况,村委负责开票,企业负责汇款。企业会定期举办各种活动,由于雇用了部分村民,雇用的村民总是会带动村里老少一起参加企业的活动,比如说红歌会等。村里举行的特殊活动,如希望工程等,企业也会派代表积极参与。比如村里举行的六一儿童艺术节,企业给村里捐赠了几十个书包。先锋村希望企业能在当地长远、顺利地做下去,没有向企业提太多的要求,尽量给企业提供一个良好的经营环境。当地干部认为本村的经济不是很困难,就算自己再困难,也要考虑到企业经营的困难,不能再增加它们的额外负担。因此,从项目签订协议到最后项目建成,村委会始终和企业相互支持,相互配合,共同出谋划策。共同的努力使得项目运行过程中,企业与社区的关系也非常融洽。

2. 规范的社区管理能够确保社区的公共利益得到维护

先锋村与企业合作之初,村务管理非常规范,这关键体现在村财务管理的规范。虽然村里的收入比较多,但财务做到了公开透明。一年的财政收入在一千万元左右,其中包括上级基层政府的补助、土地租金的收入等。上级基层政府补助所占比重较小,没有固定金额。如果有工作项目放到村里,会拨点资金过来。比如,综合治理每年有一万元左右的经费,计划生育大概每年几千元,四项手续费的返还等。有时候有较大的工作项目,比如文明创建等,村里花去的资金远比补助的资金要多。先锋村是城乡一体化的试点村,上级政府会安排一些需要完成的专项任务,就会对应拨付专项资金资助。在村委驻点的干部(市建委和市里派来的干部)还会带来一些项目资金,但是这些资金实行专款专用,要通过区财政审批。为了规范财政,专项开支执行报账制,区财政有很多限制,程序也很烦琐。比如,企业交给先锋村的租赁款只能转账给村集体的账户,因为这是国土租金收入,这笔款项要先从村集体账户转到区财政国库账户,再由国库账户转到乡镇财政账户,最后由乡镇财政账户再转到村集体账户,任何个人和机构不能随意动用。

村里每年年底的党员大会、村民大会都要进行收支财务报告,并且在村里进行公示。村里的财务实行报账制,由镇里代管,对款项的使用进行审核。村里任何人报账,都需要村干部签字证明,具体包括经手人签字、分管相关事务的村干部签字、主任批准、书记签字、监督委员会签字(2006年根据相关规定,由村民委员会推举出三个人组成了监督委员会),然后才能将票据拿到资金核算中心交由会计审核签字(审核是否符合合同、经费开支条目、上级要求等规定），再由镇里专管该项事务的干部签字审核。要经过八九个人，有时候甚至要十个人。

正因为村委会的管理非常规范，村民的利益得到比较好的维护。先锋村最初从一个城乡接合部的农村社区转制成为一个城市社区的时候，民政部门想要根据楼栋把17个村民小组打乱，根本行不通。因为村民小组在村民的观念中已经根深蒂固了，小组成员相互熟悉、感情很深，很难把他们分开。作为一个社区，他们的归属感和认同感很强，社区的意识也非常强烈。如此规范的社区管理，使得先锋村能够与企业有持续的合作，不会因为村里出现的各种问题向企业求助，或者改变合作协议，企业与村集体的合作就变得非常轻松。

3. 政府的牵线搭桥，以及相关政策支持促进企业参与社区治理

先锋村与友阿奥特莱斯股份有限公司签订合同后，双方建立合作关系，政府在这个合作项目中发挥了重要作用。首先，政府发挥了协调、引导和条件提供等方面的功能。先锋村在2007年招商引资，寻求有经验的企业入驻以促进社区发展的时候，天心区政府为友阿奥特莱斯股份有限公司与先锋村的合作提供了条件，发挥了牵线人的作用；为了推动合作双方达成人员雇佣协议，区政府安排劳动保障部门负责，对园区内的人员进行了职业培训，为社区人员在企业就业提供了帮助，也为村民就近就业提供了条件。同时，天心区政府为了促进城南地区的发展，引进了一系列有助于该地区发展的企业、机构或者工程项目，如中信广场、中海环宇城、湘雅第五医院等。随着天心环保工业园区的整体发展，长株潭商圈逐步形成。其次，长沙市和天心区政府的相关社区建设政策为合作治理提供了政策依据。长沙市政府根据湖南省人民政府关于城市管理和社区党建的相关政策，制定了长沙市城市社区发展的相关政策，这些政策在发挥党组织创新基层社区治理，推动多元主体参与社区管理等方面取得了显著成效，同时也为企业入驻社区、参与社区建设打下了扎实的基础。

四、基于共享发展的企业社区参与假设命题验证

通过对奥特莱斯与先锋村合作过程的分析，可以清晰地了解到企业社区参与能够促进社区经济功能的发挥，为社区居民创造就业机会，从根本上保证了社区居民的经济来源，提高社区居民生活质量；对于帮助当地的困难群体，支持当地的教育发展都做出了贡献。同时，为了达到天心区环保工业园的要求，配合中心商圈的形成，加强环境保护，确保社区公共基础设施和休闲娱乐设施建设，也提高了社区居民的生活品质。这可以印证命

题 1：企业社区参与的测量指标包括环境保护、就业创造、社会投资、教育文化四个维度。当然，每一个社区的特点并不完全一样，虽然在本案例中没有具体的关于残疾人的救助项目，但是基本的企业社区参与的四个维度都有体现。

应该说，到目前为止，友阿奥特莱斯股份有限公司与先锋新宇社区的合作是非常成功的。企业与社区的关系非常融洽，先锋新宇社区居委会对企业关系有明确的意识，为企业经营创造条件，不给企业增加额外的负担。这一点与案例金茂路社区可以形成鲜明的对比。金茂路社区居委会工作人员对于一些大型企业的社区参与非常不满，而本案例的基层工作人员认为不能给企业添麻烦。也就是说，在企业与社区的利益关联非常紧密的情况下，企业的社区参与重点不一样，更可能是体现在经济上的参与，也可以理解为企业社区参与的程度不同。可以归纳出命题 3：企业与社区关系不同，企业社区参与的程度不同。

因为本案例主要涉及一个合作项目，不能体现不同企业与社区的合作，所以，命题 2 的情况没有出现。

这个案例中，企业社区参与的原因是非常明显的。该社区地理位置非常优越，处于长株潭一体化融城的三角地带，是长沙的南大门，企业把战略发展的眼光锁定在未来长株潭一体化后带来的巨大商机。企业要与社区合作，合作的条件之一是解决社区居民的就业问题，同时企业这个项目本身是一个购物休闲公园，集休闲、健身、美容、娱乐、购物于一体，自然对于当地社区的居民生活会有很大帮助，也就是说，企业参与的利益动机直接影响到企业参与社区建设的深度。而且，先锋新宇社区也因为这个合作项目发生了根本的变化，其优越的地理位置，合作项目签订后其谈判优势的增强，都将增强以后合作项目的推进，从而影响企业对于社区的参与。据此，可以印证命题 4：企业参与社区的动机与社区资源动员能力在企业与社区关系影响企业社区参与过程中起中介作用。

在本案例中，政府的牵线搭桥，政府对于周边道路建设的快速反应，先锋新宇社区居委会（原先锋村村委会）的完善管理和运转规范，都推动了企业与社区的合作成功，从而影响了企业的社区参与；同时，企业与社区合作项目协议的签署，对企业有着相当的约束作用，事实上，企业也是按照要求完成的，这与金茂路社区中的某大型私营企业对于与基层政府达成的就业协议并未执行相反。当然，这可能与企业所从事的行业有关系，但是，也能够说明法律合同在企业和社区合作中发挥了重要的作用，这些可以在一定程度上说明命题 5：执法环境、非政府组织发育程度、政府回应的敏捷程度在企业与社区关系影响企业社区参与的过程中起了调节作用。

综上所述,企业与社区由于土地租赁这一核心关系导致了经济利益上的互嵌,从而实现社区居民因企业获得就业机会,因地价上涨获得租金收益,因公共基础设施共享提高生活品质,因各种公益、文化活动强化了社区居民的获得感、社区归属感,最终,确保企业与社区互利共赢、共建共享(见图5-3)。

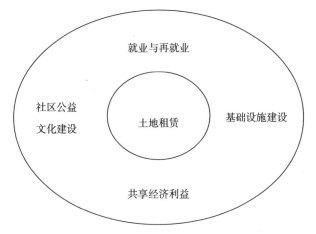

图 5-3　友阿奥特莱斯股份有限公司与先锋新宇社区的共享关系

第六节　企业社区参与的跨案例分析

由于研究命题涉及企业和社区两个层面,五个命题不可能在一个案例中全部得到检验,企业社区参与也不可能面面俱到,跨案例的比较会使得命题更加清晰。据此,笔者认为从三个具有明显差异性的案例社区中寻找命题非常重要。三个案例的差异性(见表5-15)体现在以下几个方面:第一,社区类型的差异。笔者选择了非常具有中国特色的单位社区(白沙社区)、城乡接合部社区(先锋新宇社区)和混合社区(金茂路社区),同时三个社区的成熟程度,社区资源的丰富程度、文化传统、人口结构完全不同。第二,社区与企业关系的差异性。金茂路社区中企业与社区的关系比较松散,利益关系不明显,关系建立的时间比较短;白沙社区中企业与社区关系密切,似乎到了你中有我、我中有你的程度,关系建立的时间很长,企业社区情感深厚;先锋新宇社区中,企业与社区的关系有完全的利益纽带,关系建立的时间很短,利益交易关系突出,但企业与社区的关系紧密度随着企业与社区合作的发展越来越高。第三,入驻企业的差异性。金茂路社区中有各种规模的私营企业入驻,白沙社区中有大规模的国有企业和小型私营企业,先锋新宇社区中仅涉及国有控股的企业。

表 5-15 案例社区的基本特征比较

研究目标	金茂路社区	白沙社区	先锋新宇社区
社区类型	混合社区	单位社区	城乡接合部社区
社区成立时间	1992 年	1984 年	无从考证,新中国成立以来这个村一直就存在
社区的地理位置	长沙市新城区	长沙市老城区	长沙市未来核心城区
企业入驻社区时间	2005 年	1984 年	2008 年
入驻社区企业规模	大规模、小规模企业都存在	大规模、小规模企业共存	大规模企业
入驻社区企业所有制性质	私营企业	国有企业、私营企业	国有控股企业
入驻社区企业所处行业	房地产、制造业	制造业	商业贸易
社区人口结构	结构复杂,属于移民社区,企业员工少	结构简单,主要为企业员工	结构简单,主要为原当地居民,外来人口很少,部分为企业员工
社区成熟度	居民认同感较高,人口结构复杂,成立时间短,成熟度一般	居民认同感高,人口结构简单,成立时间长,成熟度高	居民认同感高,人口结构简单,成立时间长,成熟度高

一、企业社区参与内容的差异

社区参与和发展是企业七大社会责任核心主题之一。本书设计的包括环境保护、就业创造、社会投资、教育文化四个维度的 16 个项目在三个案例当中都有体现,只是各有侧重。在金茂路社区中,企业侧重于参与社区公共事务的协商和处理,包括入驻企业为公共设施建设提供帮助、修建社区道路、帮助困难群体等,而且企业在公共事务上的参与所起的作用要比广告带来的社会效应强。各个维度中的部分项目没有体现出来,比如企业抵制合作伙伴污染环境的行为,为失业者提供就业培训,为残疾人提供就业帮助,积极鼓励员工参与社区志愿者活动等。在金茂路社区中,本研究主要从居民认知的角度讨论居民对入驻企业的期望,也反映了该社区入驻企业对于社区就业问题的不作为态度,小规模私营企业的社区意识明显要强于大规模的私营企业。这与白沙社区中的大型国有企业几乎在社区参与方面面面俱到形成对照。同时,先锋新宇社区也不同于前两个社区,其入驻企业侧重于经济参与,创造就业机会和公共服务设施的修建,把企业的发展和社区的发展融为一体,之所以能够如此,是因为前两个案例中的企业属于制造业,先锋新宇社区的企业属于商业贸易行业,行业性质本身决定了它可以把企业发展与社区的发展结合起来。也就是说,不同规模、行业、所有制性质的企业的社区参与行为是不同的。

二、社区情感与社区利益

哈德凯瑟、鲍沃斯和温内科(David A. Hardcastle, Patricia R. Powers, Stanley Wenocur)认为,企业与社区的关系分为横向和纵向两个类型,与社区共享地理区域,并且与社区范围一致或者被结合于该社区,它们的权威位置的最终立足点是在该社区,彼此在同一个平台上,这样企业与社区的关系是横向的;经济实体的特征是其决策超越地方社区,存在于地区、国家、国际的层次上,既涉及其与地方社区的关系,也涉及其与社区实施决策和规则制定的能力的关系,地方社区及其福利对于纵向关系的企业并不重要。经济实体更关心经济利益而不是地方社区的经济和社会福祉。纵向整合的社区基本上没有可界定的地理和社会边界,这样的企业与社区的关系是纵向的。当社区在其履行功能的基础方面变得越来越纵向整合时,地方的概念就扩大了。①

三个案例中的企业与社区关系存在明显的差异性。金茂路社区中企业与社区同时成立,企业入驻社区的时间相对而言较短,小规模企业(鹏飞纸业、荣康医院、华夏医院)等由于面向社区服务,其市场和利益在社区体现得较为明显,它们与社区的关系是横向的;而大规模私营企业"三一重工"属于制造业,企业的员工来自全国各地,企业的商品也销往世界各地,对于地方的概念是很模糊的,它与社区的关系就属于纵向关系,利益关联度不大,嵌入的程度也不深。而在白沙社区中,企业与社区的关系基本上是你中有我,我中有你,尽管企业的商品也销往全国乃至世界各地,企业与社区的利益关联度明显不大,但是,社区是因企业的需要而建立,伴随着企

---

① 〔美〕戴维·A.哈德凯瑟、帕翠霞·R.鲍沃斯、斯坦利·温内科:《社区工作理论与实务》,夏建中等译,北京:中国人民大学出版社2008年版,第142—143页。

业成长,社区的居民基本上都是企业的员工,企业深深地嵌入于社区,企业与社区的发展历史、文化传统、人员构成交叉重叠,企业与社区关系仍然属于横向关系,企业与社区的关系非常融洽,企业的社区情感深厚。先锋新宇社区中,虽然企业与社区的互动时间不长,但是企业把社区发展作为其战略发展的一部分,双方嵌入程度不深,但利益关联度却非常大,这样的企业与社区关系也属于融洽的横向关系。我们在前面的分析中,很容易发现,白沙社区和先锋新宇社区的社区工作人员对于企业的服务意识非常强,对于企业的要求不明显,尤其在先锋新宇社区中,社区人员认为不能给企业添麻烦,他们已经帮助社区实现了经济的功能,而在金茂路社区中,社区人员和社区居民对于企业的要求和不满就比较多。这种企业与社区关系的差异,当然也就影响到入驻企业社区参与的程度。

三、公共关系与命运共同体

迈克尔·波特认为,从长远来看,社会利益与经济利益在一定条件下可以相互融合、互相联系。处理目前世界上紧要问题的最有效的办法是通过使企业和社会双赢的方式调动所有人的积极性。但是,这并不意味着,企业所有的投资都会促进社会效益,或者企业所有促进社会效益的投资都能够提高竞争力。大多数企业投资都是为了经济效益,而与企业业务无关的社会投资只会产生社会效益。只有当企业的社会投资与其业务紧密相关时,企业取得的经济利益和社会效益才会实现融合(见图5-4)。企业慈善的行为可能是出于超道德规范约束下的行为,即企业仅仅由于社区情感,认为企业与社区是命运共同体,出于回报社区所提供的运营环境参与社区建设,把参与社区建设作为企业公民的义务。

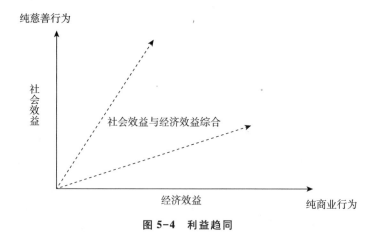

图 5-4 利益趋同

当企业的经济效益与其行为带来的社会效益融合在一起的时候,企业慈善行为的积极性才会比较高,企业才会产生社区参与的动机。以经济效益的获得为主的企业社区参与行为可以理解为企业受到了利益动机的驱使;而以社会效益为主的企业社区参与行为可以理解为企业受到共同体动机的驱使。也就是说,企业与社区存在利益关联度高的时候,或者企业完全处于社区情感和社会压力的状况下就会参与社区建设。在三个案例中,我们可以了解到,白沙社区中企业慈善捐助受灾社区的行为和对教育文化的支持非常突出;先锋新宇社区中企业发展与社区发展的目标完全一致,社区参与突出在硬件公共设施的建设,这些与商贸企业的生产要素、环境改善关系密切;金茂路社区中大规模的私营企业在与社区利益关联不大的情况下,只是间接推动了社区经济和就业的增长,企业社区参与的积极性也不高,而小规模企业为了赢得可持续的市场,小规模的慈善参与非常主动。可见,企业与社区不同的利益关系和嵌入程度影响到了企业社区参与的领域。

四、非政府组织力量、政府回应与执法环境

企业社区参与研究中最为重要的非政府组织为社区居委会。尽管现行体制中社区居民委员会承担了部分基层政府的职能,但是按照2010年8月26日颁布的《关于加强和改进城市社区居民委员会建设工作的意见》的规定,我国城市社区居民委员会是实现居民自治的基层群众性组织。这一组织服务于社区居民,维护社区居民的利益,因此,很大程度上说,社区居民委员会的成熟程度直接影响到企业对于社区的参与程度。金茂路社区和先锋新宇社区中社区自治组织比较成熟,在处理企业与社区关系中作用非常突出。金茂路社区居委会人员向入驻社区的企业募集社区运转经费,以社区建设项目带动企业社区参与;先锋新宇社区中社区自治组织(村委会)成员组织村民代表与企业进行合作协商与谈判,为企业推动社区发展创造了条件。

同时,政府对企业侵害社区利益的响应,或者说对于企业与社区关系的协调有利于推动企业的社区参与行为。天心区政府为促进友阿奥特莱斯股份责任有限公司与社区的合作双赢,加快了周边公共道路的建设;白沙社区中街道基层政府与社区居委会一道为入驻企业协调社区关系,金茂路社区中星沙镇政府为社区向入驻企业提出"优先雇用社区居民"的谈判条件,都说明政府回应在企业社区参与中的作用。政府的回应有力、及时,企业社区参与的程度就会高。

根据社区综合治理的要求，社区对辖区内企业的环境卫生、生产安全、食品安全等进行管理，那么环境卫生、生产安全和食品安全的执法情况就非常重要，影响到社区居民的生活质量。白沙社区中，基层政府对企业保护环境提出了明确要求，天心区政府对入驻先锋新宇的企业提出了保护环境的条件，金茂路社区居民向环保部门投诉污染环境的企业，人们对于企业经营执法环境的维护，从根本上约束了企业的社区行为。

所以，完善的执法环境、非政府组织发育良好、及时有力的政府回应对于企业社区参与有正向的调节作用。

第七节　两组案例的比较分析

在第一组三个案例中，企业与社区不存在空间同构关系，企业社区参与以项目的形式呈现，项目结束了，企业社区参与的活动也告一段落。打工妈妈互助中心建设项目完成以后，由于打工妈妈互助中心是免费向流动人口家庭开放的非营利机构，如果流动人口家庭中的母亲能够每年做三个月的看护儿童义工，就可以把自己的孩子送到互助中心托管，因此，中心的运行费用必须不断地向社会募集，互助中心的房租、教师的工资、房屋内的基本活动设施等，都是互助中心创建时动员社会力量捐赠的。这些项目完成以后，互助中心就面临日常运转经费无法保障的问题。另外两个案例也存在类似的结果，仙娘溪村的建设要依靠村民后续的努力，病童游戏室的维持也需要医院的投入。也就是说，当企业与社区不存在空间同构关系的时候，虽然企业也能持续其社区参与活动，如案例中的汤物臣·肯文创意集团，但企业社区参与活动不可能在同一个社区持续进行。企业社区参与的内容也由项目内容决定，不会像第二组案例中的企业一样，全面参与社区建设。

在第二组三个案例中，企业与社区都存在空间同构关系，通过历时性考察，可以发现：企业的社区情感、利益关联持续影响着企业社区参与的程度。第一组案例中，金茂路社区在入驻企业的帮助下，积极参与2017年长沙市社区提质改造工作；白沙社区中的企业在社区提质改造的过程中，拓宽社区步道，增加社区居民休憩的绿地面积；先锋新宇社区则完成了村改居，友阿奥特莱斯与先锋新宇社区的合作仍在继续。企业社区参与持续时间更长,参与内容更广。

两组案例的差异(见表5-16),实际上从另外一个角度,印证了企业与社区关系影响企业的社区参与程度。

表5-16 两组案例比较分析表

变量	空间分异下的企业社区参与	空间同构下的企业社区参与
参与主体	企业、非营利组织(基金会、行业协会)、受助者	企业、社区自治组织、基层政府、受助者
参与内容	公益活动	公益活动、环境保护、就业创造
参与形式	非营利组织设置的公益项目、被动员	自主设置的参与活动
参与结果	改善社区生存条件,企业获得其价值追求	企业与社区共享发展成果
持续时间	短期性	持续性

第八节 本章小结

本章运用实地观察、问卷调查、实地访谈、文献档案等方法进行了案例资料的收集,选择与社区存在空间同构关系的企业社区参与案例。首先,关注了案例社区的类型差异,确定不同类型社区中的企业与社区关系。在对案例社区中企业社区参与活动的比较分析后,发现不同的企业在环境保护、就业创造、社会投资和教育文化四个维度上都存在不同程度的社区参与行为,说明企业社区参与活动可以分为这样四个维度。其次,讨论了不同特征的企业对于企业社区参与的影响,明确了企业社区参与的动机和社区资源动员能力在企业社区关系影响企业社区参与过程中发挥中介作用,考虑了企业社区参与的执法环境、非政府组织力量、政府回应对于企业社区参与的调节作用。最后,在进行案例研究过程中尽量避免了案例分析局限性,采用多种资料来源减少研究的主观性,采用提出讨论命题的方法来建构理论,使研究更具系统性。同时,在选择案例时,考虑了能够体现企业社区参与最好状态的案例和能够体现企业社区参与最差状态的案例,运用"双尾检验",以证明企业社区参与活动的客观存在。

本章初步说明了5个命题,同时把第二组案例与第一组案例进行了比较,发现在企业与社区不存在空间同构关系的情况下,企业社区参与在持续时间、参与内容、参与对象等方面都存在明显的差异。当企业与社区不存在空间同构时,企业社区参与可以解释为一种"力所能及"的企业社会责任。案例研究的结论将为企业社区参与的精确模型和各个影响因素的重要程度提供证据。

第六章　企业社区参与实践的理论模型与研究假设

国外关于企业社区参与的研究成果丰富,已经形成了较为稳定的企业社区参与测量工具,而国内学术界可借鉴的关于企业社区参与研究的成果很少。由于中国社区的发展历程区别于西方国家,国外企业社区参与研究成果和测量工具在中国运用的局限性非常明显。本章根据案例研究中对于企业社区参与内容及其影响因素各种命题讨论的结果,进一步运用文献资料对案例研究中具体的假设命题展开严格的理论推导,提出研究假设与企业社区参与理论模型。

第一节　企业社区参与评价模型的设定

评价企业社区参与程度,需要建构一个社区参与评估指标体系。本节在结合案例研究结论的基础上,经过理论推导建构企业社区参与的四个测量维度和每个测量维度的测量条目。

一、企业社区参与评价的构成维度

ISO 26000 是受到国际社会普遍认可的组织社会责任标准,其中社区参与和发展主题涉及企业社区参与活动的各个方面(见表 3-2)。从这六个方面的内容看,企业社区参与是企业与社区利益相关方的互利活动,虽然这种互利活动促进了社会目标的实现,但是社区发展的成果是社区参与各方共享的①。在 ISO 26000 制定的预设中,社区是企业重要的利益相关者之一,不过,学术界并未就此达成共识。西方学者普遍认为社区对于企业的

---

① 李伟阳、肖红军:《ISO 26000 的逻辑:社会责任国际标准深层解读》,北京:经济管理出版社 2011 年版,第 215—234 页。

生存和发展来讲非常重要。① 而中国学者的研究成果显示社区对于企业而言并不重要②,有的学者甚至得出社区在企业发展的任何阶段都不重要的研究结论③。有的学者把社区的重要程度做了行业区分,认为社区对于交通运输行业来讲,参与程度最低④。因此,我们不能完全照搬 ISO 26000 设计企业社区参与评价的维度。

社区发展概念经由联合国在全世界的推广,演变成为社区发展理论。该理论认为,社区是各利益相关方参与解决公共问题的场域,社区具有实现其居民社会化、推动当地经济繁荣、整合社区各种力量、保障社区困难群体等基本功能⑤。企业是社区最具经济实力的职业团体,企业发展可以促进社区的经济繁荣,提高居民的收入水平,增加居民的就业机会;同时,企业以职业团体的力量参与社区困难群体帮扶,可以化解社区的矛盾,促进社区整合;企业组织的雇员志愿者活动,也可以深入到中小学校,发挥社区的社会化功能。社区功能的充分发挥预示着社区发展的水平。

徐永祥根据社区发展的社会属性,在可比性、数量化和计量化条件下,列举了衡量社区发展的基本指标(见表 6-1)。企业社区参与是否推动了社区发展,需要考察企业社区参与的主要内容与社区功能发挥程度的匹配情况。也就是说,企业根据其运营对社区发展的影响,选择企业社区参与的领域,其基本依据是 ISO 26000 中的六个方面;企业社区参与对社区功能发挥的作用,决定了社区参与的有效性,同时,社区功能发挥的具体衡量指标与社区发展的衡量指标一致。因此,综合三个方面的核心因素,我们把企业社区参与的评估维度设计为环境保护、就业创造、教育文化、社会投资四个方面。

表 6-1　社区发展指标体系指标列举

主要领域	基本内容
社区人口指标	包括人口的自然变动和增长情况、人口分布的疏密度、老年人口比重、人均预期寿命,等等

---

① Freeman, R. E., *Strategic Management: A Stakeholder Approach*, London: Pitman Publishing Inc., 1984, p. 53.
② 陈宏辉、贾生华:《企业利益相关者三维分类的实证分析》,《经济研究》2004 年第 4 期。
③ 吴玲、贺红梅:《基于企业生命周期的利益相关者分类及其实证研究》,《四川大学学报(哲学社会科学版)》2005 年第 6 期。
④ 齐丽云、魏婷婷:《基于 ISO 26000 的企业社会责任绩效评价模型研究》,《科研管理》2013 年第 3 期。
⑤ 蔡禾主编:《社区概论》,北京:高等教育出版社 2005 年版,第 13—14 页。

(续表)

主要领域	基本内容
社区生态环境指标	包括人均绿地面积、绿化覆盖率、垃圾的无害化分类处理、空气质量指数、水污染及其治理程度、噪音污染及其控制程度,等等
社区社会保障指标	包括居民最低生活保障线救助率、享有或参加社会医疗保障的人口比重、特困与孤老家庭的救助与保护情况、残疾人和老年人等的权益保障度、每千人拥有的医务人员数和医疗床位数,等等
社区生活质量指标	包括人均住房面积、人均年收入、每万人口商业服务网点数、公共空间与公共建筑配套设施满足程度、公益性社会服务的满足程度,等等
社区社会服务指标	包括每万人中的志愿服务人员数、社区社会服务机构的数量、每万人拥有的各种社会福利设施床位数,等等
社区文化指标	包括人均公共图书馆藏书拥有量、公共文化活动数量、人均年文化消费支出额、居民对社区文化体育活动的参与率,等等
社区公共安全指标	包括刑事案件发案率和破案率、居民纠纷及冲突调解制度化情况、防火措施落实率、居民对社区安全的满意度,等等
社区自治与社区参与指标	包括社会服务机构在内的各种社区自治组织的数量、居民委员会成员的直选率、各类社区自治组织管理的民主化和自主化程度、各类社区自治组织在社区增权和维权方面的活动情况,等等

资料来源:作者根据徐永祥《社区发展论》(上海:华东理工大学出版社2001年版,第130—133页)整理。

根据卡罗尔的企业社会责任金字塔模型中企业伦理责任和慈善责任的定义,我们在理论上针对企业社区参与聚焦于两个层次四个维度。两个层次分别是伦理层次和慈善层次。伦理层次的企业社区参与包含社会期望企业开展符合其价值观和规范的活动,尽管这些价值观和规范高于现行法律要求,但是它们与法律责任处于动态的相互影响中[1],企业违反社区参与方面的伦理责任,不一定遭到法律的惩罚,但有可能得不到社会经营许可。如环境保护和就业创造维度。慈善层次的企业社区参与包含社会对于优秀企业公民的期望,企业能否满足这些期望,以及在多大程度上满足社会对企业公民的期望,由企业根据自身的基本情况决定,如教育文化和社会投资。本研究对四个维度的定义如下:

第一,环境保护。基于环境保护的经济、社会均衡发展是人类社会发

---

[1] Carroll, A. B., The Pyramid of Corporate Social Responsibility: Toward the Moral Management of Organizational Stakeholders, *Business Horizon*, No. 34, 1991, pp. 39-48.

展的基本条件①。按照彼得·德鲁克的观点,任何组织行为都会对环境造成某种程度的扰动,这种环境扰动对人类社会带来的影响可能是即期的,也可能是未来的。因此,组织有责任在开展其活动之初对可能带来的环境扰动有具体的研判,并采取相应的措施②。本研究把企业社区参与的环境保护维度定义为企业在其运营之前、之中、之后为保护社区生态环境所采取的措施。

第二,就业创造。世界体系论认为,社区的经济过程与居民的日常生活紧密结合在一起。社区经济功能的发挥,依靠社区内企业的发展。企业投资社区,可以增加就业机会,刺激相关产业发展,促进社区经济繁荣。企业从社区撤资,或者企业破产衰败,居民失业,生活水平下降,相应地影响其他相关产业的发展;政府财政收入下降,无法发展公共基础设施,甚至学校都无法开办。因此,对于社区来讲,企业最重要的参与活动是就业创造。③ 本研究把就业创造维度定义为企业为促进就业和帮助人们维护体面的、富有成效的工作而开展的社区参与活动。

第三,教育文化。教育和文化的发展既是经济社会发展的表征,也是经济社会发展的基础。社区丰富的人力资源和发达的科技水平将为企业提供发展的优质生产要素④,因此,企业是教育文化发展的受益者,有义务支持地方教育文化的发展。本研究把企业社区参与的教育文化维度定义为企业通过社区参与促进与支持社区范围内的教育事业,尊重与保护当地文化的活动。

第四,社会投资。社会投资是企业以社会发展为目标的投资活动。有学者认为社会投资可以让企业避免自利倾向,真正服务社会⑤。本研究把社会投资定位于企业的慈善责任,按照卡罗尔的观点,慈善责任是最高一级的社会责任(经济责任、法律责任、道德责任、慈善责任)⑥,但是,有的学

---

① Park, R. E., *Human Community*, Glencoe Illinois: The Free Press, 1952, p. 185.

② 〔美〕彼得·德鲁克:《社会的管理》,徐大建译,上海:上海财经大学出版社 2003 年版,第 87 页。

③ Wallerstein, I., *The Modern World-System Ⅲ: The Second Era of Great Expansion of the Capitalist World-Economy*, New York: Academic Press, 1989.

④ Rogovsk, Nikokri, Corporate Community Involvement Programmers Partnerships for Jobs and Development, Geneva, Switzerland: International Institute for Labour Studies Press, 2000.

⑤ Mintzberg, H., The Case for Corporate Social Responsibility, *The Journal of Business Strategy*, Vol. 4, No. 2, 1983, pp. 3-15.

⑥ Carroll, A. B., The Pyramid of Corporate Social Responsibility: Toward the Moral Management of Organizational Stakeholders, *Business Horizon*, No. 34, 1991, pp. 39-48.

者认为,在发展中国家,企业的慈善责任与经济责任同等重要①。中国是一个处于社会转型期的发展中国家,孵化期中的社会组织参与社会治理的能力较弱,从全能型向有限型转变的政府整合社会力量的能力有待提高;职业团体对于社会治理来讲是一股非常重要的力量。因此,本研究把社会投资作为评价企业社区参与的重要维度,把社会投资定义为企业将自身的经验、资源和能力投资于旨在提高社区福利和社区生活质量,为社区困难群体创造更多机遇的举措和计划。

综上所述,本研究建构的企业社区参与评价理论模型如图6-1。

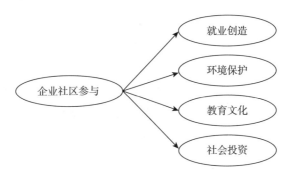

图6-1　企业社区参与评价模型

二、企业社区参与构成维度测量变量的设计②

根据企业社区参与的理论和实践,进一步设计企业社区参与评价四个构成维度即环境保护、就业创造、教育文化和社会投资的测量变量。

1. 环境保护的测量变量

企业的环境保护行为分为两种:法律强制要求的行为和企业自主要求的行为。不同属性的企业环境保护行为各异。为了使测量指标涵盖所有企业,本研究要求测量指标包含尽量多的信息量。根据已有研究成果中企业保护环境的测量指标"实施了重要的环保项目和节能项目""及时修复企业生产对环境造成的损害"③"对商业伙伴的环境要求"和"对于环境保护

---

① Visser, W., "Revisiting Carroll's CSR Pyramid: An African Perspective", Pedersen, E. and Huniche, M. (eds.), *Corporate Citizenship in Developing Countries*, Copenhagen: Copenhagen Business School Press, 2006.

② 张桂蓉:《企业社区参与的评价模型》,《中国公共政策评论》2016年第1期。

③ 郑海东:《企业社会责任行为表现:测量维度、影响因素及对企业绩效的影响》,杭州:浙江大学博士学位论文,2007年。

法律法规的要求"①。本研究按照环境保护维度的定义,把企业参与社区环境保护分为他律和自律两个层次,分别表现为四个观测变量:遵守社区环境保护的规定,抵制合作伙伴破坏环境的行为,及时修复生产对环境造成的损害,实施了环保项目和节能项目。

2. 就业创造的测量变量

就业创造对于社区来讲,是企业最为重要的社区参与活动,也是企业获得合法性的基本路径②。根据企业社区参与实践中各种创造就业机会的行动③,参考已有研究成果中学者们设置的测量企业参与就业创造的评价指标:"企业人力资源战略考虑当地就业的需要"④,"企业提供就业机会时优先照顾当地社区"⑤,"为社区失业者提供就业帮助"⑥。基于就业创造维度的定义,从企业的自利本性出发,本研究按照"企业运营成本是否有增加的可能"把企业在解决社区就业问题方面的参与分为两个层次的观测变量:创造社区就业机会,帮助社区残疾人就业,同等条件下优先雇用当地社区居民,提供失业者就业培训。

3. 教育文化的测量变量

企业是社区教育文化发展的受益者,高质量的人力资源可以让企业保持持续的活力。有学者认为企业支持社区教育文化的发展,可以提高企业的美誉度,陶冶员工的情操⑦。有学者提出社区居民希望企业能够支持社区文化艺术活动,发展教育事业⑧。还有的学者从利益相关者角度指出企业支持教育事业发展的责任⑨。本研究基于 ISO 26000 中相关的指标和教

---

① 王红:《企业的环境责任研究——基于系统辩证学的视角》,上海:同济大学博士学位论文,2008年。

② 田志龙、程鹏瑶、杨文、柳娟:《企业社区参与过程中的合法性形成与演化:百步亭与万科案例》,《管理世界》2014年第12期。

③ 王然:《企业参与社区建设,大有作为——太原市民心社区建设发展有限公司参与社区建设纪事》,《今日科苑》2004年第10期。

④ 冯臻、苏勇、涂颖清:《企业社会责任行为的测量——基于高层管理者的视角》,《企业经济》2012年第12期。

⑤ 麦影:《企业社会责任对竞争优势影响的实证研究》,广州:暨南大学博士学位论文,2010年。

⑥ 张桂蓉:《企业社会责任与城市社区建设》,《城市问题》2011年第1期。

⑦ 辛杰:《商业生态系统视角下的企业社会责任实现》,《华东经济管理》2011年第6期。

⑧ 〔美〕詹姆斯·E. 波斯特、安妮·T. 劳伦斯、詹姆斯·韦伯:《企业与社会:公司战略、公共政策与伦理》,张志强等译,北京:中国人民大学出版社2005年版,第368页。

⑨ 汪建新:《企业社会责任研究——基于利益相关者角度》,天津:南开大学博士学位论文,2009年。

育文化维度的定义,以企业受益程度为核心,按照企业直接或者间接分享社区教育文化成果两个层次,把企业参与社区教育文化建设活动的测量变量设计为:组织或者参与社区文化建设,资助未成年人进入正规教育,支持当地高等教育事业,设立助学金帮助社区贫困学生。

4. 社会投资的测量变量

西方学者把企业的慈善责任定义为企业组织各种志愿活动、慈善捐赠[①]。中国学者开展的研究成果显示,企业的慈善责任的测量指标包括:"鼓励员工参加志愿者及社会公益活动"[②]"积极向当地慈善机构捐赠""通过支援建设公共设施来促进地区社会的发展""企业通过慈善捐赠建设社区公共设施""支持灾区重建"等。《中国企业社会责任调查报告》也显示,涉及扶贫、公益的慈善捐赠是企业社会投资的主要表现形式[③]。基于本研究关于该维度的定义,按照企业与社区利益是否关联二个层次,把社会投资观测变量设计为:支持员工参与社区志愿者活动,捐资改造健身休闲等社区公共服务设施,投资社区公益慈善项目,捐资重建受灾社区。

本章在理论推导和案例研究结合的基础上确立了企业社区参与行为的四个维度,以及每一个维度的具体测量题项,建构企业社区参与测量模型,提出如下假设:

H1:企业社区参与行为的测量指标包括环境保护、就业创造、社会投资、教育文化4个维度16个具体测量指标(如表6-2)。

表6-2 企业社区参与评价指标

维度	他律情况下的企业社区环境保护措施	自律情况下的企业社区环境保护措施	维度	企业直接利益相关社区	企业间接利益相关社区
环境保护	遵守社区环境保护的规定,抵制合作伙伴破坏环境的行为	及时修复生产对环境造成的损害,实施了环保项目和节能项目	社会投资	支持员工参与社区志愿者活动,投资社区公益慈善项目	捐资改造健身休闲等社区公共服务设施,捐资重建受灾社区

---

① 〔美〕阿奇·B.卡罗尔,安·K.巴克霍尔茨:《企业与社会:伦理与利益相关者管理》,黄煜平、朱中彬、徐小娟、何辉、李春玲译,北京:机械工业出版社2004年版,第289—303页。
② 陈留彬:《中国企业社会责任评价实证研究》,《山东社会科学》2007年第11期。
③ 殷格非、于志宏、吴福顺:《中国企业社会责任调查报告》,《WTO经济导刊》2005年第9期。

维度	企业运营成本不会增加	企业运营成本可能增加	维度	企业直接分享社区教育文化成果	间接分享社区教育文化成果
就业创造	帮助社区残疾人就业,同等条件下优先雇佣当地社区居民	创造社区就业机会,提供失业者就业培训	教育文化	组织或者参与社区文化建设,支持当地高等教育事业	资助未成年人接受正规教育,设立助学金帮助社区贫困学生

第二节 企业社区参与实践理论模型的提出

本书选择卡罗尔的企业社会行为模型说明企业回应社会期望的社会责任选择,虽然已经有数位分析人士将此模型进行了延展和修改[①],但是,卡罗尔的企业社会行为模型仍然具有很强的说服力。按照卡罗尔的说法,企业社会行为包含三个要素:(1)动机性的、义务性的要素,即社会责任;(2)社会反应要素,包含了企业在面对它们的责任时可能采取的不同反应;(3)社会问题要素,它明确了企业可能介入的不同社会领域。卡罗尔认为,企业社会责任可以被划分为四个方面的责任:经济方面的责任、法律方面的责任、道义方面的责任以及自由决断的责任。社会改善方面的活动,比如慈善捐助以及社区发展贡献等,都是自由决断的责任的实例。在这种框架下,社会期望企业能够在社会改善方面做出自己超越经济责任、法律责任、道义责任以外的贡献。当然,企业可以在社会改善的领域以及支持力度方面,做出自己的选择。企业选择在社会改善方面做出贡献是基于对社会改善的贡献会有助于商业成功的信念。对于企业社会行为与商业成功之间潜在的积极关联性,学界有两种互为补充的说法。其中一种思潮,强调了未达到社会对于自由决断的社会责任的预期可能导致的负向后果。戴维斯和布鲁姆斯道姆(Davis, K., & Blomstrom, R. L.)两位学者将此称

[①] Swanson, D. L., Addressing a Theoretical Problem by Reorienting the Corporate Social Performance Model, *Academy of Management Review*, Vol. 20, No. 1, 1995, pp. 43-64; Wartick, S. L. and Cochran, P., The Evolution of the Corporate Social Performance Model, *Academy of Management Review*, Vol. 10, No. 4, 1985, pp. 758-769; Wood, D. J., Corporate Social Performance Revisited, *Academy of Management Review*, Vol. 16, No. 4, 1991, pp. 691-718.

之为责任的铁律;他们认为,社会对于那些有实力、有资本的企业反哺社会的行为是充满期待的。如果企业未能履行社会责任,让人头疼的政府条例、惩罚会应运而生,消费者也会产生抵制情绪[1]。如果企业未能履行自由决断的社会责任,企业将为此受到惩戒,商业成功也会为此而大打折扣。因此,对于自由决断的责任领域,尤其是企业在对社区改善做出贡献时所承担的责任,是以社会责任的方式呈现,而且企业在这个社会责任领域,不能漠视社区利益。

企业与社区之间有着相互依赖的关系。詹姆斯·韦伯、詹姆斯·波斯特、安妮·劳伦斯等人曾经对企业与社区的关系做出阐明,他们认为,社区与企业之间是互相联系、彼此依赖的,两者都是可以影响对方的社会力量,因此,对于两者来讲,成功来自于企业与社区彼此的相互支持而不是相互反对[2](见表6-3)。

表6-3 社区和企业之间的相互期望

社区希望企业参与的活动	企业希望社区提供的服务
支持艺术和文化活动	让员工感兴趣的教育和文化资源
协助管理交通	家庭娱乐设施
参与市郊规划和社区发展	公共服务:警察、消防队,下水道、水源和电力服务
支持当地健康护理体系	合理的税收并且不干预企业经营
支持医院和诊所的建设	在社区生活和决议制定上有企业的参与

企业与社区之间的相互需要建立在社会契约的基础上,一方面,企业希望从它们所在地的社区获得各种各样的帮助和支持,希望得到社区的公平对待,对于企业来讲,如果企业没有获得社区非正式的存在许可或者进行贸易的权利就无法进入一个社区。企业的有效运转强烈地依赖社区的公共教育系统以及其他当地服务系统。另一方面,社区也希望企业能够成为社区的一员,参与社区公共事务的处理,为促进社区发展做出贡献。因此,企业与社区是相互支持的联合体(见图6-2)。

---

[1] Anshen, M., Changing the Social Contract: A Role for Business, *Columbia Journal of World Business*, No. 5, 1970, pp. 6-14; Davis, K., Blomstrom, R. L., *Business, Society and Environment: Social Power and Social Response* (2nd ed.), New York: Mc Graw-Hill. 1971.

[2] 〔美〕詹姆斯·E. 波斯特、安妮·T. 劳伦斯、詹姆斯·韦伯:《企业与社会:公司战略、公共政策与伦理》,张志强等译,北京:中国人民大学出版社2005年版,第368页。

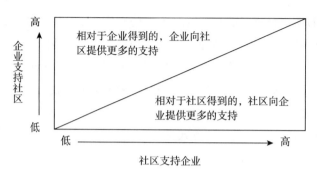

图 6-2 企业和社区需要彼此的支持

克拉克森提出的利益相关者风险承担理论认为,利益相关者因为企业运营投入物资、人力资源、资金或其他有价值的东西,由此承担机会成本和可能的风险[1],股东、债权人、员工作为直接利益相关者都因为自身的投入而承担了企业的运营风险;而社区给予企业经营许可,消费者购买企业的商品,供应商为企业提供生产要素等各种与企业进行资源交换的行为都为企业承担了某种形式的风险,也是企业的利益相关者。社区把各种难以交换的、稀缺的环境资源和社会资源投入企业,必然承受比资本更高的风险。那么,承担风险的利益相关者必须得到足够的补偿来抵消这种风险。因此,企业履行相应的社会责任,加强环境保护,促进社区发展是对利益相关者承担风险的回报。

利益相关者理论中的组织理论学派从资源依赖的角度阐述了企业必须考虑利益相关者的利益。普费弗(Pfeffer)和萨兰西克(Salancik)认为,企业只有具备获得、有效利用和维持资源的能力,才能够生存下去;企业只有与提供资源的利益相关者保持良好的关系,才能获得持续的资源支持。那么,企业对某种资源的依赖程度就决定了企业对提供该种资源的利益相关者的态度。[2] 企业以履行社会责任等方式对利益相关者诸如供应商、客户、债权人、员工、政府、社区等构成企业生存和发展的资源提供者进行资本回报,其回报程度显然由利益相关者在企业中的地位决定。也就是说,不同的企业对社区的资源依赖程度是不一样的,不同的社区因企业生产而承担的风险存在差异。因此,企业与社区之间存在着不同的关系,不同的企业以社会责任的方式回报社区的程度也存在差异,也就是说企业与社区关系

---

[1] Clarkson, M., "A Risk-Based Model of Stakeholder Theory", *Proceedings of the Toronto Conference on Stakeholder Theory*, Toronto: Center for Corporate Social Performance and Ethics, University of Toronto Press, 1994.

[2] Pfeffer, J. and Salancik, G. R., *The Externil Control of Organization: A Resource Dependence Perspective*, New York: Harper & Row, 1978.

影响企业的社区参与行为。

根据哈德凯瑟、鲍沃斯和温内科的观点,企业与社区的关系可以从纵向和横向两个层面理解,如果企业与社区呈纵向关系,企业与社区之间缺乏相互依赖和凝聚力;如果企业与社区之间呈横向关系,企业与社区相互作用,相互依赖。中国从计划经济体制向市场经济体制转化的特殊历史,使得大规模的国有企业尽管其决策已经超越地方社区,存在于地区、国家,甚至国际层次上,但是,由于企业办社会的历史形成的传统观念以及制度惯性,大型国有企业与社区的关系仍然呈现出横向的特点。因此,中国企业与社区的关系不能简单以横向和纵向分类,还需要进一步分析。

从经济社会学的嵌入性理论分析企业与社区的关系,就会发现,企业在作为自由决断的社会责任领域——社区中的社会责任行为不仅仅是由经济理性决定的,其行为决策也受到企业所处社区环境的影响。波兰尼(K. Polanyi)认为,经济活动以不同的嵌入形式存在于经济和非经济的制度环境之下[1]。格兰诺维特(M. Granovetter)认为,社会网络会影响经济行动者的自利策略[2]。在格兰诺维特关于嵌入性研究的基础上[3],佐京和迪马奇奥(S. Zukin, P. Dimaggio)从结构、认知、文化和政治四个方面对嵌入性进行了分类:(1)结构嵌入性主要用于概括组织间网络结构的紧密程度对组织行为产生的影响;(2)认知嵌入性指组织认知受集体思维意识和历史行为惯性的影响;(3)文化嵌入性指传统文化、集体信念、宗教信仰等对组织经济行为的制约[4];(4)政治嵌入性指政治环境、政治体制、政权结构对组织行为的影响。赫斯(M. Hess)基于经济地理学角度强调全球化时代嵌入性的空间逻辑,认为经济活动嵌入于不同地域尺度的社会网络、文化和制度环境中,在本质上具有空间属性,进而提出空间嵌入的观点[5]。

社区是社会的基本单元,以街道辖区为范围的行政社区由基层政府、企业、非政府组织、公共服务机构(幼儿园、学校、图书馆、医疗卫生站)、居

---

[1] Polanyi, K., *The Great Transformation: The Political and Economic Origins of Our Time*, Boston, MA: Beacon Press, 1944.

[2] Uzzi, B., Social Structure and Competition in Interfirm Networks: The Paradox of Embeddedness, *Administrative Science Quarterly*, Vol. 42, No. 1, 1997, pp. 35-67.

[3] Granovetter, M., Economic Action and Social Structure: the Problem of Embeddedness, *American Journal of Sociology*, Vol. 91, No. 3, 1985, pp. 481-510.

[4] Zukin, S., Dimaggio, P., *Structures of Capital: The Social Organization of Economy*, Cambridge, MA: Cambridge University Press, 1990.

[5] Hess, M., Spatial Relationships: Towards a Reconceptua-Lization of Embeddings, *Progress in Human Geography*, Vol. 28, No. 2, 2004, pp. 165-186.

民等构成。社区一般都具有相对稳定的五大结构：人口结构、社会结构、经济结构、政治结构和文化结构。企业与社区的空间同构决定了企业的行为嵌入于社区的社会网络、文化和制度环境中。嵌入理论认为企业的经济行为是社会行为的一种，其行为既受到经济理性的影响，又受到非经济因素的引导。非经济因素的影响包括经济活动主体在其社会网络中所处位置，对环境的认知，传统价值观、信念，区域传统，以及政治环境等社会因素的影响。企业作为社区正常运转的重要因素，其行为将受到社区其他构成要素的制约。贝瑟和米勒认为如果企业所有者和员工以及企业的顾客均居住于社区，企业对社区利益的认知度将会比较高，也容易受到社区传统价值观的影响。斯旺森（Swanson）对卡罗尔的模型进行理论拓展时，也证明企业决策者（经理或老板）在界定他们各自企业的社会责任，以及通过政策、项目、条令或其捐助计划落实他们的社会责任的过程中，他们的价值取向所起到的重要作用[1]。研究表明，决策者的信仰体系、价值观以及道德取向，构成了企业社会行为的根基。因此，企业的社区利益意识会受到企业决策者、企业员工的社区认知、社区文化、社区规范的影响，也会受到企业运营所在社区的区域传统的影响。企业入驻社区的时间越长，企业受社区的影响就越大；企业居住在所在社区的员工比例、领导人的社区情感，毕业于本地区高校的管理人员比例越多，企业受社区规范的影响就越大。

我们把企业因为其发展经历或者外部环境影响而对社区产生的非直接利益驱动的行为趋向，定义为企业的社区情感嵌入度；把企业行为受到直接经济利益驱动的行为趋向理解为企业与社区的利益关联度。社区经

---

[1] Besser, T., *The Conscience of Capitalism: Business Social Responsibility to Communities*, Westport, CT: Praeger, 2002; Buchholtz, A. K., Amason, A. C., Rutherford, M. A., Beyond Resources: The Mediating Effect of Top Management Discretion and Values on Corporate Philanthropy, *Business & Society*, No. 38, 1999, pp. 167-187; Miller, N., Besser, T., The Importance of Community Values in Small Business Strategy Formation: Evidence from Rural Iowa, *Journal of Small Business Management*, Vol. 38, No. 1, 2000, pp. 68-85; Thompson, J. K., Smith, H. L., Hood, J. N., Charitable Contributions by Small Businesses, *Journal of Small Business Management*, Vol. 31, No. 3, 1993, pp. 35-51; Useem, M., Kutner, S. I., "Corporate Contributions to Culture and the Arts: The Organization of Giving and the Influence of the Chief Executive Officer and of Other Firms on Company Contributions in Massachusetts", DiMaggio, P. J. (Ed.), *Nonprofit Enterprise in the Arts: Studies in Mission and Constraint*, New York: Oxford University Press, 1986, pp. 93-112; Weaver, G. R., Trevino, L. K., Cochran, P. L., Corporate Ethics Programs as Control Systems: Influences of Executive Commitment and Environmental Factors, *Academy of Management Journal*, Vol. 42, No. 1, 1999, pp. 41-57; Weaver, G. R., Trevino, L. K., Cochran, P. L., Integrated and Decoupled Corporate Social Performance: Management Commitments, External Pressure, and Corporate Ethics Practices, *Academy of Management Journal*, Vol. 42, No. 5, 1999, pp. 539-552.

济结构包括社区范围内企业的产业结构、市场结构、商品结构等与企业经济行为直接相关的元素,企业运营过程中在生产要素方面、商品和服务上、供应商和经销商方面对社区的依赖,将使企业注重其在社区的形象。本章从企业的社区情感嵌入程度和企业与社区的利益关联度两个维度来分析企业与社区的关系对企业社区参与行为的影响。

贝瑟和米勒的研究表明,如果企业持有者居住在其企业所在的社区,当他们的子女到本地学校上学,在公园嬉戏,参与少年棒球营,当他们的朋友或是邻居,对于社区安全及房地产价值产生顾虑时,有熟识的人在社区中,或是在社区中有朋友参与了社区管理,会对企业的社区参与行为产生积极的影响[1],这样的企业会产生社区参与的命运共同体动机。特本和格里宁(Turban 和 Greening)研究发现,拥有公益美誉的公司,对于职场新人更具吸引力。在一份有关商业体社会责任的全国性调研中,大企业的 CEO 们认为,他们对于社区及慈善的贡献,会帮助他们吸引到新员工并留住老员工[2],企业的社会责任可以通过帮助吸引到更多的客户[3],帮助留住现有员工,吸引到新员工的加入[4],吸引到投资人的目光[5],增加与潜在商业合作伙伴及潜在客户的联系并提高企业在他们之中的威信,从而积极地影响商业的成功;相对于那些客户为非本社区居民的企业而言,客户为本社区居民的企业,更有可能持有公共关系动机。本章结合第四、五章的案例研究,按照企业对社区关系的认知把企业社区参与的动机分成两种:共同体动机和利益动机。共同体动机是指因企业员工生活在该社区,员工身份与社区居民身份重叠而产生的与社区共命运的参与社区建设的动机。利益动机是指因企业依赖社区资源实现战略发展的需要而产生的参与社区建设的

---

[1] Kasarda, J. D., Janowitz, M., Community Attachment in Mass Society, *American Sociological Review*, Vol. 39, No. 3, 1974, pp. 328-339; Stinner, W. F., Van Loon, M., Chung, S., Byun, Y., Community Size, Individual Social Position, and Community Attachment, *Rural Sociology*, Vol. 55, No. 4, 1990, pp. 494-521.

[2] McElroy, K. M., Siegfried, J., The Community Influence on Corporate Contributions, *Public Finance Quarterly*, Vol. 14, No. 4, 1986, pp. 394-414.

[3] Smith, C., The New Corporate Philanthropy, *Harvard Business Review*, Vol. 72, No. 3, 1994, pp. 105-116; Stendardi Jr, Edward J., Corporate Philanthropy: The Redefinition of Enlightened Selfinterest, *The Social Science Journal*, Vol. 29, No. 1, 1992, pp. 21-30.

[4] Turban, D. B., Greening, D. W., Corporate Social Performance and Organizational Attractiveness to Prospective Employees, *Academy of Management Journal*, Vol. 40, No. 3, 1997, pp. 658-672.

[5] Atkinson, L., Galaskiewicz, J., Stock Ownership and Company Contributions to Charity, *Administrative Science Quarterly*, No. 33, 1988, pp. 82-100; Johnson, R. A. & Greening, D. W., The Effects of Corporate Governance and Institutional Ownership Types on Corporate Social Performance, *Academy of Management Journal*, Vol. 42, No. 5, 1999, pp. 564-576.

动机。具有不同动机的企业社区参与行为的风险性存在显著差异，本研究把企业社区参与的动机作为企业与社区关系影响企业社区参与行为的中介变量。

根据第五章的案例研究结果，成熟的社区自治组织在处理企业与社区关系的作用中非常突出：社区居委会工作人员向入驻社区的企业募集社区运转经费，以社区建设项目带动企业社区参与；成熟的社区自组织维护社区利益的意识非常强烈，村委会代表与企业进行合作协商与谈判，为企业推动社区发展创造条件；社区优越的自然资源条件也对企业的吸引力很大。汪建新的实证研究表明社区自组织建设程度以及社区对企业活动的参与程度因素对企业在社区领域的社会责任影响高度显著。[①] 本章把社区的自然资源条件、社区居委会（村民委员会）的成熟程度、自组织与企业的关系等因素定义为社区的资源动员力，作为企业与社区关系影响企业社区参与行为的中介变量。

组织社会学的新制度主义理论认为组织是制度化的，组织的制度化是一个适应制度环境的过程，组织行为受到技术环境和制度环境的共同作用。根据迪马奇奥和鲍威尔的观点，民族国家和专业组织是现代制度的主要塑造者，两类行动者采取的模式和机制是不同的：国家有可能采取强迫机制或者诱导机制来追求自己的目标，并更有可能建立正式的网络来实现自己的目标；专业组织主要依赖社会规范或模仿的影响力，并创造与自己的目标和信念一致的文化形式。有学者运用"基本结构"术语来描述一个国家在政治、法律、经济等方面的制度性因素。这些制度性安排对于社会中的组织和个人的行动提供了分析的背景性框架，这些制度性因素对组织行为及其方式都会产生很深刻的影响。企业社会责任行为是企业适应经济全球化和经济与社会协调发展的基本要求而采取的组织行为，在企业从完全的经济利益驱动到经济利益与社会效益协调驱动的转变过程中，政府的推动作用非常重要。政府通过立法、加强法制执行力和诱导政策等形式对企业承担社会责任施加外部性强制压力[②]。例如，政府在企业决定是否推行 ISO 14001 标准的决策中起到了重要的作用，它们表彰推行该标准的企业，提高其声誉鼓励它们执行这一标准；并且帮助这些企业降低因实施

[①] 汪建新：《企业社会责任研究——基于利益相关者角度》，天津：南开大学博士学位论文，2009 年。

[②] Delmas, M. & Toffel, M. W., Stakeholders and Environmental Management Practices: An Institutional Framework, *Business Strategy and the Environment*, No. 13, 2004, pp. 209-222.

该标准带来的行为成本①。有些研究者的实证研究发现企业调整行为活动,与企业作为社会利益相关者而积极参与当地行动高度正相关;一些非政府组织也可能比其他因素,更能够影响到企业的行为。格林和戴维斯(Mary Ann Glynn, Gerald F. Davis)的实证研究表明企业运营所在社区的制度环境(包括社区文化、规范、政府政策、法制等因素)对企业社区参与行为有调节作用②。本书第四、五章案例研究结果表明,在中国社会除政府力量外,社区非政府组织对于社区内企业的行为影响存在明显差异。参考郑海东关于企业社会责任外部环境的影响因素③,以及冯臻关于影响企业社会责任行为路径的研究④,本章把企业的社区参与外部环境影响因素分为两个层次三个方面,一个层次是政府作为主要力量通过公共行政效率和立法执法对企业的社区参与形成的强制性压力和规范性压力,表现为政府回应和执法环境;另一个层次是非政府组织作为规范性压力对企业的社区参与形成的压力,表现为非政府组织发育程度。本研究把外部环境、政府回应、执法环境、非政府组织发育程度作为企业与社区关系影响企业社区参与的调节变量。

　　企业社区参与行为受到企业自身特征的影响。沃伯特⑤、格拉斯克维茨⑥、格思里⑦的研究表明,不同规模和产业类型的企业对社区发展的贡献会有很大的差异。科尼利厄斯认为中小型企业在基于社区的企业社会责任活动中表现活跃,社会企业和那些植入当地社区由微型企业成长起来的企业尤其突出⑧。斯蒂芬·布拉姆和安卓·米林顿(Stephen Brammer &

---

　　① Delmas, M., The Diffusion of Environmental Management Standards in Europe and the United States: An Institutional Perspective, *Policy Sciences*, No. 35, 2000, pp. 91-119.

　　② Glynn, Mary Ann, Davis, Gerald F., Community Isomorphism and Corporate Social Action, *Academy of Management Review*, Vol. 32, No. 3, 2007, pp. 925-945.

　　③ 郑海东:《企业社会责任行为表现:测量维度、影响因素及对企业绩效的影响》,杭州:浙江大学博士学位论文,2007年。

　　④ 冯臻:《影响企业社会责任行为的路径——基于高层管理者的研究》,上海:复旦大学博士学位论文,2010年。

　　⑤ Wolpert, J., *Patterns of Generosity in America: Who's Holding the Safety Net?* New York: Twentieth Century Fund, 1993.

　　⑥ Galaskiewicz, J., An Urban Grants Economy Revisited: Corporate Charitable Contributions in the Twin Cities, 1979-1981, 1987-1989, *Administrative Science Quarterly*, No. 42, 1997, pp. 445-471.

　　⑦ Guthrie, D., *Survey on Corporate-Community Relations*, New York: Social Sciences Research Council, 2003.

　　⑧ Cornelius, Nelarine, Todres, Mathew, Janjuha-Jivraj, Shaheena, Woods, Adrian, Wallace, James, Corporate Social Responsibility and the Social Enterprise, *Journal of Business Ethics*, No. 81, 2008, pp. 355-370.

Andrew Millington)认为,行业类型对企业社区参与存在显著影响。同时,企业家因素对其也有重要影响,表现为女性较男性更愿意在其决策体系中考虑包括社区在内的利益相关者利益;不同地域的社区也有不同侧重点的诉求。有的学者关于企业社区参与行为差异的实证研究显示,企业规模、行业和所有制特征对企业社区参与行为有显著影响,而企业入驻社区的时间和企业生命周期对企业的社区参与没有显著影响。陈宏辉、陈留彬、郑海东、贾生华、冯臻等学者的研究均显示企业的规模、行业和所有制特征对企业社会责任的影响。[①] 本章主要研究不同企业—社区关系背景下企业社区参与怎么样,因此,把企业的规模、行业和所有制特征作为分析企业社区参与实践的控制变量。

由此,本章提出一个企业社区参与实践的理论模型。将企业的社区关系,即企业的社区情感嵌入度、企业的社区利益关联度作为自变量,将企业的社区参与作为因变量,把企业社区参与的动机(利益动机和共同体动机)和社区资源动员力作为中介变量,在企业的社区关系影响企业社区参与的过程中,分析政府回应、执法环境、非政府组织发育对于企业社区参与的调节作用,以期深入探讨企业为什么参与社区建设,怎样参与社区建设,最后提出促使企业实现与社区共生持续发展的路径。理论模型如图6-3。

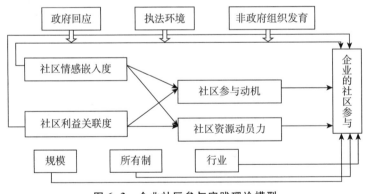

图6-3 企业社区参与实践理论模型

[①] 陈宏辉、贾生华:《企业利益相关者三维分类的实证分析》,《经济研究》2004年第4期;陈留彬:《中国企业社会责任评价实证研究》,《山东社会科学》2007年第11期;郑海东:《企业社会责任行为表现:测量维度、影响因素及对企业绩效的影响》,杭州:浙江大学博士学位论文,2007年;冯臻:《影响企业社会责任行为的路径——基于高层管理者的研究》,上海:复旦大学博士学位论文,2010年。

第三节　企业社区参与实践的研究假设

一、情感嵌入度和利益关联度对企业社区参与的直接效应

在文献研究和案例研究中我们可以了解到企业—社区关系对企业社区参与的影响。孔茨认为，企业应该及时回应社会环境的要求，参与社区事务[①]，同时，企业也依赖社区获得各种重要资源。战略性企业社会责任理论(strategic corporate social responsibility, SCSR)认为，企业要具备与社会共生的理念，把社会利益与企业核心利益紧密结合，重视形成良好的企业社会影响。因此，企业履行战略性企业社会责任的最终目的是融入社会，通过与社会和谐共处获得持续的竞争优势[②]。社区是社会的基本单元，企业与社区的共生关系是企业履行SCSR的基础，是企业社区参与的最佳状态。根据企业—社区关系影响企业社区参与行为理论模型建构的过程可以清楚地看到，不是每一个企业与其所在社区都存在紧密的对称互惠关系，企业依据其社区情感嵌入度和与社区的利益关联度不同而出现不同的社区参与行为，不同的企业会形成不同的社区关系，不同的社区关系会促使企业采取不同的社区参与行为。

社区是企业的利益相关者。希尔和琼斯认为利益相关者"向公司提供关键资源(有贡献者)，作为交换，他们希望能由此实现其利益"[③]；米切尔、阿格尔和伍德等认为，应该根据利益相关者具有的三个关键特征，即权力(power)、合法性(legitimacy)和紧迫性(urgency)对利益相关者分类(见图6-4)。权力决定了利益相关者左右结果的能力，合法性指利益相关者共同接受的规则，紧迫性决定了关注利益相关者利益的紧迫程度。也就是说，利益相关者的特征是以他们与企业的关系为基础的，是通过现存的交换关系建立起来的，"利益相关者的性质和环境的状态决定了利益相关者

[①] 田虹：《企业社会责任及其推进机制》，北京：经济管理出版社2006年版。

[②] Porter, M. E. and Kramer, M. R., Strategy and Society: The Link Between Competitive Advantage and Corporate Social Responsibility, *Harvard Business Review*, Vol. 84, No. 12, 2006, pp. 78-92; Porter, M. E. and Kramer, M. R., Creating Shared Value, *Harvard Business Review*, Vol. 89, No. 1, 2011, pp. 62-77.

[③] Hill, C. W. L. and Jones, T. M., Stakeholder-Agency Theory, *Journal of Management Studies*, Vol. 29, 1992, p. 133.

的关键特征"①,这些关键特征是存在的、动态的,不是固定的、主观决定的。社区是企业的利益相关者,但是社区对于不同的企业来讲,属于不同类型的利益相关者。社区对于一些企业可能存在稳定的相互依赖关系;对于另外一些企业来讲可能存在潜在的相互关联。社区对于企业的重要程度由社区所具有的权力、合法性和紧迫性三个特征决定。这三个特征可以体现为两个方面:一方面是企业与社区的融合程度,另一方面是企业与社区的交换关系。

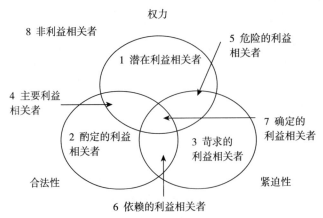

图6-4 基于三个关键特征的利益相关者分类

资料来源:引自 Mitchell, R. K., Agle, B. R., and Wood, D. J., Toward a Theory of Stakeholder Identification and Salience: Definning the Principle of Who and What Really Counts, *Academy of Management Review*, Vol. 22, No. 4, 1997, p. 874。

从企业与社区的融合程度来看,企业入驻社区的时间越长,企业员工和企业管理者居住社区的时间越长,企业嵌入社区的程度越深,企业的社区归属感就越强,企业与社区的融合程度就越高,社区向企业主张自身权利的能力就越强,社区利益受到企业关注的合法性就越大,社区是企业主要的利益相关者。社区也是企业的经营环境,企业只有得到社区的经营许可才可能持续运营,我们把这种经营许可理解为"合法性"。社区"合法性"是一种对规则认同的社会秩序,这种社会秩序及其控制形式既被控制者,同时又被被控制者接受②。韦伯认为合法性是指符合法律、制度、价值观、惯例、文化传统等等。企业面临的社区经营环境有两个层面:首先是技

---

① Lampe, M., Mediation as an Ethical Adjunct of Stakeholder Theory, *Journal of Business Ethics*, No. 31, 2001, p. 165.

② 〔德〕马克斯·韦伯:《经济与社会》(上),林荣远译,北京:商务印书馆2004年版,第61—67页。

环境,即从技术和效益的角度出发,社区所能提供的生产要素与市场;其次是制度环境,即社区利益相关者普遍认同的话语体系、风俗习惯、价值观念、规章制度、法律法规等①。在技术环境下,企业必须高效运行,追求利润最大化。在制度环境下,企业的组织结构或组织行为必须符合社区认同的法律法规。企业与社区的融合程度越高,社区秩序对企业的约束力就越大。制度环境可以通过影响资源分配和利益鼓励人们去采取那些社会认可的做法。比如以强迫性方式使企业必须遵守政府制定的法律、法令或者社会公认的规则,不然就会受到惩罚。企业的社会经营许可也是这样。哈佛大学政治学家罗伯特·D. 帕特南在他的《使民主运转起来》一书中说,意大利北部地区比南部地区更繁荣,因为那里的市民行动更像一个社区的成员。他们更加自觉,建立医院、一起唱歌、一起玩足球,这样逐步形成的信任使得企业效率更高、政府运转更顺畅。② 帕特南主张在传统中巩固起来的合作习惯能够创造繁荣。弗朗西斯·福山也表达了类似的观点,他认为,现代的、组织合理的、专业化管理的大型企业之所以首先在美国、日本、德国发展起来,是因为在所有这些社会里,彼此独立的人与人之间在社区建立了相互信任。③ 显然,人们在社区建立起来的相互信任对入驻社区的企业,融入社区的企业会产生正向的影响。

因此,我们提出假设:

H2:企业的社区情感嵌入度对企业的社区参与有显著正向影响。

为进一步细致分析自变量对因变量的影响,根据社区经济的改善、自然环境的保护和社会秩序的维护三个层次具体分析自变量对因变量的影响。提出假设:

H2a:企业的社区情感嵌入度在环境保护维度上对企业社区参与有显著正向影响。

H2b:企业的社区情感嵌入度在就业创造维度上对企业社区参与有显著正向影响。

H2c:企业的社区情感嵌入度在社会投资和教育文化维度上对企业社区参与有显著正向影响。

---

① 〔美〕斯格特:《组织理论:理性、自然和开放系统》,黄洋等译,北京:华夏出版社 2002 年版,第 125 页。
② 〔美〕罗伯特·D. 帕特南:《使民主运转起来》,王列、赖海容译,南昌:江西人民出版社 2001 年版。
③ 〔美〕弗朗西斯·福山:《信任:社会道德与繁荣的创造》,李宛容译,呼和浩特:远方出版社 1998 年版。

从企业与社区的交换关系来看,如果社区为入驻企业的运营提供了关键的资源,如土地、技术,企业的生产和销售依赖社区的生产商和销售商,企业的人力资源来自于社区的人力资源,企业的发展与社区居民的生活质量改善,社区福利的提高密切相关,企业与社区相互影响,社区具有很强的主张自身利益的权利和能力,可以与企业协商谈判,这个时候企业与社区的利益关联度非常高,它们是互利和谐的,社区具有紧迫性的特征,社区是企业确定的利益相关者;如果企业行为影响到社区利益,社区又具有主张自身利益的能力,社区将成为企业危险的利益相关者;如果社区仅仅对企业提出自身利益的需求,社区并未成为企业价值链中的环节,社区可能是苛求的利益相关者。当社区是企业确定的利益相关者时,企业的利益与社区的利益一致,企业的社区参与度就会较高。当企业与社会紧密依赖时,两者之间是正和博弈①,企业可以通过提升企业核心竞争力、创新合作领域和降低社会风险获得企业和社会的共同利益。企业可以在社区发展中依据自身价值链特点寻找商机,把社区发展项目融入企业发展战略,纳入企业核心业务,实现与社区的共生发展。

爱德华·弗里曼认为,把利益相关者、组织的价值和社会问题按照各种比例组合在一起达到三者之间的协调一致,企业战略可以划分为五种类型:特定利益相关者战略、股东战略、功利主义战略、罗尔斯战略和社会协调战略②。社会协调战略是一种基于社会和谐原则的企业战略,即无论采取什么行动,都要符合广大利益相关者的利益,并得到他们的一致支持。社会和谐的原则源自社群主义的基本价值观,根据这种价值观,较之其他的一切,企业更加注重做一个受人尊敬的社区成员,如果实施这种战略,企业就会得到社区的基本认同,如果与社区发生冲突,企业就会努力解决冲突,直到各方达成"相互谅解"。这样的战略性企业社会责任能够激发员工对企业的荣誉感和认同感,有效消除优秀员工流失风险,吸引人才加盟。企业通过树立富有责任、伦理驱动、环境友好的形象③,使企业的产品和服务有别于竞争对手,并体现差异化。消费者基于对企业的信任自愿为这类差异化竞争优势可能产生的成本买单。企业通过参与解决社会问题,化解

---

① Porter, M. E. & Kramer, M. R., Strategy and Society: The Link Between Competitive Advantage and Corporate Social Responsibility, *Harvard Business Review*, Vol. 84, No. 12, 2006, pp. 78-92.

② 〔美〕R. 爱德华·弗里曼:《战略管理——利益相关者方法》,王彦华、梁豪译,上海:上海译文出版社 2006 年版,第 127 页。

③ Crawford, D. & Scaletta, T., The Balanced Scorecard and Corporate Social Aligning Scorecard and Corporate Social Aligning Values, *CMA Management*, Vol. 79, No. 6, 2005, pp. 20-27.

社会风险,制造有利的竞争环境,促进企业战略的实现。因此,企业与社区利益关联度越高,企业实施战略性企业社会责任的条件越充分,企业的社区参与度将会越高。

由此,提出假设:

H3:企业的社区利益关联度越高,企业的社区参与程度越高。

为进一步细致分析自变量对因变量的影响,根据社区经济的改善、自然环境的保护和社会秩序的维护三个层次具体分析自变量对因变量的影响。提出假设:

H3a:企业的社区利益关联度越高,企业社区参与在环境保护维度上表现越好。

H3b:企业的社区利益关联度越高,企业社区参与在就业创造维度上表现越好。

H3c:企业与社区的利益关联度越高,企业社区参与在社会投资和教育文化维度上表现越好。

二、参与动机与社区资源动员力的中介效应

1. 企业社区参与动机的中介效应假设

从广义上讲,企业社会责任的支持者有四个支持自身立场的论据:道德责任、可持续性、运作许可和声誉。道德责任要求企业成为良好市民,并"正确做事",因此这便成为美国处于领导地位的非营利性"企业社会责任协会"的最主要目标。美国非营利性"企业社会责任协会"要求其成员"以能够珍视道德价值和尊重他人、社区与自然环境的方式获取商业成功"。可持续性强调的是环境和社区。运作许可则是指每家企业都需要来自政府、社区和其他无数股东对经商的默许或者明文许可。许多企业都利用声誉使自己的社会责任计划站得住脚,原因是这些计划能够改善企业形象、加强其品牌效应、提高员工士气,甚至提高股票价格[①]。

企业首先是一个经济实体,必须负有生产、营利及满足消费者需求的经济责任,因此在卡罗尔的企业社会责任三维概念模型中,企业所承担的经济责任、法律责任、伦理责任和自愿责任这四种类型社会责任的权重依次为4、3、2、1。企业只有承担了其经济责任,才有可能承担其他社会责任。贝瑟和米勒认为小规模企业的社区参与行为有两种动机,命运共同体动机

---

① 〔美〕迈克尔·波特:《竞争论》,刘宁、高登第、李明轩译,北京:中信出版社2009年版,第361—366、386、389页。

和公共关系动机①,它们都被称为明智的利己主义动机。明智的利己主义动机,指的是相信对于社会改善的贡献会有助于企业成功的信念。命运共同体动机与公共关系动机的区别在于是否存在"吃免费午餐的人"(没有参与社区支持的企业,也同样从一个更强盛的社区中获益);同时,参与社区支持的企业能从中获得怎样的收益,是无法衡量的。例如:为修缮公众剧院撰写拨款申请时,企业为其提供技术支持;企业支付给员工额外工资,让他们去志愿教授社区的孩子如何阅读。一个建筑承包商在谈到他对于社区的支持时,表达了他的命运共同体动机:"商业体对社区负有义务,这是天经地义的。它们做出贡献是出于利己主义的考虑。因为社区强盛会惠及它们的生意。"一个农村保险经理人则认为,"很多时候,公众与企业都没有意识到,其实他们的共同利益是交织在一起的"。公共关系动机所引起的社区贡献,可以部分地解决在企业提供公共支持——诸如社区改善——的过程中所出现的"吃免费午餐的人"的问题。持有公共关系动机的企业,期望能从社区贡献中收获公众对于其贡献的认可和感激。从某种程度上来说,社区贡献变成了企业的一种广告。例如:企业为修缮公众剧院撰写拨款申请时提供技术支持,没有提供相关支持的企业,在没有任何付出的情况下,却可以得到与提供相关支持的企业同样的实惠——重新修缮的公众剧院,对社区居民的生活品质带来了改善,这将帮助企业留住员工并吸引到新员工。但是,如果此公众剧院被冠以向其提供支持的企业的名称,或者是在公众剧院门口悬置对于提供支持的企业的致谢牌匾,未提供支持的企业将无法分享到这种公共关系(或广告)方面的收益。当然,这种公共关系方面的收益对于商业成功的贡献究竟有多少,还是很难衡量的;但是"吃免费午餐的人"的问题却得到了部分解决。因此,有的服务行业的企业老板就提出:"我们(为社区)所做的事情,50%是出于无私奉献,50%是为了广告效应。我们总归会收回成本的。"因此,企业社区参与的公共关系动机的基础是企业获取利益,而企业社区参与的命运共同体动机的基础是企业相信社区的繁荣有利于企业的发展,认为企业社区参与是企业的义务。

据此,本章把企业出于履行社会责任、回报社区为企业提供良好的运营环境、增强企业员工的荣誉感、提高企业的美誉度等间接利己目的而参与社区建设的动机定义为共同体动机;把企业出于稳固市场地位、吸引并留下优秀人才、获得商业合作伙伴的信任、获得商业投资、获得政府的订单

---

① Besser, Terry L., Miller, Nancy J., The Risks of Enlightened Self-Interest: Small Businesses and Support for Community, *Business & Society*, Vol. 43, No. 4, 2004, pp. 398–425.

等具有直接企业获利目的的社区参与行为动机称为利益动机。那么，根据企业社区情感嵌入度的界定，企业入驻社区的时间越长，企业员工居住社区的人数越多，企业高层领导是本社区的居民，企业的社区归属感就会越强，企业的社区情感嵌入度越深，企业的共同体动机就会越明显。企业与社区的利益关联度越高，企业利益与社区利益一致，企业的利益动机会越明显。

因此，提出假设：

H4：企业社区参与动机在企业的社区关系影响企业社区参与过程中起中介作用。

H4a：企业社区参与动机在社区情感嵌入度影响企业社区参与过程中起中介作用。

H4b：企业社区参与动机在社区利益关联度影响企业社区参与过程中起中介作用。

2. 社区资源动员力的中介效应假设

在本研究中，社区资源动员能力是指社区本身吸引、引导企业参与社区的能力。结合第四、五章的案例研究结论，从社区的资源动员可衡量的角度，把社区资源的动员能力以社区的地理位置优越度、社区的成熟程度、企业与社区居委会的关系、企业行为受社区制约的程度来衡量。社区是指一定数量居民组成的、具有内在互动关系与文化维系力的地域性的生活共同体，地域、人口、组织结构和文化是社区构成的基本要素。地域要素是指社区的自然地理条件和人文地理条件。自然地理条件包括了所处的方位、地貌特征、自然资源、空间形状与范围等，而人文地理条件则包括人文景观、建筑设施等。人口要素是指人口的数量和质量、人口的结构、人口的分布和人口的流动状况。组织结构要素是指社区内部各种社会群体和组织之间的相互关系及其构成方式。社区组织包括企业、银行、政治团体、各类教育组织、文化团体、医院、娱乐性团体和志愿者队伍等。文化要素包括历史传统、风俗习惯、村规民约、生活方式、精神状态、社区归属和社区认同。社区文化总是有形无形地为社区居民提供着比较系统的行为规范，不同程度地约束着社区居民的行为方式与道德实践，客观上对居民担负着社会化的功能以及对居民生活的某种心理支持。[①] 社区具有经济、社会化、社会控制、社会福利保障、社会参与等方面的功能。社区的基本结构因素相互作用促进社区变迁以形成社区的动态系统。不同的社区具

[①] 徐永祥：《社区发展论》，上海：华东理工大学出版社2001年版。

有不同的要素结构,所有要素构成社区的资源特色,不同的资源特色需要不同的企业社区参与行为,同时社区诉求的满足依靠社区的资源动员能力。强的社区资源动员能力对企业社区参与有正面影响。与社区的情感关系越紧密、与社区利益关联度高的企业将促进企业与社区良好关系的形成,提高社区的成熟程度,以及社区对企业的约束力,推动企业参与社区建设。

由此,提出假设:

H5:社区资源动员力在企业的社区关系影响企业社区参与过程中起中介作用。

H5a:社区资源动员力在社区情感嵌入度影响企业社区参与过程中起中介作用。

H5b:社区资源动员力在社区利益关联度影响企业社区参与过程中起中介作用。

三、参与环境与政府回应的调节效应

1. 非政府组织的调节效应假设

本研究中的非政府组织(non-governmental organization, NGO)是指在特定的法律系统下,不被视为政府部门的协会、社团、基金会、慈善信托、非营利公司(社会企业)或其他法人等不以营利为目的的社会组织。它和非营利组织在内涵和外延上一致,可以互换使用。它最早是指得到联合国承认的国际非政府组织;在我国,非营利组织主要体现为社会团体、民办非企业单位、基金会、志愿者组织等,是一个社会中公民自我管理的重要方式,是政府管理的重要补充[①]。

每个社会问题都有众多的强有力的支持者,而这些支持者的目标和价值观完全不同甚至是相互排斥,这实际上决定了政府根本无法成功解决这些问题。由于时间较长,政府天生不适合实施周期长且庞大的"社会项目"。非政府机构,无论是企业还是快速发展的非营利"第三方"机构,都能直接设定单一的目标。它们能把"难题"分解成几个"简单问题",每个问题都能解决,或至少可以缓和。而且,非政府机构之间能够相互竞争,因此它们可以采取各种可能的方法解决问题,包括进行实验。政府越来越没有能力,即缺乏有效解决当代发达社会"社会需求"的能力,这为非政府机构,特

---

① 王名编著:《非营利组织管理概论(修订版)》,北京:中国人民大学出版社 2002 年版,第 1—7 页。

别是为那些最灵活和最多样化的非政府机构即企业提供了重要机会①。佛罗里达和戴维森(R. Florida, D. Davison)发现一些企业调整行为活动,与企业作为社会利益相关者而积极参与当地行动高度正相关;非政府组织等也可能比其他因素,更能够影响到企业的行为②。劳伦斯和莫雷尔(A. Lawrence and D. Morell)通过对企业的观察发现,企业(尤其是那些大企业)受到成为受公众尊重的环保公司的自我驱动压力而不断提高自身社会责任行动③。因此一些学者认为,这些非政府的社会组织对企业规制的程度越高,那么反过来给企业自我规范的压力就越大。拉尔夫·纳德领导和推动的美国消费者权益保护运动可以充分说明这一点。

拉尔夫·纳德在1965年以《任何速度都不安全》一书揭露美国汽车业在设计上的重大疏漏,曝光了通用汽车公司生产的Corvair牌汽车在设计上的严重缺陷,通用汽车公司雇用私人侦探调查纳德,纳德以侵犯隐私权起诉通用汽车公司,并于1970年获得通用汽车公司的425000美元赔偿,他用这笔钱建立了纳德责任法研究中心,推动美国国会和政府加强对企业监管的立法。20世纪70年代,纳德建立了超过60个小组的网络,宣传并保护消费者权利。1971年,他又成立了名为公共公民(Public Citizen)的组织,下设20个非营利组织,如健康研究组织、公民活动组织、国家监管和税改研究组织以及诉讼组织等,这些组织推动了美国消费者保护运动迅速发展壮大。1967年成立的美国消费者联合会联合全国200个与消费者利益有关的组织,代表着超过3000万人的利益④。

非营利组织对劳工运动的蓬勃开展也起到关键的作用。自18世纪劳工运动发展以来,劳工组织对于维护劳工权益起到重要作用。20世纪80年代,国际劳工组织发起了全球劳工权益保护运动,与跨国公司抗衡,要求它们为供应链上的侵害劳工权益的企业行为承担责任。这一系列活动提高了劳工维护自身权益的意识,推动了政府通过立法和改进执法维护劳动

---

① Drucker, Peter F., Coverting Social Problems into Business Opportunities: The New Meaning of Corporate Social Responsibility, *California Management Review*, Vol. 26, No. 2, 1984, pp. 53-63.

② Florida, R., Davison, D., Gaining from Green Management: Environmental Management Systems Inside and Outside the Factory, *California Management Review*, No. 43, 2001, p. 64.

③ Lawrence, A., Morell, D., "Leading-Edge Environmental Management: Motivation, Opportunity, Resources and Processes", Collins, D. and Starik, M. (Eds), *Research in Corporate Social Performance and Policy*, Greenwich, CT: JAI Press, 1995, pp. 99-126.

④ 〔美〕乔治·A.斯蒂纳、约翰·F.斯蒂纳:《企业、政府与社会(第8版)》,张志强、王春香译,北京:华夏出版社2002年版,第585—586页。

力市场秩序①。

环境保护运动推动了环保组织的发展,也加强了企业的环境保护意识。环境保护运动兴起于20世纪60年代的西方发达国家,由于工业经济发展迅速,环境受到严重破坏,各种环境问题严重威胁着人类的生存。1962年,一本名为《寂静的春天》的书从心灵深处唤起了人们对清新的空气、纯净的水和绿化的土地的渴望,最早成立的几个著名的环境保护组织,塞拉俱乐部(Sierra Club)和奥杜邦社团(Audubon Society)等最终在1973年把环境保护运动推向全美国②。各种运动最终演变成企业社会责任运动。

企业社会责任运动的倡导者包括各个层次的、各种规模的民间企业社会责任组织,既有行业性的组织,如荷兰的"洁净衣服运动"、英国的道德贸易促进会;也有地区性的组织,如美国社会责任商会、日本的良好企业公民委员会、加拿大社会责任商会;还有国际性的组织,如国际社会责任组织、欧洲企业社会责任协会等。③ 可见,非政府组织是推动企业履行社会责任的重要力量。

社区服务是非政府组织关注的重要领域。无论是在农村社区还是在城市社区,都有越来越多的非政府组织在提供各种服务。这些服务的范围包括:社区医疗、社区护理、社区卫生保健、社区养老、社区文化休闲、社区消防、社区治安、社区管理、社区教育、社区娱乐、社区绿化、社区环保,等等。④ 显然,非政府组织在推动企业社区参与方面会产生正面的影响,在企业与社区关系影响企业社区参与过程中具有调节作用。作为企业与社区关系影响企业社区参与的环境因素,非政府组织越成熟,对企业的约束力就越强,对于企业参与社区建设的压力就越大。参照第四章的案例研究,我们可以认为在非政府组织成熟的社区环境中,企业的社区关系对企业社区参与的影响比在非政府组织不成熟的社区环境中显著。

由此,提出假设:

H6:非政府组织成熟程度在企业的社区关系影响企业社区参与的过程中起调节作用。

H6a:在非政府组织成熟的社区环境中,企业的社区关系对企业社区参

---

① 马力、齐善鸿:《西方企业社会责任实践》,《企业管理》2005年第2期。
② 沈洪涛、沈艺峰:《公司社会责任思想起源与演变》,上海:上海人民出版社2007年版,第64页。
③ 张志强、王春香:《西方企业社会责任的演化及其体系》,《宏观经济研究》2005年第9期。
④ 王名编著:《非营利组织管理概论》,北京:中国人民大学出版社2002年版,第4—7页。

与的影响比在非政府组织不成熟的社区环境中显著。

2. 执法环境的调节效应假设

本研究中的执法环境主要指地方政府是否根据国家法律、条例和部门规定制定了完善的地方性法规,法律法规的执行效果如何等。法律环境有利于维持社区的秩序和运行,可以为非营利组织、社区社团的发展创造条件;对于企业而言,主要是规定企业行为的底线,约束企业的私利。例如,国家为了鼓励企业的捐赠活动,规定企业特定的捐赠行为可以享受税收减免的优惠,企业参与慈善活动可以获取良好声誉与税收优惠的双重好处。法律规定企业必须承担保护社区环境的义务。《中华人民共和国大气污染防治法》第 35 条关于"在人口集中地区存放煤炭、煤矿石、煤渣、煤灰、砂石、灰土等物料,必须采取防燃、防尘措施,防止污染大气"的规定,《中华人民共和国环境噪声污染防治法》第 25 条中对"产生环境噪声污染的工业企业,应当采取有效措施,减轻噪声对周围生活环境影响"的规定,《中华人民共和国固体废物污染环境防治法》第 35 条关于在"自然保护区、风景名胜区、生活饮用水源保护区、基本农田保护区和其他需要特别保护的区域内,禁止建设工业固体废物集中贮存、处置的设施和生活垃圾填埋场"的规定,都说明法律制裁可以确保人们对正当行为的基本要求的服从。法律环境界定了企业行为的道德底线,企业必须在法律规定的范围内承担基本的社区责任。卡普斯坦(E. B. Kapstein)的研究认为社会责任投资的日益重要,日益增长的消费者和环境激进主义,以及一种令人鼓舞的政治或者立法环境都对企业承担社会责任施加的压力有显著的贡献①。法规政策的完善和执法的公正、有力直接影响到企业对于相关法律的执行。

由此,提出假设:

H7:执法环境在企业的社区关系影响企业社区参与过程中起调节作用。

H7a:在对执法环境充满信心的条件下,企业的社区关系对企业社区参与程度的影响比对执法环境失望的条件下显著。

3. 政府回应的调节效应假设

本研究中的政府回应主要指政府对各种社会问题做出回应的效率和效果,它在很大程度上反映了政府的服务水平和社会管理水平。回应敏捷的政府能使人们相信它会坚守道德标准和社会公正。从推动企业社区参与的角度来看,政府回应的敏捷有效一方面有利于为企业营造良好的发展

---

① Kapstein, E. B., The Corporate Ethics Crusade, *Foreign Affairs*, Vol. 80, No. 5, 2001, pp. 105-119.

环境,另一方面有利于营造推动企业社区参与,履行社区责任的良好环境。不管是治理企业侵犯社区利益行为需要的非政府组织的发育,还是执法环境的健全,都要依靠政府来培育。政府基于公民权通过政治决策过程向公民提供公共产品与服务。政府的角色就是运用公共权力对社会事务进行管理,政府对社会的管理以社区管理为基础,企业和社区都是政府作用的对象。亚当·斯密认为"统治者的责任"是确保国家主权独立、建立法律体系和提供公共服务。世界银行提出,政府的核心使命是制定法律,维持稳定的宏观政策环境,投资公共基础实施,提供公共服务,保护困难群体的权益,保护生态环境①。发达国家的政府通过与非政府组织、社会企业的合作,来解决社会与经济的痼疾。例如,英国在1997—2010年,出台了一些政府计划发展志愿部门与国家建立的伙伴关系。这些计划为志愿组织提供培训,帮助其改善管理,提高工作效率,制定发展规划,使志愿者组织能够成为政府管理的得力帮手。② 美国政府也为社区文化建设支付了大部分的资金。在美国旧金山贝瑟斯德社区,地方政府从社区的房地产税的每1美元中提取1.6美分给社区,个人财产税的每1美元有4美分是划归社区的,这部分资金约占社区文化经费的65%。③ 政府还向企业和社区居民个人筹措资金补充社区文化经费的不足。显然,政府对于社会问题的关注和回应敏捷有效对企业社区参与有着正面的影响。

由此,提出假设:

H8:政府回应在企业的社区关系影响企业社区参与的过程中起调节作用。

H8a:在政府回应敏捷有效的条件下,企业的社区关系对企业社区参与的影响比政府回应迟缓低效的条件下显著。

四、基于企业特征的企业社区参与差异

控制变量是指与特定研究目标无关的非研究变量,即除了研究者重点研究的解释变量和需要测定的因变量之外的变量,是研究者不想研究但会影响研究结果的、需要加以考虑的变量。设置控制变量可以把变量关系的分析固定于一个统一的基线,确定统计分析的结论是否能真实反映变

---

① 世界银行:《1997年世界发展报告:变革世界中的政府》,世界发展报告翻译组译,北京:中国财政经济出版社1997年版,第42页。

② 〔英〕尼古拉斯·迪金:《政府、民间团体和企业在英国社会福利中的协作伙伴关系》,《行政管理改革》2010年第7期。

③ 筱白:《美国政府怎样给社区文化"筹钱"》,《社区》2011年第23期。

量之间的关系。因为除了要研究的因素外,其他因素对因变量也是有影响的,而且不同水平下影响不同,这样,在不同水平下比较同一事物就不合适,而将所谓控制因素固定后,自变量的影响就可以在同一水平下比较了。

从以往研究成果来看,生命周期、行业、规模、性质等不同属性特征的企业在履行社会责任的能力和意识方面存在很大差异。因此,本研究结合案例研究的结果,选择企业的性质、规模大小、所属行业、成立时间作为企业社区参与研究的控制变量。本研究的企业性质主要以国有、私营、外资来区分。国有企业具有"企业办社会"的制度惯性,对其员工居住的"企业型社区"参与程度比较高,这种参与的自觉性远远高于民营企业和外资企业;外资企业对东道国社区的参与可能受到其社区参与传统的影响,与国有企业和民营企业的社区参与程度存在差异。大规模企业的管理制度相对规范,社会对大规模企业的社会贡献期望更高,而且,大规模企业相较于中小规模企业参与社区建设的能力更强。贝瑟认为,绝大多数的小企业所有者承认他们有义务为社会改善作出贡献,但也表示他们的贡献应该是要跟他们的企业规模以及他们所能掌控的资源成比例,[1]克里斯曼、弗赖伊和威尔逊(Chrisman & Fry、Wilson)也持同样的观点。[2][3] 追求利润最大化是企业的本性,虽然社区责任在企业社会责任金字塔模型中被归为伦理责任或慈善责任,但是,企业社区参与或多或少都会受到经济利益的驱动。以是否存在经济利益驱动为标准,显然,第三产业(服务行业)相对于第二产业(工业制造业)对社区资源存在依赖度。在案例研究中,我们发现企业成立时间与企业社区参与行为不是关联因素,因此,企业的生命周期在本研究中没有被列为控制变量。

由此,提出假设:

H9:不同属性的企业,社区参与程度显著不同。

H9a:不同所有制性质的企业,社区参与程度显著不同。

H9b:不同规模的企业,社区参与程度显著不同。

H9c:不同行业的企业,社区参与程度显著不同。

---

[1] Besser, T., *The Conscience of Capitalism: Business Social Responsibility to Communities*, Westport, CT: Praeger, 2002.

[2] Chrisman, J. J., Fry, F. L., Public Versus, Business Expectations: Two Views of Social Responsibility for Small Business, *Journal of Small Business Management*, Vol. 20, No. 1, 1982, pp. 19-26.

[3] Wilson, E., Social Responsibility of Business: What Are Small Business Perspectives? *Journal of Small Business Management*, Vol. 18, No. 3, 1980, pp. 17-24.

第四节 研究假设总结

根据以上研究结果,将所有研究假设总结如图6-5和表6-4所示。

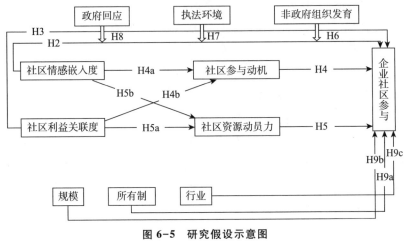

图 6-5 研究假设示意图

表 6-4 研究假设总结表

编号	研究假设内容
H1	企业社区参与行为的测量指标包括环境保护、就业创造、社会投资、教育文化4个一级指标,16个二级指标
H2	企业的社区情感嵌入度对企业社区参与有显著正向影响
H2a:	企业的社区情感嵌入度在环境保护维度上对企业社区参与有显著正向影响
H2b:	企业的社区情感嵌入度在就业创造维度上对企业社区参与有显著正向影响
H2c:	企业的社区情感嵌入度在社会投资和教育文化维度上对企业社区参与有显著正向影响
H3	企业的社区利益关联度越高,企业社区参与程度越高
H3a:	企业的社区利益关联度越高,企业社区参与在环境保护维度上表现越好
H3b:	企业的社区利益关联度越高,企业社区参与在就业创造维度上表现越好
H3c:	企业的社区利益关联度越高,企业社区参与在社会投资和教育文化维度上表现越好
H4	企业社区参与动机在企业的社区关系影响企业社区参与过程中起中介作用
H4a:	企业社区参与动机在社区情感嵌入度影响企业社区参与过程中起中介作用
H4b:	企业社区参与动机在社区利益关联度影响企业社区参与过程中起中介作用

（续表）

编号	研究假设内容
H5	社区资源动员力在企业的社区关系影响企业社区参与过程中起中介作用
H5a:	社区资源动员力在社区情感嵌入度影响企业社区参与过程中起中介作用
H5b:	社区资源动员力在社区利益关联度影响企业社区参与过程中起中介作用
H6	非政府组织成熟程度在企业的社区关系影响企业社区参与的过程中起调节作用
H6a:	在非政府组织成熟的社区环境中，企业的社区关系对企业社区参与的影响比在非政府组织不成熟的社区环境中显著
H7	执法环境在企业的社区关系影响企业社区参与的过程中起调节作用
H7a:	在对执法环境充满信心的条件下，企业的社区关系对企业社区参与的影响比对执法环境失望的条件下显著
H8	政府回应在企业的社区关系影响企业社区参与的过程中起调节作用
H8a:	在政府回应敏捷有效的条件下，企业的社区关系对企业社区参与的影响比政府回应迟缓低效的条件下显著
H9	不同属性的企业，社区参与程度显著不同
H9a:	不同所有制性质的企业，社区参与程度显著不同
H9b:	不同规模的企业，社区参与程度显著不同
H9c:	不同行业的企业，社区参与程度显著不同

第五节 本章小结

本章介绍了企业与社区关系影响企业社区参与的理论模型，提出了研究假设。根据第四、五章的案例研究和已有的文献研究成果，设置了企业社区参与的测量模型，其中包括教育文化、环境保护、就业创造、社会投资4个一级指标和16个二级指标。通过对已有研究成果和企业社区参与实践的分析和归纳，提出企业的社区关系影响企业社区参与的概念模型，严格界定概念模型中的各种变量，讨论了各种变量之间的关系并提出企业的社区关系影响企业社区参与的直接效应假设、中介效应假设（以企业社区参与动机、社区资源动员力为中介变量）、调节效应假设（以非政府组织发育、执法环境、政府回应作为调节变量）。

第七章　企业社区参与的测量与统计结果分析

在理论推演的基础上,本章设计了各个变量的测度指标;拟通过两个阶段的问卷调查收集企业社区参与的数据,对样本数据进行信度和效度检验后,修正各个变量的测量量表,确定所有量表能够很好地满足研究主题的需要,具有较好的内容效度。

第一节　变量的测度与选择

一、企业社区参与的测度指标[①]

企业社区参与的测度指标是研究企业社区参与影响因素的基础。第五章在回顾国内企业社会责任中关于社区责任维度设计的基础上,结合社区发展理论,ISO 26000 中关于"组织参与与社区发展主题下组织的相关评估指标",对企业运营可能对社区产生影响的社区发展评估指标分类整合,对应社区功能的发挥,借鉴相关文献建立企业社区参与的测量维度;然后在第六章通过案例研究和文献研究的结果,运用归纳和演绎推理的方法,界定企业社区参与的构念维度,根据科学性、系统性、可测度、可比性等原则,确定每一个维度的具体测量题项,建构一套包括环境保护、就业创造、社会投资、教育文化 4 个维度,16 个题项的企业社区参与指标体系(见表 7-1)。由了解企业全面工作的中层管理人员按照实际情况填写,以 Likert7 级量表来测量,1 表示非常不同意,7 表示非常同意。

---

① 张桂蓉:《企业社区参与的评价模型》,《中国公共政策评论》2016 年第 1 期。

表 7-1　企业社区参与的测度指标

维度	测量题项
环境保护	遵守社区环境保护的规定
	抵制合作伙伴破坏环境的行为
	及时修复生产对环境造成的损害
	实施了环保项目和节能项目
就业创造	帮助社区残疾人就业
	同等条件下优先雇用当地社区居民
	创造社区就业机会
	提供失业者就业培训
社会投资	投资社区公益慈善项目
	支持员工参与社区志愿者活动
	捐资重建受灾社区
	捐资改造健身休闲等社区公共服务设施
教育文化	资助未成年人接受正规教育
	支持当地高等教育事业
	设立助学金帮助社区贫困学生
	组织或参与社区文化建设

二、社区情感嵌入度与社区利益关联度的测度指标

以企业的社区关系作为自变量,并依据詹姆斯·波斯特、詹姆斯·韦伯、安妮·劳伦斯对企业与社区相互联系、相互依赖关系的阐述[①],结合哈德凯瑟、鲍沃斯和温内科的观点,把企业与社区的关系从纵向和横向两个层面理解[②];同时,运用克拉克森(Clarkson.M)提出的利益相关者风险承担理论[③]和普费弗(Pfeffer)和萨兰西克(Salancik)提出的利益相关者资源依赖理论,认为可以通过企业与社区的依赖程度测量企业与社区

---

① 〔美〕詹姆斯·E.波斯特、安妮·T.劳伦斯、詹姆斯·韦伯:《企业与社会:公司战略、公共政策与伦理》,张志强等译,中国人民大学出版社 2005 年版,第 368 页。
② 〔美〕戴维·A.哈德凯瑟、帕翠霞·R.鲍沃斯、斯坦利·温内科:《社区工作理论与实务》,夏建中等译校,中国人民大学出版社 2008 年版,第 142—143 页。
③ Clarkson, M., "A Risk-Based Model of Stakeholder Theory", *Proceedings of the Toronto Conference on Stakeholder Theory*, Toronto: Center for Corporate Social Performance and Ethics, University of Toronto Press, 1994.

的相互关系①。本研究拟基于企业与社区之间的情感依赖和经济依赖两个方面对企业与社区的关系进行测量。

根据新经济社会学的嵌入性理论,企业与社区的空间同构决定了企业的行为嵌入于社区的社会网络、文化和制度环境中,结合中国企业经历的计划经济时期的企业办社会和社区与单位同构的社会发展历程,这种企业经济行为的嵌入可以导致企业对于社区的情感依赖。这种情感依赖类似于一种社区的归属感和认同感,即居民的社区情感。

在社区发展理论中,关于居民社区情感的研究主要表现为三种理论。第一种是"社区销蚀论"。齐美尔②和沃思③是这一理论的主要代表人物。这一理论认为,城市人口的集中、高密度和高异质性是产生"城市病"的根源,城市生活的基本单元社区正在趋于解体,城市社区居民缺乏社区的归属感和认同感,人际关系日渐冷漠,不再相互关心、相互帮助,居民的社区观念失落,导致社区不再存在维系团体的凝聚力和向心力。第二种是"社区存在论"。路易斯和甘斯是这一理论的主要代表人物。他们认为,工业化和城市化并没有导致城市社区的销蚀,社区中的相互依赖还是存在的。第三种是"社区解放论"。费舍尔、韦尔曼和雷顿是这一理论的主要代表人物。他们认为地域不再是形成社区归属感和社区认同感的基本条件,而是人们之间的互动和在此基础上形成的具有一定强度和数量的心理维系。城市居民处于以个人与个人密切接触为基础的社群网之中,这种社群网超出了人们直接居住的地域范围。人们运用现代交通和通信技术紧密联系,社区不再是单一的地域概念,它已经成为多元化、多层次和跨地域的概念。这一理论不再强调地域空间。

企业的社区情感和居民的社区情感是一样的。如果企业根植于社区,与社区共同成长,互动的密度高,企业就对其运营所在社区产生一种归属感和认同感,关心社区的福利,帮助社区解决社会问题。即使企业发展以后,企业不再依赖社区资源,成为一个具有国际市场的跨国集团,企业仍然存留一种对其所在社区的情感依恋。本研究以企业对其运营社区的认同感和归属感衡量企业的社区情感嵌入度。根据贝瑟和米勒的观点,如果企

---

① 邓汉慧:《企业核心利益相关者利益要求与利益取向研究》,武汉:华中科技大学博士论文,2005年。

② Simmel, G., *The Metropolis and Mental Life*, Wolff, Kurt (Trans.), The Sociology of Georg Simmel, New York: Free Press, 1950, pp. 409–424.

③ Wirth, Louis, Urbanism as a Way of Life, *The American Journal of Sociology*, Vol. 44, No. 1, 1938, pp. 1–24.

业所有者和员工以及企业的顾客均居住于社区将受到社区传统价值观的影响,容易认同社区利益。当他们的朋友或是邻居,对于社区安全及房地产价值产生顾虑时,有熟识的人在社区中,或是在社区中有朋友参与了社区管理,会对企业的社区参与行为产生积极的影响[①]。显然,企业入驻社区的时间越长,企业居住在所在社区的员工比例越大;领导人为本地人,毕业于本地区高校的管理人员比例越多;企业受社区规范的影响越大,企业越容易对社区产生认同感和归属感。本研究用以上指标测量企业的社区情感嵌入度。

企业对社区的经济依赖可以理解为企业与社区的利益关联度。迈克尔·波特与马克·克雷默认为,企业不可能也不必要解决所有的社会问题,企业可以根据自身业务发展需要参与社会问题治理,与企业相比,非营利组织和政府更擅长社会领域的问题解决;企业是否承担社会责任取决于企业由此是否能够创造企业与社会的共享价值[②]。企业从事社会事务的支出能够同时产生社会和经济效益,企业的社会责任行为才具有战略性,也就是说解决社会问题的最有效的办法是企业在解决社会问题的过程中实现自身的发展战略。例如,英国石油公司就因为与当地社区的利益相关者建立了良好的关系而赢得了在阿拉斯加开采石油的营业许可,森科尔(Suncor)公司也因赢得当地社区的支持而获准在阿尔伯塔省开采油砂矿[③]。对于社区存在的问题,不应都由企业来负责,它们也没有足够的能力去解决所有的问题,每一家企业都可以找到特别适合自身解决,并且能够从中获得最大效益的社会问题。因此,企业参与社区问题解决的依据是企业与社区的利益关联程度,对于社区的依靠程度。社区经济结构包括社区范围内企业的产业结构、市场结构、商品结构等与企业经济行为直接相关的元素,社区范围内企业的经销商、供应商和客户是企业的利益相关者,因此,企业运营过程中在生产要素、商品和服务、供应商和经销商方面对社区的依赖,将使企业注重其在社区的形象。本研究根据第四、五章中企业的

---

① Kasarda, J. D. & Janowitz, M., Community Attachment in Mass Society, *American Sociological Review*, No. 39, 1974, p. 328; Stinner, W. F., Loon, M. V., Chung S., Byun, Y., Community Size, Individual Social Position, and Community Attachment, *Rural Sociology*, Vol. 55, No. 4, 1990, pp. 494-521.

② 〔美〕迈克尔·波特:《竞争论》,刘宁、高登第、李明轩译,中信出版社2009年版,第361—366、386、389页。

③ Wheeler, D., Boele, R., Fabig, H., Paradoxes and Dilemmas for Stakeholder Responsive Firms in the Extractive Sector-Lessons from the Case of Shell and the Ogoni, *The Journal of Business Ethics*, 2001.

商品和服务市场依靠社区以实现企业与社区共生发展的案例研究和企业与当地供应商和经销商的利益链条关系，判断企业与社区的利益关联程度。所有题项以Likert7级量表来测量，1表示非常不同意，7表示非常同意。

三、企业社区参与动机的测度指标

本研究把企业的社区参与动机作为企业—社区关系影响企业社区参与的中介变量。企业的社会行为都具有明智的利己动机，但是企业对于社区关系的理解不同，企业社区参与的利己出发点会存在差异，企业的社区参与行为也因此存在差异。有的企业把自身当作社区的公民，认为企业也应该像公民一样关注社区的发展，并且把参与社区建设作为自身的义务，这时企业的社区参与基于社区繁荣的目的，并相信社区的繁荣可以为企业带来间接的利益，企业多产生命运共同体动机。而另外一些企业则把企业的社区参与建立在明确的直接利益基础上，认为拥有公益美誉的公司，可以在吸引职场新人、降低人员离职率、培养忠诚的客户群、吸引投资、获得商业合作伙伴的信任等方面获得成功。相对于那些核心客户为非本社区居民或者单位的企业而言，客户为本社区居民或者单位的企业，更有可能持有利益动机。因此，本研究根据企业社会行为获利的直接性与间接性把企业的社区参与动机细分为两种，其中利益动机以企业是否以提高美誉度，巩固市场地位，吸引并留下优秀人才，获得商业合作伙伴的信任，获得商业投资，获得政府订单为目的作为衡量的指标；共同体动机则以企业社区参与是否以回报社区为其提供的良好运营环境，履行社会责任，增强员工的荣誉感，提高企业的美誉度为目的作为衡量指标。所有题项以Likert7级量表来测量，1表示非常不同意，7表示非常同意。

四、社区资源动员力的测度指标

本研究把社区的资源动员力作为企业—社区关系影响企业的社区参与行为的中介变量。中国的社区是千差万别的，社区的资源动员能力也千差万别。如果企业的社区情感嵌入度不深，企业就可能缺乏社区参与的积极性；但是，假如社区的资源动员能力强，企业的社区参与程度就会提高。目前，中国的社区有五种类型：传统的邻里社区、纯单位社区、居住功能较强的混合社区、城乡接合部社区、新开发的居住社区。社区类型不同，社区自治组织动员企业参与社区建设的主客观条件存在显著差异。根据第五章的案例研究结果，成熟的社区自治组织在处理企业的社区关系中作用非常大，比如向入驻企业募集社区运转经费、以社区建设项目动员企业社区参与等；成熟的社区自治组织维护社区利益的意识非常强烈，村委会代表与企业进行合作协商与谈判，为企业推动社区发展创造条件；社区优越的自然资源条件也对企业的吸引力很大。因此，本研究把社区的资源动员能力分成两个层次的指标来衡量，一个是社区所拥有的客观条件，企业所处社区的地理位置优越，企业所在的社区成熟程度，企业行为受社区约束的程度。一个是社区所拥有的主观条件，即社区自治组织与社区内企业有良好的关系。所有题项以 Likert7 级量表来测量，1 表示非常不同意，7 表示非常同意。

五、企业社区参与环境的测度指标

根据前述研究结论，本研究把企业的社区参与外部环境影响因素分为两个层次三个方面，一个层次是政府作为主要力量通过公共行政效率和立法执法对企业的社区参与形成的强制性压力和规范性压力，表现为政府回应和执法环境；另一个层次是非政府组织作为规范性压力对企业的社区参与形成的压力，表现为非政府组织发育程度。

第一，政府回应的测量指标从企业、政府本身、民众三个角度设置。从企业来讲，企业与基层政府关系良好可能导致政府的快速回应。从政府本身来讲，政府官员的行为以政绩考评标准转移，如果绩效考评指标主要是经济指标，基层政府可能对社会指标的反应迟缓；基层政府的政府官员如果以其社会责任作为其行政行为的衡量标准，就不会唯经济指标论事，对社会公众的要求和呼声反应会更敏捷；从民众这一角度来讲，民众对政府的评价能够真实反映政府对于企业侵犯社区利益可能采取的行为，本研究选择人们相信政府会坚守道德标准和社会公正，政府政策的透明度极高两个方面衡量。

第二，执法环境从法规的内容、法规的执行和民众对法规执行的评价三个角度设置。法规的制定及法规的执行对企业的社区参与行为可以形成强制性压力，本研究主要从社区发展的重要方面考虑法规的内容，以"保护劳工、消费者、自然环境等方面的法规政策完善"为测量指标；从"公检法等执法机关和执法人员的执法能力和执法部门执法的独立性"衡量法规的执行；从"人们对执法过程和执法结果的公正性的评价"衡量执法的效果。

第三，非政府组织的发育程度对于企业的社区参与行为影响很大。对于非政府组织的发育，本研究从非政府组织的数量、管理水平、影响力和独立性四个方面测量。即：行业协会等各类非政府组织数量众多；企业所在社区各类非政府组织管理水平很高；企业所在社区各类非政府组织影响力极大;企业所在社区各类非政府组织受政府影响小且独立性很强。

所有题项以 Likert7 级量表来测量,1 表示非常不同意,7 表示非常同意。

六、控制变量的测度指标

本研究把企业的性质、规模和行业作为企业与社区关系影响企业社区参与行为的控制变量。企业的性质按照所有权分为国有、私营和外资三种类型。企业的行业按照传统的第一产业、第二产业和第三产业分类。对照国民经济行业分类与代码(GB/T 4754—2002),本研究样本中不包含农、林、牧、渔等传统第一产业。因此,对样本按照第二产业和第三产业类别进行分类。企业的规模分为大、中、小三种,根据国家统计局实行的中小企业标准,将企业规模的划分以从业人员数、销售额和资产总额三项指标作为依据。所有量表的题项来源见表 7-2。

表 7-2 测量量表的题项来源

变量名	题项举例	题项来源
社区情感嵌入度	入驻社区的时间,居住在企业入驻社区的员工比例,领导人是否为本地人,毕业于本地区高校的管理人员比例	Terry L. Besser and Nancy J. Miller, 2004; Freudenburg, 1986; 案例研究
社区利益关联度	商品或服务市场对其所在社区的依赖度,与当地的供应商关系紧密度,与当地的经销商关系紧密度,企业生产要素为社区所有的程度	Porter and Kramer, 2009; Wheeler, Boele & Fabig, 2001; 案例研究
利益动机	巩固企业的市场地位,吸引并留下优秀人才,获得商业合作伙伴的信任,获得商业投资,获得政府订单	Brammer & Illington, 2005 C. Smith, 1994; Stendardi, 1992; Turban & Greening, 1997; Atkinson & Galaskiewicz, 1988; Graves & Waddock, 1994; Johnson & Greening, 1999; 案例研究
共同体动机	回报社区为企业提供的良好运营环境,履行企业的社会责任,增强员工的荣誉感,提高企业的美誉度	Terry L. Besser and Nancy J. Miller, 2004; 案例研究
社区的资源动员力	社区地理位置优越,社区的成熟度,社区对企业行为的约束力,社区自治组织与企业的关系	汪建新,2009; 案例研究

（续表）

变量名	题项举例	题项来源
政府回应	基层政府对公众要求的反应敏捷程度，企业与所在社区基层政府的关系，经济指标对政府官员政绩考评的重要程度，人们对政府坚守道德标准和社会公正的信任程度，政府政策的透明程度	郑海东,2007；贾生华,2007；Mary Ann Glynn, Gerald F. Davis, 2007；案例研究
执法环境	保护劳工、消费者、环境等方面的法规政策完善程度，公检法等执法机关和执法人员的执法能力，人们对执法过程和执法结果公正性的信心，执法部门执法的独立程度	冯臻,2010；苏勇,2010；郑海东,2007；贾生华,2007；
非政府组织发育	行业协会等各类非政府组织数量，社区自治组织（居委会）管理水平，社区各类非政府组织影响力，社区各类非政府组织独立程度	Delmas & Toffel, 2004；Florida & Davison, 2001；案例研究

第二节　问卷的设计与预测试

一、问卷的设计与题项优化

本研究的问卷设计经历了三个阶段。第一个阶段：从社区调查开始，了解社区居民期待企业有什么样的社区参与行为；然后对国有企业、私营企业和外资企业的中层管理人员进行访谈，了解企业对于社区参与的认知与理解；结合文献研究的结果设计出原始的测量题项，形成问卷一。第二个阶段：与两位管理学博士，一位社会学专业教授，两位管理学专业教授，以及三位国有企业管理人员对所有题项进行进一步的筛选和检查，对部分题项进行调整，消除歧义项、重复项和模糊项，以便于填答者理解和回答，综合所有变量量表，得到包含55个测量题项的问卷二。第三个阶段：使用问卷二进行试调查，问卷发放对象为毕业于中南大学并在全国各地企业就业的学生，根据填答者填答问卷的基本情况，部分填答者反馈的信息，为了使数据更具有变异性，本书接受蔡坤宏的建议，避免5点尺度在进行验证性因素分析时可能会造成的偏误①,把量表分值从 5 点改为 7 点(Likert 7 Point Semantic Scale)。对回收的小批量问卷进行初步检验分析,据此对问卷的所有题项做进一步地纯化。最后根据填答者的习惯,把问卷重新排版,尽量使问卷便于填答,并且对问卷的词句反复斟酌,使问卷中各个题项更加清晰易懂,形成问卷最终稿。表 7-3 总结了问卷二中具体的测量指标。

表 7-3 测量指标及代码

因素		代码	指标
企业的社区关系	情感嵌入度	A6	领导人是否为本地人
		A7	居住在企业入驻社区的员工比例
		A8	毕业于本地区高校的管理人员比例
		A9	企业入驻社区的时间
	利益关联度	A5	企业要素为社区所有
		B1	与当地供应商关系紧密度
		B2	与当地经销商关系紧密度
		B3	商品或服务市场对其所在社区依赖度
企业的社区参与动机	利益动机	B4	巩固企业的市场地位
		B5	吸引并留下优秀人才
		B6	获得商业合作伙伴的信任
		B7	获得商业投资
		B8	获得政府订单
	共同体动机	B10	回报社区为企业提供的良好运营环境
		B11	履行企业的社会责任
		B12	提高企业的美誉度
		B13	增强员工的荣誉感
社区资源动员力		B26	社区地理位置优越
		B27	社区成熟度
		B28	社区居委会与企业的关系
		B29	社区对企业行为的约束力

---

① 冯臻:《影响企业社会责任行为的路径——基于高层管理者的研究》,上海:复旦大学博士学位论文,2010 年。

(续表)

因素		代码	指标
企业的社区参与		B30	遵守社区环境保护规定
		B31	抵制合作伙伴破坏环保的行为
		B32	及时修复企业生产对环保造成的损害
		B33	实施了重要的环保项目和节能项目
		B34	创造社区就业机会
		B35	帮助残疾人就业
		B36	提供失业者就业培训
		B37	在同等条件下优先雇用当地社区居民
		B38	支持员工参与社区志愿者活动
		B39	捐资改造社区健身休闲等公共服务设施
		B40	设立助学金帮助贫困学生
		B41	支持受灾社区的重建
		B42	组织或参与社区文化建设
		B43	资助未成年人接受正规教育
		B44	支持当地高等教育事业
		B45	投资社区公益慈善项目
企业的社区参与环境	政府回应	B9	基层政府对社会公众的要求和呼声反应敏捷
		B22	企业与所在社区基层政府有良好的关系
		B23	政府官员的政绩考评标准主要是经济指标
		B24	人们相信政府会坚守道德标准和社会公正
		B25	政府政策的透明度极高
	执法环境	B18	保护劳工、消费者、自然环境等方面的法规政策完善
		B19	公检法等执法机关和执法人员的执法能力很强
		B20	人们对执法过程和执法结果的公正性充满信心
		B21	执法部门执法的独立性强
	非政府组织发育	B14	行业协会等各类非政府组织数量众多
		B15	社区自组织(居委会)管理水平很高
		B16	社区各类非政府组织影响力极大
		B17	社区各类非政府组织独立性很强

二、预测试分析结果

通过商学院和公共管理学院往年毕业的学生网络,问卷二采取电子邮件的方式发送至在湖南、上海、山东、广东、甘肃、河南、河北、浙江等省市的 135 家企业进行试调查,根据企业规模,每个企业发放问卷 1—30 份不等,由全面了解企业发展情况的中层管理人员或者高层管理人员填写。如果是企业高层管理人员填写问卷,该企业仅发放一份问卷;如果是中层管理人员填写,按照企业规模的不同一般发放问卷 10—30 份,通过计算该企业回收的问卷所有题项的均值得到该企业样本的数据。由于问卷采取的是电子邮件形式,问卷填答者文化水平较高,不涉及企业运营机密和个人隐私,简单方便,问卷全部收回。共发放问卷 755 份,删除不符合要求的问卷,得到 604 份,覆盖 120 个企业的有效问卷。样本企业分布的基本情况如表 7-4 所示。

表 7-4 预测试企业分布情况

	企业分布特征	企业数量	百分比%
所在省区市	沪、浙、苏	30	25.00
	湘、鄂、赣	28	23.33
	藏、青、新	20	16.67
	粤、桂、闽	30	25.00
	蒙、陇	12	10.00
所属行业	第二产业	55	45.83
	第三产业	65	54.17
规模大小	大	20	16.67
	中	45	37.50
	小	55	45.83
性质	国有企业	35	29.17
	私营企业	56	46.67
	外资企业	29	24.16
	企业总数	120	100

运用 SPSS 20.0 统计软件检验问卷的有效性和可靠性。首先,把所有题项的分值调整成同一方向。其次,采用 Cronbach's α 系数来检验问卷的内部一致性信度。由于各变量的测量题项设计综合了已有量表和案例研

究的结果,因此需要对所有测量题项进行筛选和优化。本研究在筛选题项的过程中,删除题项需满足以下两个条件:第一,修正后总相关系数小于0.5;第二,删除某题项可导致整体 Cronbach's α 增加。以提取的公因子为分组变量再进行内部一致性分析,如果某题项的 CITC 值大于 0.5,且删除题项后的 Cronbach's α 值不会增加,则可以认为量表具有较好的一致性信度。一般情况下,如果 α 系数达到 0.7,则认为问卷的信度较好[1],也有少数学者认为,题项整体的 Cronbach's α 系数只要达到 0.6 即为可接受的范围[2]。本研究中所有效度与信度检验均使用以上标准。再次,检验量表是否适合进行探索性因子分析。一般情况下,Kaiser-Meyer-Olkin(KMO)值处于 0.6 到 1 之间,Bartlett's 球形检验的显著性值小于 0.001,量表适合进行探索性因子分析。最后,将检验后的因子进行正交旋转,考察问卷量表的收敛性,确定题项优化以后的测量量表的信度。另外,本研究设计的量表是已有国内外研究成果与实地案例研究的结合,并与相关专家反复讨论,确保量表内容契合研究的主题,以保证量表的内容效度。

1. 企业与社区关系量表的信度效度分析

首先对企业与社区关系量表(A5—A9 以及 B1—B3)进行可靠性分析,因素整体的 Cronbach's α 系数为 0.662,数据显示删除 A6 后 α 系数达到 0.710,大于整体 α 系数;因此剔除 A6 后再进行可靠性分析。剔除 A6 后因素整体的 Cronbach's α 系数为 0.710,而数据显示删除 A5 后 α 系数达到 0.741,大于整体 α 系数;因此剔除 A5 后再进行可靠性分析。依此类推,剔除能使 Cronbach's α 系数改变较大的题项,最终净化题项的结果为:A7、A8、B1、B2、B3(见表 7-5)。

表 7-5 企业与社区关系因子的可靠性分析

题项	内容	校正的项总计相关性	项已删除的 Cronbach's α 系数
A7	居住在企业所在社区的员工比例	0.501	0.672
A8	毕业于省内高校的管理人员比例	0.502	0.714
B1	与当地供应商关系紧密度	0.619	0.621
B2	与当地经销商关系紧密度	0.580	0.633
B3	商品或服务市场对其所在社区依赖度	0.635	0.622

---

[1] 李怀祖:《管理研究方法论(第 2 版)》,西安:西安交通大学出版社 2004 年版。
[2] 黄芳铭:《结构方程模式:理论与应用》,北京:中国税务出版社 2005 年版,第 270、88—151 页。

然后用 SPSS 20.0 对净化后的题项进行探索性因子分析。表 7-6 显示，预测试数据的 KMO 值为 0.642，并通过了 Bartlett's 球形检验（$P<0.001$），可以进行因子分析。

表 7-6　企业与社区关系因子分析的适合性检验

取样足够度的 Kaiser-Meyer-Olkin 度量	Bartlett's 球形检验		
	近似卡方	Df	Sig.
0.642	227.785	10	0.000

表 7-7 显示，5 个题项经过 Kaiser 标准化的正交旋转后，这 5 个题项汇聚成 2 个因子，其中命名为"社区利益关联度"因子的特征值为 2.581，方差解释量为 51.617%；命名为"社区情感嵌入度"因子的特征值为 1.348，方差解释量为 26.955%。两个因子累积方差贡献率为 78.571%，解释了大部分的变量方差。因此，测量社区关系的题项之间会聚有效性较好。

表 7-7　正交旋转后的企业与社区关系因子载荷矩阵

题项	内容	成分	
		1	2
A7	居住在企业所在社区的员工比例		0.897
A8	毕业于省内高校的管理人员比例		0.877
B1	与当地供应商关系紧密度	0.877	
B2	与当地经销商关系紧密度	0.902	
B3	商品或服务市场对其所在社区依赖度	0.823	
	因子提取	社区利益关联度	社区情感嵌入度
	特征值	2.581	1.348
	方差解释量%	51.617	26.955
	累积方差解释量%	51.617	78.571

以提取的公因子为分组变量再进行内部一致性分析，数据结果显示各题项的 CITC 值均大于 0.5，因素整体的 Cronbach's α 为 0.85，且删除题项后的 Cronbach's α 值不会增加，可以认为企业与社区的关系量表内部一致性信度较高，且具有较高的效度，可作为正式调查的量表。

2. 企业的社区参与量表信度效度分析

首先，对企业的社区参与行为量表的题项 B30-B45 进行信度分析，因素整体的 Cronbach's α 系数为 0.901，数据结果显示删除各题项后，整体 α

系数没有提升，并且每个 CITC 值都超过了 0.5，因此保留所有题项进行探索性因子分析。然后，对净化后的题项进行探索性因子分析。表 7-8 显示，16 个题项经过 Kaiser 标准化的正交旋转后，产生 4 个分别命名为"就业创造""环境保护""社会投资""教育文化"的因子。四个因子累积方差贡献率为 68.774%，解释了大部分的变量方差。由此可以判断出社区参与行为测量题项之间具有较好的会聚有效性。

表 7-8 正交旋转后的企业的社区参与因子载荷矩阵

题项	内容	成分 1	成分 2	成分 3	成分 4
B30	在运营过程中遵守环保的法规		0.547		
B31	抵制合作伙伴破坏环境的行为		0.775		
B32	及时修复企业生产对环境造成的损害		0.760		
B33	实施了重要的环保项目和节能项目		0.763		
B34	创造社区就业机会	0.802			
B35	帮助残疾人就业	0.571			
B36	提供失业者就业培训	0.633			
B37	在同等条件下优先雇用当地社区居民	0.835			
B38	鼓励员工参与社区志愿者活动			0.531	
B39	捐资改造健身休闲等公共服务设施			0.767	
B40	设立助学金帮助贫困学生			0.789	
B41	捐资重建受灾社区			0.817	
B42	组织或参与社区文化建设				0.941
B43	资助未成年人接受正规教育				0.569
B44	支持当地高等教育事业				0.789
B45	投资社区公益慈善项目				0.941
	因子提取	就业创造	环境保护	社会投资	教育文化
	特征值	6.708	1.908	1.257	1.130
	方差解释量%	41.923	11.928	7.858	7.065
	累积方差解释量%	41.923	53.851	61.709	68.774

以提取的公因子为分组变量再进行内部一致性分析，从表 7-9 可知，若 CITC 值均大于 0.5，且删除题项后的 Cronbach's α 值不会增加，可以认为企业社区参与量表具有较好的信度和效度。

表 7-9　企业的社会参与内部一致性信度分析

因子	题项	CITC	删除该条款后的 Cronbach's α 系数	Cronbach's α 系数
环境保护	B30	0.523	0.865	0.868
	B31	0.675	0.844	
	B32	0.767	0.831	
	B33	0.752	0.833	
就业创造	B34	0.522	0.865	0.881
	B35	0.573	0.857	
	B36	0.688	0.843	
	B37	0.789	0.837	
社会投资	B38	0.612	0.879	0.880
	B39	0.691	0.861	
	B40	0.747	0.848	
	B41	0.740	0.849	
教育文化	B42	1.000	1.000	1.000
	B45	1.000	1.000	
	B43	0.787	0.834	
	B44	0.739	0.835	

3. 社区资源动员力量表的信度效度分析

首先,对 B26—B29 进行信度分析,因素整体的 Cronbach's α 系数为 0.704,数据结果显示删除任何一项后,α 系数都不能大于整体 α 系数,且各测量题项的 CITC 值均大于 0.5,因此保持所有题项进行下一步的探索性因子分析。其次,用 SPSS 20.0 对净化后的题项进行因子分析。预测试数据的 KMO 值为 0.669,并通过 Bartlett's 球形检验,经过 Kaiser 标准化正交旋转后产生 1 个因子,且方差解释量为 64.857%。由此判断社区资源动员力的测量题项有较高的汇聚效果。最后,运用提取的公因子为分组变量再进行内部一致性分析,数据结果显示各题项 CITC 值都达到 0.5,因素整体的 Cronbach's α 系数为 0.709,且删除题项后,因素整体的 Cronbach's α 值不会增加,可以认为社区资源动员力量表具有较好的信度和效度。

4. 企业社区参与动机量表的信度效度分析

首先,对 B4—B8 以及 B10—B13 进行信度分析,因素整体的 Cronbach's α 系数为 0.805,数据显示删除各项后整体 α 系数不会提升,且各测量题项的 CITC 值均大于 0.5，因此保留所有题项。预测试数据的 KMO 值为 0.730，并通过 Bartlett's 球形检验。其次，用 SPSS 20.0 对净化后的题项进行因子分析，经过 Kaiser 标准化的正交旋转，产生分别命名为"利益动机""共同体动机"的两个因子，这二个因子累积方差贡献率为 71.399%，由此可以判断社区参与动机各测量题项之间汇聚有效性较好。最后，以提取的公因子为分组变量再进行内部一致性分析，数据结果显示利益动机和共同体动机因素整体的 Cronbach's α 系数分别为 0.825 和 0.828，且各题项的 CITC 值均大于 0.5，删除题项后，整体因素的 Cronbach's α 值不会增加，可以认为企业社区参与动机的量表具有较好的信度和效度。

5. 政府回应量表的信度效度检验

首先，对政府回应的题项 B9 以及 B22-B25 进行信度分析，数据结果显示因素整体的 Cronbach's α 系数为 0.704，且每个 CITC 的值都大于 0.5，删除各项后整体 α 系数不会提升，因此保留所有题项进行因子分析。其次，用 SPSS 20.0 对净化后的题项进行因子分析。数据结果显示预测试数据的 KMO 值为 0.671，并通过了 Bartlett's 球形检验。最后，经过 Kaiser 标准化的正交旋转后产生一个命名为"政府回应"的因子，且其累积方差贡献率为 62.919%。因此，政府回应量表具有较好的信度和效度。

6. 执法环境量表的信度效度检验

对 B18-B21 进行可靠性分析，因素整体的 Cronbach's α 系数为 0.701，数据结果显示删除各个题项后整体 α 系数不会升高，且每个 CITC 的值都大于 0.5，因此保留所有测量题项进行探索性因子分析。预测试数据的 KMO 值为 0.682，并通过 Bartlett's 球形检验。经过 Kaiser 标准化的正交旋转后产生一个命名为"执法环境"的因子，且该因子累积方差贡献率为 74.23%，因此，执法环境量表题项具有较好的信度和效度。

7. 非政府组织发育量表的信度效度检验

首先，对非政府组织发育量表的 B14-B17 题项进行信度分析，因素整体的 Cronbach's α 系数为 0.776，删除各项后整体 α 系数没有提升，且各项的 CITC 值均超过了 0.5，因此可以认为非政府组织发育量表的信度已经满足要求。接着，用 SPSS 20.0 对净化后的题项进行因子分析。预测试数据的 KMO 值为 0.674，并通过了 Bartlett's 球形检验。经过 Kaiser 标准化的正交旋转后，产生一个命名为"非政府组织发育"的因子，该因子的方差解释量为 70.520%，解释了大部分的变量方差。由此可以判断非政府组织发育量表具有较好的信度和效度。

对 120 个企业样本的预测试结果表明，本研究所使用的测量量表达到了信度和效度的要求，问卷的整体设计比较合理，剔除个别题项（A5、A6、A9）后，问卷可以用于正式调查。

第三节　数据收集与样本描述

本研究的正式调查于 2012 年 4—7 月、2014 年 7 月两次进行。主要通过湖南省证券监督委员会对省内上市公司以电子邮件的形式发放电子问卷，通过湖南省工商行政管理局私营企业协会发放纸质问卷，通过中南大学已经毕业的学生或者工作五年以上的学生发放电子问卷和纸质问卷。第一次调查发放问卷 1080 份，其中纸质问卷 80 份，电子问卷 1000 份；第二次补充调查发放电子问卷 685 份。为了减少数据的偏差，每个大规模企业 30 份，小规模企业 6—10 份，如果小规模企业由主要负责人填写，只发放一份问卷，然后，剔除答题不完整和具有明显倾向的问卷，根据每个企业回收的问卷求均值决定企业样本的基本情况。纸质问卷中有效问卷 58 份，电子问卷中有效问卷 812 份。第一次调查共 870 份有效问卷，问卷有效回收率为 80.6%；第二次补充调查共 534 份有效问卷，问卷有效回收率为 77.96%，最后得到 385 个企业样本数据。企业的分布情况如表 7-10 所示。

表 7-10　样本企业分布情况

	企业分布特征	企业数量	百分比（%）
所在省区市	沪、浙、苏、津、京、鲁	90	23.38
	湘、鄂、赣、皖、豫	83	21.56
	藏、青、新、滇、川	60	15.58
	粤、桂、闽、琼	78	20.26
	蒙、陇、宁、黑、辽、吉	74	19.22
所属行业	第二产业	197	55.77
	第三产业	188	44.23
规模大小	大	90	23.38
	中	102	26.49
	小	193	50.13

（续表）

企业分布特征		企业数量	百分比(%)
性质	国有企业	98	25.45
	私营企业	198	51.43
	外资企业	89	23.12
	企业总数	385	100

第四节 样本统计结果分析

一、正态性检验

本研究需要使用结构方程模型来检验理论模型的信度和效度，因此要求变量数据符合正态分布。参考克莱恩（Kline）的建议，当样本数据的skewness（偏度）的绝对值<3.0，kurtosis（峰度）的绝对值<10.0，就可以认为样本基本符合正态分布。如表7-11所示，样本数据基本上服从正态分布，可以进行进一步的分析。

表 7-11 样本数据的偏度与峰度

因素	题项	偏度系数	峰度系数	题项	偏度系数	峰度系数
社区情感嵌入度	A7	0.727	-0.873	A8	0.506	-1.001
社区利益关联度	B1	-0.917	0.304	B3	0.569	-0.742
	B2	-0.928	0.646			
企业社区参与动机	B4	-0.349	-0.391	B10	-0.849	1.286
	B5	-0.384	-0.220	B11	-1.275	2.963
	B6	-0.755	0.554	B12	-1.127	1.899
	B7	-0.400	-0.402	B13	-0.576	0.541
	B8	-0.317	-0.729			
社区资源动员力	B26	-0.588	0.252	B28	-0.431	-0.057
	B27	-0.205	-0.260	B29	-0.197	-0.423
政府回应	B9	-0.270	-0.158	B24	-0.218	-0.216
	B22	-1.033	1.411	B25	-0.230	-0.303
	B23	-0.893	1.542			

(续表)

因素	题项	偏度系数	峰度系数	题项	偏度系数	峰度系数
执法环境	B18	−0.618	0.250	B20	−0.202	−0.293
	B19	−0.494	0.195	B21	−0.665	0.622
非政府组织发育	B14	−0.293	−0.144	B16	−0.263	0.112
	B15	−0.262	−0.059	B17	−0.273	−0.245
企业社区参与	B30	−0.198	−0.421	B38	−0.657	0.337
	B31	−0.901	0.497	B39	−0.585	0.056
	B32	−1.01	1.829	B40	−0.733	0.156
	B33	−1.097	1.572	B41	−1.019	0.772
	B34	−1.193	1.167	B42	−0.739	0.599
	B35	−0.907	0.746	B43	−0.687	0.070
	B36	−0.582	−0.275	B44	−0.626	−0.098
	B37	−0.511	−0.075	B45	−1.173	1.472

二、同源误差控制

本研究的问卷由单个答题者通过自陈的方式填答,因此可能存在的风险是共同方法偏差问题(Common Method Bias)。为尽量降低同源误差对数据结果造成的影响,本研究主要运用程序控制和统计控制的方法。在程序控制方面,通过保护答题者的匿名性和保密性减轻答题者心理负担;打乱自变量、因变量、调节变量和中介变量的顺序,以防止答题者对于测量题项、测量目的的猜测;平衡项目的顺序效应以及改进量表项目,尽可能用清晰的、便于理解的词语设计测量题项,并设计反向题项以改变答题者的思维定式。在统计控制方面,主要采用波得萨科夫(Podsakoff)提供的共同方法偏差统计检验中常用的 Harmon's One-Factor 检验,对测量变量的所有项目进行主成分因子分析(Principal Component Analysis),得到 KMO 值为 0.913,通过了 Bartlett's 球形检验,适宜做因子分析。① 分析结果显示,12 个析出因子解释了总变异的 72.678%,且没有一个因子解释的总变异量超过了 13.944%,说明单一因子无法解释绝大部分方差的变量。因此,可以判断样本数据的同源误差不显著,以便做进一步的分析。

---

① Podsakoff, P. M., MacKenzie, S. B., Lee, J. Y., Podsakoff, N. P., Common Method Biases in Behavioral Research: A Critical Review of the Literature and Recommended Remedies, *Journal of Applied Psychology*, Vol. 88, No. 5, 2003, pp. 879–903.

三、多重共线性检验

为了避免在线性结构分析和回归分析中解释变量系数的计算困难,本研究运用 SPSS 20.0 对数据进行共线性诊断。首先对各个自变量、中介变量以及调节变量进行多重共线性检验,运用 SPSS 20.0 做回归分析。以企业的社区参与行为为因变量,其他变量为自变量进行回归,主要通过容忍度(Tolerance)、方差膨胀因子(VIF)以及观察特征值(Eigenvalue)来分析共线性问题。数据结果显示,变量的容忍度处于 0.34—0.6 之间,大于边界值 0.1,VIF 值在 1.8—3 之间,小于边界值 10,属于可接受的范围(见表 7-12)。从相关矩阵中可以看出,变量之间的相关系数矩阵在 0.15—0.73 的范围内,小于 0.8,一方面表明变量之间存在相互影响和相互作用的可能性,另一方面说明共线性问题并不严重,总的来说,变量之间不存在严重的多重共线性问题(见表 7-13)。

表 7-12 变量的共线性诊断

自变量	容忍度	VIF
社区情感嵌入度	0.543	1.829
社区利益关联度	0.544	1.842
企业社区参与动机	0.551	1.819
社区资源动员力	0.599	1.669
政府回应	0.338	2.959
执法环境	0.504	1.986
非政府组织发育	0.386	2.589

表 7-13 变量的相关分析矩阵

自变量	社区情感嵌入度	社区利益关联度	社区参与动机	社区资源动员力	政府回应	执法环境
社区利益关联度	0.637**					
企业社区参与动机	0.212**	0.276*				
社区资源动员力	0.242*	0.172*	0.447**			
政府回应	0.242*	0.144*	0.603**	0.588**		
执法环境	0.171*	0.146*	0.523**	0.503**	0.561**	
非政府组织发育	0.174*	0.154*	0.482**	0.483**	0.728**	0.644**

注:**相关在 0.01 水平上显著,*相关在 0.05 水平上显著(双尾检验)。

四、信度效度分析

本研究采用与预测试一样的指标进行数据的信度分析。通过模型适配度评价指标判断测量模型的效度,我们使用的适配度评价指标如下:

卡方自由度比(CMIN/DF)。郭志刚认为 CMIN/DF 值的标准不大于 2 说明模型配适度良好[1],侯杰泰、温忠麟和成子娟认为 CMIN/DF 值的标准介于 2—5 之间也可以接受[2],本研究的 CMIN/DF 值以不超过 5 的模型适配度较好。

渐进残差均方和平方根(RMSEA)。黄芳铭认为理论模型的 RMSEA>0.10,则属于不良适配[3]。本研究接受其标准,并设定 RMSEA<0.05 的模型适配度更好。

适配度指标(GFI)。GFI 值介于 0—1 之间,越接近 1,模型整体拟合度越好,一般情况下,GFI>0.90 时表示模型有良好拟合程度。调整后适配度指数(AGFI)是适配度指标(GFI)的调整值,一般要求 AGFI>0.8,表示有比较好的拟合度。采用巴戈齐等(Bagozzi & Yi)[4]和黑尔等(Hair, et al)[5]的建议,设定规范适配度指标(NFI)、标准适配度指数(IFI)、非标准性适配度指数(TLI)、比较适配度指数(CFI)等的值>0.85 可接受,>0.90 更好。表 7-14 对模型的适配度指标取值范围及建议值进行了归纳。

表 7-14 适配度指标取值范围及其建议值

指标	取值范围	建议值
CMIN/DF	0 以上	<5,<2 更佳
RMSEA	0 以上	<0.10,<0.05 更佳
GFI	0-1 之间	>0.85,>0.9 更佳
AGFI	0-1 之间	>0.85,>0.9 更佳

---

[1] 郭志刚:《社会统计分析方法——SPSS 软件应用》,北京:中国人民大学出版社 2015 年版,第 78—350 页。

[2] 侯杰泰、温忠麟、成子娟:《结构方程模型及其应用》,北京:教育科学出版社 2004 年版,第 156 页。

[3] 黄芳铭:《结构方程模式:理论与应用》,北京:中国税务出版社 2005 版,第 270、88—151 页。

[4] Bagozzi, Richard P. and Yi, Y., On the Evaluation of Structural Equation Models, *Journal of the Academy of Marketing Science*, Vol. 16, No. 1, 1988, pp. 74-94.

[5] Hair, J. F., Anderson, R. E., Tatham, R. L., Black, W. C., *Multivariate Data Analysis* (5th ed), Englewood Cliffs, NJ: Prentice Hall, 1998.

（续表）

指标	取值范围	建议值
NFI	0-1 之间	>0.85，>0.9 更佳
IFI	0-1 之间	>0.85，>0.9 更佳
TLI	0-1 之间	>0.85，>0.9 更佳
CFI	0-1 之间	>0.85，>0.9 更佳

1. 企业与社区关系量表的信度效度分析

运用 SPSS 20.0 对来自总体 385 个样本企业的社区关系各测量条目进行分析，量表的 KMO 值为 0.640，对企业的社区关系各测量条目进行的因子分析可以接受，通过 Bartlett's 球形检验（$P<0.001$），继续下一步因子分析（见表 7-15）。

表 7-15 企业的社区关系因子分析的适合性检验

取样足够度的 Kaiser-Meyer-Olkin 度量	Bartlett's 球形检验		
	近似卡方	Df	Sig.
0.640	207.861	10	0.000

如表 7-16，5 个题项经过 Kaiser 标准化正交旋转后，得到两个因子，其中一个因子命名为"社区利益关联度"，对应特征值为 1.653，方差解释量为 33.022%；第二个因子命名为"社区情感嵌入度"，特征值为 1.318，方差解释量为 26.330%。两个因子累积方差贡献率为 59.352%，解释了大部分的变量方差。可以判断企业与社区的关系测量项目之间具有较好的会聚有效性。

表 7-16 正交旋转后的企业的社区关系因子载荷矩阵

题项	内容	成分	
		1	2
A7	居住在企业所在社区的员工比例		0.802
A8	毕业于当地（省内）高校的管理人员比例		0.553
B1	与当地供应商关系紧密度	0.886	
B2	与当地经销商关系紧密度	0.892	
B3	商品和服务市场对其所在社区的依赖度		0.667

（续表）

题项	内容	成分	
		1	2
	因子提取	社区利益关联度	社区情感嵌入度
	特征值	1.653	1.318
	方差解释量%	33.022	26.330
	累积方差解释量%	33.022	59.352

对企业的社区关系各题项进行信度检验(如表7-17)，它的Cronbach's α 系数为0.735，删除每个题项后的α系数都低于相应元素的整体α系数值，企业与社区关系的量表满足测量信度要求。

表7-17 企业与社区关系的内部一致性信度分析

题项	CITC	删除该条款后的 Cronbach's α 系数	Cronbach's α 系数
A7	0.596	0.502	
A8	0.503	0.690	
B1	0.503	0.671	0.735
B2	0.760	0.697	
B3	0.563	0.645	

在探索性因子分析之后，运用Amos20.0对企业的社区关系因素进行验证性因子分析，建立的模型如图7-1所示。

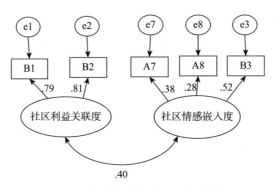

图7-1 企业与社区关系的验证性因子分析

根据图7-1的企业与社区关系验证性因子分析结果，将企业与社区关系分为企业的社区利益相关度、企业的社区情感嵌入度两个维度，所有的因子负荷都大于0.5,并且从模型的适配结果来看(见表7-18),CMIN/DF为3.335,小于5的建议值。RMSEA为0.085,小于0.1的建议值。除了非标准型适配度指数TLI没超过0.9以外,其他的适配度指数超过了0.9,按照大于0.85的建议值,可以认为企业与社区关系的测量模型适配度比较理想,两个维度和各个子维度都可以很好测量企业与社区的关系。

表7-18 企业的社区关系模型指标适配度结果

MODEL	CMIN/DF	RMSEA	GFI	AGFI	NFI	IFI	TLI	CFI
企业的社区关系	3.335	0.085	0.983	0.936	0.937	0.954	0.883	0.953

值得注意的是,"商品或服务市场对企业入驻社区的依赖度"在原量表设计中属于企业与社区的利益关联度维度,但是,从实际考虑,如果企业的商品或服务市场完全依赖其所在社区,该企业基本上属于小规模企业,这样的企业成长于社区,依靠社区的人际网络生存,其员工和企业所有者基本上居住在社区或者属于本地人,因此这一指标可以衡量企业的社区情感嵌入度。企业"与当地供应商关系紧密度""与当地经销商关系紧密度"能够衡量企业与地方社区的直接经济利益,一般来讲,企业与当地经销商和供应商关系越紧密,企业与当地社区的利益关联度越高。在这种情况下,企业的社区参与不局限于其所在社区,而是指企业关注与其关系紧密的供应商所在社区,以及与其关系紧密的经销商所在社区。

2. 企业社区参与量表的信度效度分析

首先考察企业社区参与量表是否适合进行探索性因子分析,结果如表7-19所示。

表7-19 企业社区参与因子分析检验

取样足够度的 Kaiser-Meyer-Olkin 度量	Bartlett's 球形检验		
	近似卡方	Df	Sig.
0.914	3587.889	100	0.000

表7-20显示,在探索性因子分析中,经过Kaiser标准的正交旋转后,得到了三个因子,依三个因子特征根的高低排列,依次为"公益活动""就业创造"和"环境保护",它们对应的特征值为4.349、3.562、3.346,解释的变量方差比例依次为27.170%、22.256%、20.906%,累积方差贡献率达到70.332%。因此三个维度各个题项之间具有较好的收敛性。见表7-21。

表 7-20　社区参与变量探索性因子分析后得到的总体方差解释

成分	初始特征值			提取平方和载入			旋转平方和载入		
	合计	方差的%	累积%	合计	方差的%	累积%	合计	方差的%	累积%
1	8.484	53.012	53.012	8.484	53.012	53.012	4.349	27.170	27.170
2	1.671	10.564	63.576	1.671	10.564	63.576	3.562	22.256	49.426
3	1.082	6.756	70.332	1.082	6.756	70.332	3.346	20.906	70.332
4	0.666	4.164	74.496						
5	0.605	3.796	78.292						
6	0.533	3.333	81.625						
7	0.494	3.095	84.720						
8	0.389	2.428	87.148						
9	0.379	2.361	89.509						
10	0.358	2.239	91.748						
11	0.289	1.808	93.556						
12	0.278	1.733	95.289						
13	0.247	1.546	96.835						
14	0.216	1.358	98.193						
15	0.163	1.012	99.205						
16	0.126	0.795	100.000						

表 7-21　正交旋转后的企业的社区参与因子载荷矩阵

题项	内容	成分		
		1	2	3
B30	在运营过程中遵守环保的法规			0.861
B31	抵制合作伙伴破坏环境的行为			0.728
B32	及时修复企业生产对环境造成的损害			0.831
B33	实施了重要的环保项目和节能项目			0.699
B34	创造社区就业机会		0.720	
B35	提供残疾人就业帮助		0.749	
B36	提供失业者就业培训		0.785	
B37	在同等条件下优先雇用当地社区居民		0.832	

（续表）

题项	内容	成分		
		1	2	3
B38	鼓励员工参与社区志愿者活动	0.568		
B39	捐资改造健身休闲等公共服务设施		0.610	
B40	设立助学金帮助贫困学生	0.820		
B41	支持受灾社区的重建	0.638		
B42	组织或参与社区文化建设	0.714		
B43	资助未成年人接受正规教育	0.798		
B44	支持当地高等教育事业	0.852		
B45	投资社区公益慈善项目	0.506		
因子提取		公益活动	就业创造	环境保护
特征值		4.349	3.562	3.346
方差解释量%		27.170	22.256	20.906
累积方差解释量%		27.170	49.426	70.332

企业社区参与评估量表的信度检验结果如表7-22所示,企业社区参与的16个题项三个维度的整体Cronbach's α系数分别为0.940、0.939和0.937,社区参与题项的一致性比较好。

表7-22 企业社区参与量表的内部一致性信度分析

题项	内容	校正的项总计相关性	项已删除的Cronbach's α系数	Cronbach's α系数
B30	在运营过程中遵守环保的法规	0.515	0.940	0.940
B31	抵制合作伙伴破坏环境的行为	0.588	0.939	
B32	及时修复企业生产对环境造成的损害	0.590	0.938	
B33	实施了重要的环保项目和节能项目	0.666	0.937	
B34	创造社区就业机会	0.703	0.935	0.939
B35	帮助残疾人就业	0.762	0.934	
B36	为失业者提供就业培训	0.693	0.936	
B37	在同等条件下优先雇用当地社区居民	0.553	0.936	
B39	捐资改造健身休闲等公共服务设施	0.738	0.935	

(续表)

题项	内容	校正的项总计相关性	项已删除的Cronbach's α 系数	Cronbach's α 系数
B38	鼓励员工参与社区志愿者活动	0.674	0.936	
B40	设立助学金帮助贫困学生	0.782	0.933	
B41	捐资重建受灾社区	0.729	0.935	
B42	组织或参与社区文化建设	0.737	0.935	0.937
B43	资助未成年人接受正规教育	0.787	0.934	
B44	支持当地高等教育事业	0.739	0.935	
B45	投资公益慈善项目	0.630	0.937	

经过 Kaiser 标准的正交旋转后,探索性因子分析结果显示:就业创造和环境保护维度没有变化,社会投资和教育文化合并为一个因子。究其原因,可能有以下几个方面:第一,两个维度的理论区分度不明显。在很多西方学者的论述中,社会投资和教育文化在企业社会责任中属于慈善社会责任的两个不同的方面,本研究把它们分设成两个维度,主要考虑企业是教育文化发展的受益者,而慈善捐赠对企业来讲,并没有受益链存在。但是,不管是否是受益者,它们都代表着社会对企业的期望,企业没有达到这一期望,并不会因此受到惩罚。第二,两个维度的构念区分度不明显。社区文化是社区精神的表征,表现社区的特质。但是,目前中国城市社区主要发挥着政府行政管理单元的作用,居民的社区参与度低[①]。因此,企业面对同质化社区设计的社区参与内容基本上是一致的,捐资助学和慈善公益活动融为一体。第三,调查对象的态度倾向差异不明显。被调查者认为这两个维度涉及的活动都是社区公益活动,企业管理人员可能产生基本一致的选择态度。因此,本研究把这两个维度合并为一个维度,命名为"公益活动"。

企业社区参与评价模型经过验证性因子分析后,建构的模型如图 7-2 所示。

---

① 闵学勤:《政府的强势与弱势:基于社会治理视角的思考与研究》,《上海行政学院学报》2010 年第 3 期。

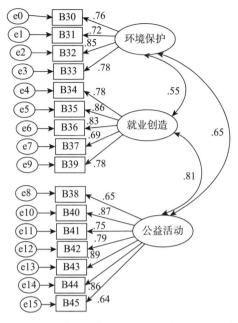

图 7-2 企业的社区参与行为验证性因子分析模型

表 7-23 显示，CMIN/DF 为 4.575，小于 5 的建议值。GFI 和 AGFI 都没有达到 0.85 的建议值，以及 RMSEA 为 0.108，大于 0.1 的建议值，因此模型的适配度欠佳。其他的指标 NFI,IFI,TLI,CFI 均大于 0.85 的建议值。因此按照 Amos 给出的表 7-24 的修正建议，建立误差项 e9 与潜在变量公益活动之间的共变关系，通过进行逐步的模型修正后，建立 e8 与就业创造之间的共变关系，误差项 e8 与 e12 的共变关系，最后得到修正后的模型如图 7-3 所示。图 7-3 也显示了标准化的路径系数。

表 7-23 企业社区参与模型的指标适配度结果

MODEL	CMIN/DF	RMSEA	GFI	AGFI	NFI	IFI	TLI	CFI
企业社区参与	4.575	0.108	0.846	0.794	0.874	0.899	0.879	0.898

表 7-24 社区参与测量部分修正指标（协方差）

误差项目			M.I.	Par Change
e9	<—>	公益活动	29.252	0.137
e9	<—>	就业创造	16.194	−0.154

（续表）

误差项目			M. I.	Par Change
e8	<—>	公益活动	18.773	−0.116
e8	<—>	就业创造	20.156	0.185
e8	<—>	环境保护	4.593	0.120
e8	<—>	e9	4.065	0.114
e10	<—>	环境保护	5.682	−0.098
e10	<—>	e9	6.695	0.106
e11	<—>	环境保护	5.083	0.122
e12	<—>	环境保护	4.099	0.094
e12	<—>	e8	15.211	0.191
e12	<—>	e11	10.240	0.148
e13	<—>	e8	9.781	−0.138
e13	<—>	e10	4.339	0.066
e13	<—>	e11	16.997	−0.171
e14	<—>	公益活动	11.484	0.071
e14	<—>	就业创造	5.174	−0.074
e14	<—>	环境保护	12.728	−0.157
e14	<—>	e8	6.968	−0.123
e14	<—>	e10	7.061	0.089
e14	<—>	e12	6.538	−0.097
e14	<—>	e13	17.427	0.144
e15	<—>	公益活动	4.501	−0.049
e15	<—>	环境保护	19.254	0.192
e15	<—>	e9	5.354	−0.113

如表 7-25 所示，修正后的模型 CMIN/DF 为 3.923，小于 5 的建议值，RMSEA 为 0.097，小于 0.1 的建议值，其他的系数 GFI, AGFI, NFI, IFI, TLI, CFI 都大于 0.85 的建议值。因此修正后的模型适配度较好。

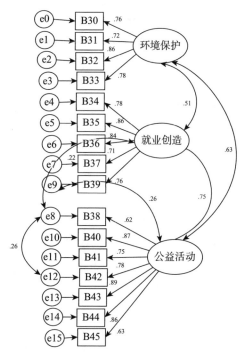

图 7-3　企业社区参与行为的验证性因子分析最终修正模型

表 7-25　企业社区参与模型的指标适配度结果（修正后）

MODEL	CMIN/DF	RMSEA	GFI	AGFI	NFI	IFI	TLI	CFI
企业社区参与行为	3.923	0.097	0.872	0.851	0.895	0.921	0.901	0.919

对于建立误差项 e9 与潜在变量公益活动之间的共变关系，理论解释如下：e9"主动向社区捐资改造健身休闲等公共服务设施"在问卷设计中就其活动本身的性质设计成企业参与的社区公益活动，但是，在测量题项聚类的过程中，因为"企业捐资改造社区公共服务设施"可能引致社区的就业增长，问卷填答者企业管理人员从企业运营的角度理解，会出现与就业创造一致的态度倾向，导致该题项聚类在就业创造维度，所以，建立 e9 与潜在变量公益活动之间的共变关系在理论上是可以解释的。

建立 e8 与就业创造之间的共变关系，具体分析，e8"鼓励员工参与社区志愿者活动"应该属于企业参与的社区公益活动，但是企业参与社区志愿活动种类繁多，目前在我国社区主要体现为帮助困难群体提高就业技能，这可能引致社区就业的增长；同时企业参与社区志愿者活动是与社区非营利组织的一种合作，或者说能够促进社区非营利组织的发展，从而间接促进在非营利组织中就业的人数增长,因此,建立 e8 与就业创造之间的共变关系,在理论上也是可以解释的。

对于 e8 与 e12 建立的误差关联,可以在共线性上得到适当的解释。e8"鼓励员工参与社区志愿者活动"与 e12"参与社区文化建设"存在较强的相关性,问卷填答者企业管理人员可能觉得参与文化建设跟参与社区志愿者活动类似,如果员工愿意参与志愿者活动,也会愿意参与社区的文化建设。反之也成立。因此,这两个题项的测量误差变量设成共变关系具有逻辑上的合理性。以上各个共变关系的建立都不会违背经验原则和 SEM 的假定。

3. 社区资源动员力量表的信度效度分析

对中介变量社区资源动员力的四个题项进行探索性因子分析结果如表 7-26 所示,KMO 值为 0.692,且通过了 Bartlett's 球形检验($P<0.001$),进行下一步探索性因子分析。

表 7-26　社区资源动员力因子分析适合性检验

取样足够度的 Kaiser-Meyer-Olkin 度量	Bartlett's 球形检验		
	近似卡方	Df	Sig.
0.692	246.257	8	0.000

表 7-27 显示,社区资源动员力因素经过提取后,只得到了一个因子,对应的特征值为 2.128,累积变量方差解释率为 53.197%,可以判断出测量的四个题项之间具有较好的会聚性。

表 7-27　社区资源动员力的因子提取矩阵

成分	初始特征值			提取平方和载入		
	合计	方差的%	累积%	合计	方差的%	累积%
1	2.128	53.197	53.197	2.128	53.197	53.197
2	0.896	22.403	75.600			
3	0.531	13.284	88.884			
4	0.445	11.116	100.000			

然后对社区资源动员力因素进行一致性信度检验,如表 7-28 所示,得到的总体的 Cronbach's α 系数为 0.738,大于 0.7,且各个题项的 CITC 值超过了 0.5,且当前状态下的所有题项删除后的 α 系数均低于 0.738,因此社区资源动员力量表满足信度要求。

表 7-28 社区资源动员力的内部一致性信度检验

题项	内容	校正的项总计相关性	项已删除的 Cronbach's α 系数
B26	所在社区地理位置优越程度	0.598	0.605
B27	所在社区成熟度	0.582	0.670
B28	与所在社区居委会的关系	0.525	0.692
B29	企业行为受其所在社区的制约	0.545	0.717

然后使用 Amos 20.0 进行验证性因子分析,建立的模型如图 7-4。

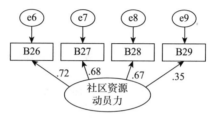

图 7-4 社区资源动员力的验证性因子分析模型

表 7-29 社区资源动员力模型的指标适配度结果

MODEL	CMIN/DF	RMSEA	GFI	AGFI	NFI	IFI	TLI	CFI
社区资源动员力	8.657	0.157	0.973	0.864	0.930	0.938	0.821	0.937

在社区资源动员力中介变量的验证性因子分析模型中,从表 7-29 可以看出,CMIN/DF 值为 8.657,超过了 5 的建议值,且 RMSEA 为 0.157 也超过了 0.1 的建议值。适配度指数 TLI 为 0.821,没有超过 0.85 的建议值。其他的适配度指数均超过了 0.85,因此认为模型还有继续修正的余地,可以更好地提高模型的适配度。如表 7-30 所示,若建立 e8 跟 e9 之间共变关系,可以提高模型的适配度。B28"企业与所在社区居委会有良好的关系"与 B29"社区对企业行为的约束力"具有某些相关性。一般来说,企业若遵守社区规定(即企业的行为受到一定程度的制约),那么企业与所在社区居委会就会建立良好的关系。反之亦然。因此共变关系的建立不会违背经验原则和 SEM 的假定。

表 7-30 社区资源动员力测量部分修正指标（协方差）

误差项目			M. I.	Par Change
e8	<—>	e9	13.059	0.244
e6	<—>	e9	6.827	-0.184

修正后的社区资源动员力验证性因子分析模型如图 7-5：

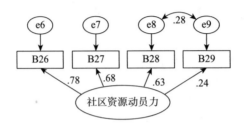

图 7-5 社区资源动员力的验证性因子分析模型（修正后）

表 7-31 社区资源动员力模型的指标适配度结果（修正后）

MODEL	CMIN/DF	RMSEA	GFI	AGFI	NFI	IFI	TLI	CFI
社区资源动员力	1.529	0.042	0.998	0.976	0.994	0.998	0.987	0.998

从表 7-31 可以看出，修正后的社区资源动员力验证性因子分析模型的适配度得到了大大的提高。CMIN/DF 为 1.529，小于 2。RMSEA 小于 0.05，其他的各个适配度指数都超过了 0.95，可以得到修正后的模型适配度较高。

4. 企业的社区参与动机量表信度效度分析

首先，对企业社区参与动机量表中的 9 个题项进行探索性因子分析。如表 7-32 所示，KMO 值为 0.867，且通过了 Bartlett's 球形检验，进行下一步因子分析。对企业社区参与动机量表的所有题项进行会聚，经过 Kaiser 标准化正交旋转后得到了两个因子，第一个因子命名为"利益动机"，对应的特征值为 3.551，变量方差的解释率为 39.460%；第二个因子命名为"共同体动机"对应的特征值为 2.949，方差的解释率为 32.763%，两个参与动机因子的方差累积解释率为 72.223%，解释了变量的大部分信息（见表 7-33）。

表 7-32　企业社区参与动机因子分析的适合性检验

取样足够度的 Kaiser-Meyer-Olkin 度量	Bartlett's 球形检验		
	近似卡方	Df	Sig.
0.867	1687.923	36	0.000

表 7-33　企业社区参与动机因子的总体方差解释

成份	初始特征值			提取平方和载入			旋转平方和载入		
	合计	方差的%	累积%	合计	方差的%	累积%	合计	方差的%	累积%
1	4.783	53.144	53.144	4.783	53.144	53.144	3.551	39.460	39.460
2	1.717	19.079	72.223	1.717	19.079	72.223	2.949	32.763	72.223
3	0.556	6.182	78.405						
4	0.508	5.639	84.044						
5	0.367	4.073	88.117						
6	0.338	3.750	91.867						
7	0.278	3.091	94.958						
8	0.232	2.577	97.535						
9	0.222	2.465	100.000						

然后，对企业社区参与动机的一致性信度进行检验，得到的两个因子的整体 Cronbach's α 系数为 0.888，大于 0.7，每个题项删除后的 Cronbach's α 系数都小于 0.888，且每个题项的 CITC 值都大于 0.5，因此目前的社区参与动机量表已经达到了信度要求（见表 7-34）。

表 7-34　企业社区参与动机的因子及内部一致性信度分析

题项	内容	因子		测量项目		
		利益动机	共同体动机	CITC	项已删除的 Craribaife α 系数	Cronbach's α 系数
B4	巩固企业的市场地位	0.800		0.678	0.872	
B5	吸引并留下优秀人才	0.814		0.709	0.870	
B6	获得商业合作伙伴的信任	0.835		0.712	0.869	0.888
B7	获得商业投资	0.850		0.668	0.873	
B8	获得政府订单	0.794		0.673	0.874	

(续表)

题项	内容	因子		测量项目		Cronbach's α 系数
		利益动机	共同体动机	CITC	项已删除的 Craribaife α 系数	
B10	回报社区为企业提供的良好运营环境		0.775	0.557	0.882	0.888
B11	履行企业的社会责任		0.886	0.526	0.884	
B12	提高企业的美誉度		0.822	0.630	0.877	
B13	增强员工的荣誉感		0.811	0.634	0.877	

对企业社区参与动机进行了量表的一致性检验以及探索性因子分析后,运用 Amos 20.0 对其进行验证性因子分析验证量表的结构效度。建立如图 7-6 验证性因子分析模型。

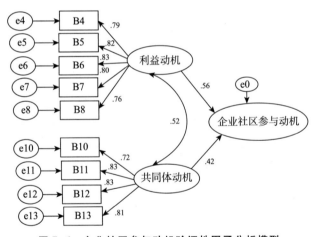

图 7-6 企业社区参与动机验证性因子分析模型

如表 7-35 所示,CMIN/DF 为 4.79,小于 5 的建议值。RMSEA 为 0.110,超过了 0.1 的建议值。其他的适配度指数 GFI、NFI、IFI、TLI、CFI 均大于 0.80。绝对的适配度指标 AGFI 0.826,小于 0.85 的建议值。因此需要对模型进行修正,从表 7-36 协方差的模型修正指数 MI 来看,应该建立 e7 与 e8 之间的共变关系。题项 B7 获得商业投资与 B8 获得政府订单在某种程度上来说具有一定的潜在相关性。

表 7-35　企业社区参与动机模型的指标适配度结果

MODEL	CMIN/DF	RMSEA	GFI	AGFI	NFI	IFI	TLI	CFI
企业社区参与动机	4.79	0.110	0.920	0.826	0.927	0.941	0.918	0.941

表 7-36　社区参与动机测量修正指标

误差项目		M.I.	Par Change
e5	<—>e4	13.972	0.177
e7	<—>e4	10.921	−0.170
e7	<—>e5	9.228	−0.135
e7	<—>e6	4.625	0.089
e8	<—>e5	5.425	−0.125
e8	<—>e6	8.750	−0.148
e8	<—>e7	29.510	0.317
e11	<—>共同体动机	4.321	0.071
e11	<—>利益动机	16.316	−0.188
e11	<—>e7	8.442	−0.117
e11	<—>e8	5.527	−0.114
e11	<—>e10	8.430	0.109
e12	<—>e8	8.699	0.140
e12	<—>e10	11.153	−0.123

修正后的企业社区参与动机验证性因子分析模型如图 7-7 所示。从表 7-37 可知,各个适配度指标都得到了一定的改善。CMIN/DF 为 3.59,小于 5 的建议值。RMSEA 也达到 0.091,小于 0.1 的建议值。其他的适配度指数除了 AGFI 均超过 0.9,绝对的适配度指数为 0.895,超过了 0.85 的建议值,因此认为模型的适配度较好。

表 7-37　企业社区参与动机模型的指标适配度结果(修正后)

MODEL	CMIN/DF	RMSEA	GFI	AGFI	NFI	IFI	TLI	CFI
企业社区参与动机	3.59	0.091	0.942	0.895	0.947	0.962	0.944	0.961

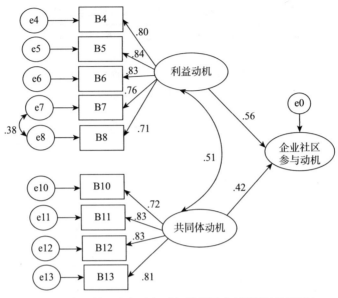

图 7-7 企业社区参与动机验证性因子分析模型(修正后)

5. 政府回应量表的信度效度检验

政府回应作为自变量与因变量之间的调节变量,它总共有 5 个题项,先对 5 个题项进行一致性信度分析,数据显示 5 个题项的整体 Cronbach's α 系数为 0.765,大于 0.7。但是如果删除 B23 题项后仍然能提高整体的 Cronbach's α 系数到 0.796,且它的 CITC 值也小于 0.5,那么,删除 B23 题项,再一次对量表进行信度分析,就得到了表 7-38。

表 7-38 政府回应量表的一致性效度分析(修正后)

题项	内容	校正的项总计相关性	项已删除的 Cronbach's α 系数	Cronbach's α 系数
B9	基层政府对社会公众的要求和呼声反应的敏捷程度	0.588	0.755	0.796
B22	企业与所在社区基层政府的关系	0.502	0.790	
B24	人们相信政府会坚守道德标准和社会公正的程度	0.733	0.679	
B25	政府政策的透明度	0.659	0.718	

如表 7-38 所示,修正后的政府回应量表的整体 Cronbach's α 系数达到 0.796,大于 0.7,且各个测量题项的 CITC 值都大于 0.5,所有题项删除

后的 Cronbach's α 系数均小于 0.796，因此认为政府回应的量表已经符合一致性信度要求。然后对达到信度要求的政府回应量表进行探索性因子分析，从表 7-39 可以看出，KMO 值为 0.734，且通过了 Bartlett's 球形检验，$P=0.000<0.001$，拒绝变量协方差阵为对角阵的原假设，因此认为政府回应变量之间具有相关关系的，可以进行因子分析。

表 7-39 政府回应因子分析的适合性检验

取样足够度的 Kaiser-Meyer-Olkin 度量	Bartlett's 球形检验		
	近似卡方	Df	Sig.
0.734	419.763	6	0.000

政府回应的四个题项经过探索性因子分析会聚后，得到了一个因子，对应的特征值为 2.485，解释了变量方差的 62.116%。因此解释了变量方差的大部分信息，说明政府回应的这几个题项具有较好的会聚性（见表 7-40）。

表 7-40 政府回应因子解释的总方差

成分	初始特征值			提取平方和载入		
	合计	方差的%	累积%	合计	方差的%	累积%
1	2.485	62.116	62.116	2.485	62.116	62.116
2	0.710	17.762	79.878			
3	0.531	13.267	93.145			
4	0.274	6.855	100.000			

然后使用 Amos 20.0 进行验证性因子分析，建立的模型如图 7-8。

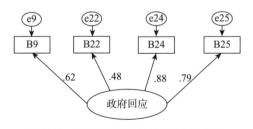

图 7-8 政府回应验证性因子分析模型

数据显示，政府回应的验证性因子分析模型的 CMIN/DF 值为 5.511，超过了 5 的建议值，以及 RMSEA 为 0.121。超过了 0.1 的建议值，模型的适配度是欠佳的，但是其他的适配度指标 GFI，AGFI，NFI，IFI，TLI 以及 CFI 都超过了 0.9。总体来看,模型还是可以继续修正,变得更加适配。从表 7-41 协方差的修正指标来看,建立 e9 与 e22 的共变误差项可以降低卡方值。

表 7-41 政府回应模型修正指标(协方差)

误差关联		M. I.	Par Change
e22	<—>e25	4.635	−0.110
e9	<—>e22	6.826	0.153

修正后的模型如图 7-9 所示,修正后的模型,CMIN/DF 值为 3.814,小于 5 的建议值。RMSEA 为 0.095,小于 0.1 的建议值。其他的适配度指标除了 AGFI 为 0.939,GFI、NFI、IFI、TLI 以及 CFI 都超过了 0.95,模型的适配度较好(见表 7-42)。对于建立的 e9 与 e22 之间的共变关系,B9"基层政府对社会公众的要求和呼声反应的敏捷程度"与 B22"企业与所在社区基层政府的关系"存在着某些共性,因为一个基层政府对社会公众的要求和呼声反应敏捷,一般来说企业的营商环境较好,也会跟社区的基层政府存在良好的关系。反之,如果企业跟政府关系较好,那么政府也会对群众的呼声反应较为敏捷。因此,建立 B9 与 B22 之间的共变关系不会违背经验原则和 SEM 的假定。

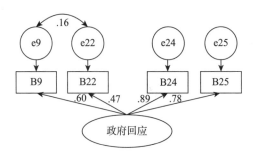

图 7-9 政府回应验证性因子分析模型(修正后)

表 7-42 政府回应模型的指标适配度结果

MODEL	CMIN/DF	RMSEA	GFI	AGFI	NFI	IFI	TLI	CFI
政府回应	3.814	0.095	0.994	0.939	0.991	0.993	0.959	0.993

6. 执法环境量表的信度效度分析

首先对执法环境量表进行探索性因子分析,总共题项为四个,得到的 KMO 值为 0.770,且通过了 Bartlett's 球形检验,因此适宜进行因子分析(见表 7-43)。

表 7-43　政府回应因子分析的适合性检验

取样足够度的 Kaiser-Meyer-Olkin 度量	Bartlett's 球形检验		
	近似卡方	Df	Sig.
0.770	683.503	6	0.000

对执法环境的各个测量题项进行因子分析后,聚成一个因子,对应的特征值为 2.908,解释的变量方差比例为 72.681%,解释了大部分的变量方差信息,可以看出执法环境的题项具有较好的会聚性(见表 7-44)。然后对执法环境因子进行一致性信度分析,如表 7-45,得到的整体 Cronbach's α 系数为 0.873,且各个 CITC 值都超过了 0.5,每个题项删除后的 Cronbach's α 系数均小于 0.873,因此执法环境量表已经达到了一致性信度要求。

表 7-44　政府回应因子解释的总方差

成分	初始特征值			提取平方和载入		
	合计	方差的%	累积%	合计	方差的%	累积%
1	2.908	72.681	72.681	2.908	72.681	72.681
2	0.548	13.697	86.378			
3	0.347	8.677	95.055			
4	0.198	4.945	100.000			

表 7-45　执法环境因子的一致性信度分析

题项	内容	校正的项总计相关性	项已删除的 Cronbach's α 系数	Cronbach's α 系数
B18	保护劳工、消费者、自然环境等方面的法规政策完善	0.647	0.870	0.873
B19	公检法等执法机关和执法人员的执法能力很强	0.740	0.833	
B20	人们对执法过程和执法结果的公正性充满信心	0.771	0.821	
B21	执法部门执法的独立性强	0.764	0.825	

然后运用 Amos 20.0 对执法环境的各个题项进行验证性因子分析,建立的模型如图 7-10 所示。

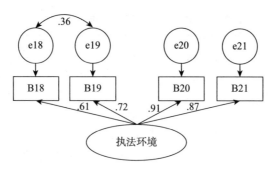

图 7-10 执法环境验证性因子分析模型

表 7-46 执法环境模型的指标适配度结果

MODEL	CMIN/DF	RMSEA	GFI	AGFI	NFI	IFI	TLI	CFI
执法环境	8.356	0.249	0.940	0.700	0.941	0.944	0.830	0.943

从表 7-46 可以看出,执法环境模型的 CMIN/DF 为 8.356,超过了 5 的建议值;RMSEA 为 0.249 也超过了 0.1 的建议值,AGFI 与 TLI 都没有超过 0.85,因此认为模型的适配度是不够的,应对模型作进一步的修正,通过表 7-47 执法环境修正指数的建议,建立 e18 与 e19 误差项之间的共变关系。e18 为"保护劳工、消费者、自然环境等方面的法规政策完善",e19 为"公检法等执法机关和执法人员的执法能力很强",两者呈正相关的关系。在一般情况下,法规的完善是建立在执法机关执法能力强的基础上的,法制不完善,存在很多漏洞,执法者执法的效果也会比较差。对于社会转型期的企业管理者而言,企业大多钻法律的空子而侵犯公共利益,因此建立这两个观测变量的共变关系不会违背经验原则和 SEM 的假定。

表 7-47 执法环境模型修正指标(协方差)

误差项目		M.I.	Par Change
e20	<—>e21	4.101	0.063
e19	<—>e21	7.096	−0.104
e18	<—> e20	10.799	−0.159
e18	<—>e19	22.087	0.323

修正后的模型建立如图 7-11。

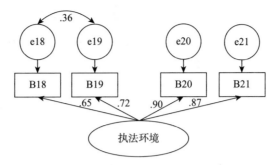

图 7-11　执法环境验证性因子分析模型(修正后)

表 7-48 显示,修正后的模型的 CMIN/DF 为 4.230,低于 5 的建议值。RMSEA 为 0.086,低于 0.1 的建议值。其他的适配度指标值都超过 0.90,可以看出模型的适配度较好。

表 7-48　执法环境模型的指标适配度结果(修正后)

MODEL	CMIN/DF	RMSEA	GFI	AGFI	NFI	IFI	TLI	CFI
执法环境	4.230	0.086	0.992	0.917	0.992	0.994	0.963	0.994

7. 非政府组织发育量表的信度效度分析

非政府组织发育状况量表总共有 4 个题项,首先对其进行探索性因子分析,得到表 7-49,从表中可以看出,KMO 值为 0.743,且通过了 Bartlett's 球形检验,适宜对非政府组织发育量表进行因子分析。

表 7-49　非政府组织发育因子分析的适合性检验

取样足够度的 Kaiser-Meyer-Olkin 度量	Bartlett's 球形检验		
	近似卡方	Df	Sig.
0.743	429.583	6	0.000

表 7-50　非政府组织因子解释的总方差

成分	初始特征值			提取平方和载入		
	合计	方差的%	累积%	合计	方差的%	累积%
1	2.502	62.562	62.562	2.502	62.562	62.562
2	0.695	17.386	79.949			
3	0.535	13.366	93.314			
4	0.267	6.686	100.000			

表 7-50 显示,四个题项很好地会聚成一个因子,对应的特征值为 2.502,解释了变量方差的 62.562%,说明非政府组织各个测量题项具有很好的收敛性。然后对该量表进行一致性信度分析,如表 7-51,得到了四个题项的整体 Cronbach's α 系数为 0.798,大于 0.7,且各个题项的 CITC 值均大于 0.5,删除各个项后的 Cronbach's α 系数均比 0.798 小,因此非政府组织量表的信度已经满足要求。

表 7-51 非政府组织发育的一致性信度分析

题项	内容	校正的项总计相关性	项已删除的 Cronbach's α 系数	Cronbach's α 系数
B14	行业协会等各类非政府组织数量众多	0.511	0.787	
B15	社区自组织管理水平很高	0.747	0.666	0.798
B16	社区各类非政府组织影响力极大	0.666	0.702	
B17	各类非政府组织受政府影响小且独立性很强	0.527	0.773	

然后运用 Amos 20.0 对非政府组织发育进行验证性因子分析,建立的模型如图 7-12 所示。

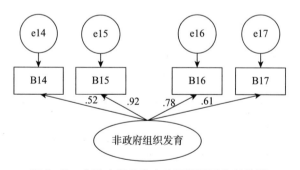

图 7-12 非政府组织发育验证性因子分析模型

表 7-52 显示,非政府组织发育状况模型的 CMIN/DF 为 1.356,小于 2,RMSEA 值为 0.034,小于 0.05,其他的适配度指数 GFI、AGFI、NFI、IFI、TLI 以及 CFI 都超过了 0.95,说明在当前状态下,模型的适配度非常好。模型的结构效度得到了验证。

表 7-52 非政府组织发育模型的指标适配度结果

MODEL	CMIN/DF	RMSEA	GFI	AGFI	NFI	IFI	TLI	CFI
非政府组织发育	1.356	0.034	0.996	0.978	0.994	0.998	0.995	0.998

总的来说,经过一系列的分析与修正,本研究的问卷已具有良好的信度与建构效度。由于问卷设计遵循了适当的程序,各测量题项的设计以理论为指导,吸取了其他学者的研究成果,并结合本研究的目的与案例研究的结果反复修订,与专家和实践工作者讨论、分析和修改,通过 120 家企业的预测试,因此可以认为测量问卷能够涵盖研究主题,具有较好的内容效度。

第五节 本章小结

本章对自变量、因变量、中介变量、调节变量和控制变量进行了测度指标选择;结合案例研究结果,与专家学者和实践工作者反复讨论和修改问卷;通过 120 家企业的预测试,对各量表进行因子分析与内部一致性信度分析,优化了问卷题项,使其具有较好的信度和效度,用于正式测试。对 385 家企业进行了正式的问卷调查,对样本数据进行了同源误差检验、多重共线性检验、正态性检验、探索性因子分析和验证性因子分析,得出数据分析结果。

第八章　企业社区参与理论模型的验证与假设结果讨论

本章将依据正式调查的数据结果,运用方差分析方法,验证企业属性对企业社区参与的影响;运用结构方程分析方法,验证各个变量之间的关系假设,验证企业社区参与的理论模型,讨论变量间关系假设成立与否的原因,提出企业的社区参与模式和企业与社区共享共建关系的形成机制。

第一节　企业社区参与理论模型验证

一、以企业特征差异表征的企业社区参与程度差异

在本研究的理论模型中,企业的所有制性质、规模和所属行业被当作控制变量,在假设检验和模型验证过程中,要将控制变量对因变量的影响分离开来。第七章中已经证明了样本数据服从正态分布,本节采用独立样本 t 检验比较第二产业和第三产业两种不同行业类型的企业社区参与是否存在差异,用单因素方差分析比较处于"大、中、小"三个不同层次规模的企业,以及属于"国有、私营、外资"三种不同所有制性质的企业社区参与是否存在显著差异;运用 Levene 方差齐性检验法时,方差齐次采用方差相等时的值,方差非齐性则采用方差不相等时的值。进行单因素方差分析时,首先检验方差齐次,当方差齐次时采用 LSD 检验,当方差非齐次时采用 Tamhane' T2 检验。本研究中的所有变量除了可测的问卷题项以外,其他的均是不可测的潜在变量,为此需要对潜在变量进行赋值。本研究采用均值法,直接将潜在变量在所有测量项目题项上的值加总后平均。在这一节的研究中对企业社区参与这个潜在因子进行了均值化处理。

表 8-1 显示了第二产业与第三产业两种不同类型的产业对企业社区

参与行为的影响。Levene 方差齐性检验的结果显示 Levene 统计量的值为 15.404，$P=0.000<0.05$，在 α 为 0.05 的显著性水平下，拒绝两种不同产业之间方差相等的原假设，因此认为两种产业的方差是非齐性的。采用方差不等的独立样本 t 检验，得到 $t=5.138>1.65$，且 $P=0.000<0.05$，因此拒绝原假设，认为不同产业对企业社区参与行为的影响是显著的，从而假设 H9c 得到了验证，从均值看第二产业企业的社区参与程度高于第三产业。

表 8-1　产业属性对企业社区参与的影响

行业	样本数	均值	方差齐性检验			均值差异检验		
			Levene	sig.	是否齐性	t	sig.	是否显著
第二产业	197	5.39701	15.404	0.000	否	5.138	0.000	是
第三产业	188	4.81803						

注：方差齐性检验的显著性水平为 0.05。

表 8-2 显示了企业规模属性对企业社区参与行为的影响。企业的规模分为"大型企业""中型企业"和"小型企业"三种类型，单因素方差分析的结果显示企业的规模大小对企业社区参与行为的影响是显著的。在 Levene 方差齐性检验中 Levene 统计量的值为 0.590，$P=0.560>0.05$，因此不能拒绝方差相等的原假设，认为不同规模之间的企业社区参与行为的方差是齐性的。然后采用方差相等的均值检验，得到的 F 值为 5.302，$P=0.005<0.05$，拒绝均值相等的原假设，不同企业规模的企业社区参与行为有显著差异。

表 8-2　企业规模属性对企业社区参与的影响

企业规模	平方和	方差齐性检验			均值差异检验		
		Levene	sig.	是否齐性	F	sig.	是否显著
组间	10.201						
组内	297.467	Statistic					
综合	307.668	0.590	0.560	是	5.302	0.005	是

注：方差齐性检验的显著性水平为 0.05。

表 8-3 显示的是企业规模对企业社区参与影响的多重比较分析，分析显示，中型企业跟小型企业的均值检验中，$P=0.758>0.5$，即数据结果显示中、小型企业的社区参与行为是没有显著差异的，而大企业的社区参与行为分别与中型企业和小型企业的社区参与行为比较都存在显著性差异。从均值看小型企业的社区参与度最高，大型企业社区参与度最低。假设 H9b 得到了部分验证。

表 8-3　企业规模对企业社区参与行为影响的多重比较

(I)企业规模	(J)企业规模	均值差(I-J)	标准误	显著性	95%置信区间	
					下限	上限
大型企业	中型企业	0.353462*	0.140173	0.012	0.07765	0.62928
	小型企业	0.396346*	0.131440	0.003	0.13771	0.65497
中型企业	大型企业	-0.353462*	0.140173	0.012	-0.62928	-0.07765
	小型企业	0.042884	0.138785	0.758	-0.23021	0.31596
小型企业	大型企业	-0.396336*	0.131440	0.003	-0.65497	-0.13771
	中型企业	-0.042874	0.138785	0.757	-0.31596	0.23021

注*表示 p<0.05。

表 8-4 和表 8-5 分析了企业所有制属性对企业社区参与行为的影响。在研究中,企业的所有制分为"国有""私营"和"外资"三种类型。单因素方差分析的结果显示,企业的所有制性质不同,企业的社区参与行为是无显著差异的。Levene 方差齐性检验中 Levene 统计量的值为 2.322,$P = 0.100>0.05$,因此不能拒绝方差相等的原假设,认为不同所有制之间的企业社区参与行为的方差是齐性的。然后采用方差相等的均值检验,得到的 F 值为 1.385,$P = 0.252>0.05$,不能拒绝均值相等的原假设。因此,认为不同所有制企业的社区参与行为没有显著差异,假设 H9a 没有得到验证,且从均值看,国有企业社区参与度最高,外资企业的社区参与度最低。

表 8-4　企业所有制属性对企业社区参与行为的影响

企业规模	平方和	方差齐性检验			均值差异检验		
		Levene	sig.	是否齐性	F	sig.	是否显著
组间	2.734	Statistic					
组内	304.934						
综合	307.668	2.322	0.100	是	1.385	0.252	是

注:方差齐性检验的显著性水平为 0.05。

表 8-5　企业所有制属性对企业社区参与行为影响的多重比较

(I)所有制	(J)所有制	均值差(I-J)	标准误	显著性	95%置信区间	
					下限	上限
国有企业	私营企业	0.096089	0.128335	0.455	0.07765	0.34865
	外资企业	0.418156	0.252363	0.098	0.13771	0.91482
私营企业	国有企业	-0.096085	0.128335	0.455	-0.62928	0.15644
	外资企业	0.322071	0.238035	0.176	-0.23021	0.79087

(续表)

(I)所有制	(J)所有制	均值差(I-J)	标准误	显著性	95%置信区间	
					下限	上限
外资企业	国有企业	−0.418155	0.252363	0.099	−0.65497	0.07841
	私营企业	−0.322069	0.238035	0.177	−0.31596	0.14638

注：均值差的显著性水平为 0.05。

二、社区关系对企业社区参与的直接效应

本研究的主要目的是分析企业与社区的关系对企业社区参与的影响，企业与社区的关系分为两个维度：企业的社区情感嵌入度和社区利益关联度。我们将一个因变量、二个自变量、三个控制变量列入一个模型中，进行直接效应分析。

图 8-1 以及表 8-6 所示，在 0.05 的显著性水平下，三个控制变量中，不同产业以及不同企业规模对企业的社区参与行为影响显著。而企业的所有制对其的影响是不显著的，这跟之前的方差分析的结果一致。产业对企业的社区参与的标准化路径系数为−0.286，而规模对企业的社区参与的标准化路径系数为−0.174。二个自变量中，只有企业的社区情感嵌入度对企业社区参与的影响显著，但是无论是企业的社区情感嵌入度还是企业的社区利益关联度，都对企业的社区参与有着正向的影响。企业的社区情感嵌入度对企业社区参与的标准化路径系数为 0.673，$P=0.001<0.05$，因此系数通过了显著性检验。而企业与社区的利益关联度的标准化系数为 0.173，$P=0.086>0.05$，无法拒绝原假设，认为企业的社区关联度与企业的社区参与的关系是不显著的，说明在模型的假设中 H9b，H9c，H2 都得到了支持。

表 8-6 企业的社区关系对企业社区参与行为的直接效应分析结果

假设	路径	标准化路径系数	P	假设检验结果
H9c	社区参与<—产业	−0.286	***	支持
H9b	社区参与<—规模	−0.174	0.004	支持
H9a	社区参与<—所有制	−0.087	0.139	不支持
H2	社区参与<—情感嵌入度	0.673	0.001	支持
H3	社区参与<—利益关联度	0.173	0.086	不支持

CMIN/DF	RMSEA	GFI	AGFI	NFI	IFI	TLI	CFI
4.531	0.096	0.865	0.853	0.894	0.845	0.860	0.887

注：显著性水平为 0.05，*** 表示显著性概率值 p 小于 0.001。

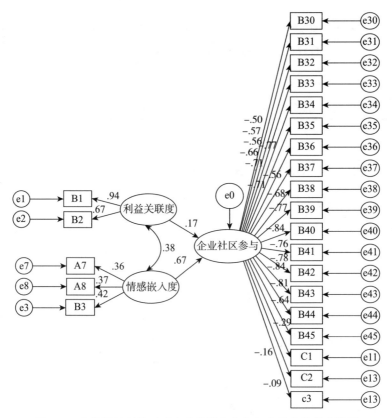

图 8-1 企业的社区关系对企业的社区参与行为的直接效应模型

注：该图依据调查样本数据，运用结构方程分析法获得。

从表 8-6 的整体适配度来看，CMIN/DF 值为 4.531，小于 5 的建议值。RMSEA 为 0.096，小于 0.1 的建议值。其他的系数，除了 IFI 外都达到了 0.85 的建议值。IFI 为 0.845，虽然没有达到本研究要求的 0.85，总体来看模型的适配度不是非常理想，但是可以接受。

为进一步细致分析企业的社区关系对企业社区参与各个维度的影响，将企业社区参与分成环境保护、就业创造和公益活动三个维度，分析企业的社区关系二个自变量与企业社区参与三个因变量之间的关系。

如图 8-2 以及表 8-7 所示，在 0.05 的显著性水平下，企业的社区情感嵌入度对企业社区参与环境保护维度、就业创造维度和公益活动维度的标准化路径系数分别为 0.45、0.85 和 0.80，且影响显著。企业的社区利益关联度对企业社区参与环境保护维度、就业创造维度和公益活动维度的标准化路径系数分别为 0.60、0.25 和 0.40，且影响显著。说明在模型的假设中 H2a、H2b、H2c、H3a、H3b、H3c 都得到了支持。企业的社区情感嵌入度对企业社区参与在就业创造维度上的影响最大;企业的利益关联度对企业社区参与在环境保护维度上的影响最大。

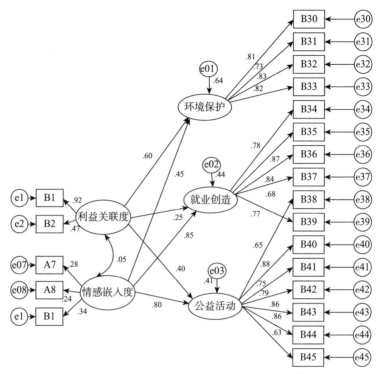

图 8-2　企业的社区关系对企业社区参与三个维度的直接效应模型

表 8-7　企业的社区关系对企业社区参与行为的直接效应分析结果

假设	路径	标准化路径系数	P	假设检验结果
H2a	环境保护<—情感嵌入度	0.451	***	支持
H2b	就业创造<—情感嵌入度	0.854	***	支持
H2c	公益活动<—情感嵌入度	0.801	***	支持
H3a	环境保护<—利益关联度	0.603	***	支持
H3b	就业创造<—利益关联度	0.253	0.002	支持
H3c	公益活动<—利益关联度	0.404	0.049	支持
CMIN/DF	RMSEA	GFI	AGFI	NFI	IFI	TLI	CFI
3.945	0.097	0.858	0.853	0.851	0.861	0.854	0.864

注:显著性水平为 0.05,*** 显著性概率值 p 小于 0.001。

三、企业社区参与环境的调节效应

1. 非政府组织发育状况的调节效应分析

本节将对非政府组织发育状况在企业与社区关系影响企业社区参与行为中的调节作用进行实证分析。分析过程如下:首先通过 K-Means 快速聚类出非政府组织发育成熟组和非政府组织发育不成熟组;其次分别估计出二个自变量跟因变量之间的标准化路径系数;最后比较两组的系数,判断出非政府组织的发育状况在企业与社区关系影响企业社区参与行为中的作用。

本研究采用 SPSS 20.0 对非政府组织发育的四个题项进行聚类分析。事先按照研究的目标将聚类数分为 2 个,标识变量为问卷编号,聚类方法选择迭代和分类,即先确定初始类别中心点,然后根据 K-Means 算法做迭代分类。从表 8-8 可以看出,在最终的聚类中心中,对应于 1 类的四个指标的均值都比 2 类的要小。因此可以判断出第一类为非政府组织发育不成熟的组,第二类为非政府组织发育成熟的组。聚类后样本数为 151 和 234,样本比例为 39.22% 和 60.78%。对两个组分别检验企业的社区关系对企业的社区参与的影响作用。参照直接效应模型,删除企业所有制对企业社区参与的影响。

表 8-8 非政府组织发育初始和最终聚类中心

聚类中心	初始聚类中心		最终聚类中心	
类别	1	2	1	2
B14 行业协会等各类非政府组织数量	1	7	4	5
B15 社区自组织管理水平	1	7	3	5
B16 社区各类非政府组织影响力	1	7	3	5
B17 社区各类非政府组织独立程度	1	7	3	5

表 8-9 非政府组织发育状况不同组别的模型参数估计结果

假设	模型参数估计	非政府组织发育不成熟组		非政府组织发育成熟组	
	路径	标准化路径系数	P	标准化路径系数	P
H9c	企业社区参与<—产业	−0.233	0.033	−0.217	0.005
H9b	企业社区参与<—规模	−0.115	0.247	−0.170	0.025

（续表）

假设	模型参数估计 路径	非政府组织发育不成熟组		非政府组织发育成熟组	
		标准化路径系数	P	标准化路径系数	P
H2	企业社区参与<—企业的社区情感嵌入度	1.467	0.409	0.359	0.024
H3	企业社区参与<—企业的社区利益关联度	0.201	0.639	0.248	0.002

注：显著性水平为 0.05。

结果如图 8-3 以及图 8-4 所示，不同组别的直接效应模型的统计分析结果如表 8-9 所示。在非政府组织发育不成熟的条件下，企业的社区情感嵌入度和企业与社区的利益关联度对企业社区参与影响都不显著。因为显著性概率值为 0.033，小于显著性水平 0.05，因此不同产业对企业社区参与的影响依然是显著的。而企业的规模在非政府组织发育不成熟组中对企业社区参与是不显著的。

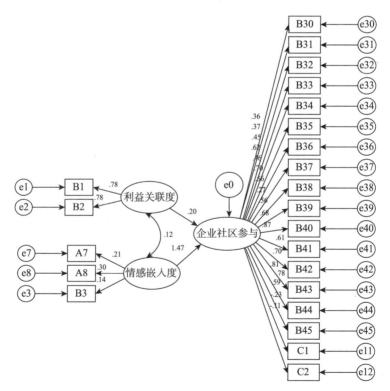

图 8-3 非政府组织发育不成熟组的直接效应模型

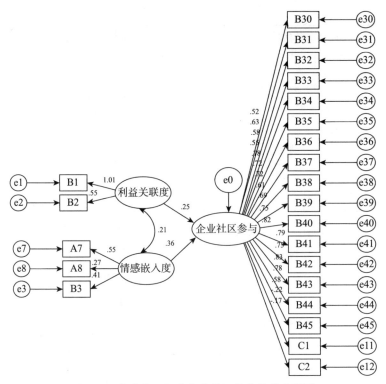

图 8-4 非政府组织发育成熟组的直接效应模型

在非政府组织发育成熟组中,企业的所属产业及其规模对企业社区参与的影响都是显著的,它们的显著性的概率值都小于 0.05。企业的社区情感嵌入度对企业社区参与的标准化系数为 0.359, P 为 0.024<0.05, 拒绝原假设, 因此企业的社区情感嵌入度对企业社区参与影响是显著的。同理, 企业的社区利益关联度对企业社区参与的标准化路径系数为 0.248, 显著性概率值 $P=0.002<0.05$, 因此认为企业的社区利益关联度对企业社区参与影响是显著的。在标准化路径系数上, 非政府组织成熟的组, 企业的社区情感嵌入度对企业社区参与的影响比非政府组织不成熟的组要大。因此假设"在非政府组织成熟的社区环境中, 社区关系对企业社区参与的影响比在非政府组织不成熟的社区环境中更显著"是成立的, 且非政府组织的发育状况在企业的社区关系对企业社区参与的影响中起调节作用。

2. 执法环境的调节效应分析

采用 SPSS20.0 对执法环境的四个测量题项进行 K-Means 聚类分析, 聚类成 2 类。分析方法与非政府组织发育状况的分析相同。从表 8-10 可以看出第二类的均值比第一类的均值大, 可以判断出第一类为对执法环境失望组,第二类为对执法环境充满信心组。聚类后第一类为 190 个样本,第二类为 195 个样本,样本比例分别为 49.35% 和 50.65%。

表 8-10 执法环境初始和最终聚类中心

聚类中心	初始聚类中心		最终聚类中心	
类别	1	2	1	2
B18 保护劳工、消费者、环境等方面的法规政策完善程度	1	7	4	6
B19 公检法等执法机关和执法人员的执法能力	1	7	4	5
B20 人们对执法过程和执法结果公正性的信心	1	7	3	5
B21 执法部门执法的独立程度	1	6	4	5

在执法环境失望组和执法环境充满信心组中分别检验企业的社区关系对企业社区参与的影响作用,结果如图 8-5 以及图 8-6 所示。执法环境失望组和执法环境信心组的直接效应模型统计分析数据详见表 8-11。

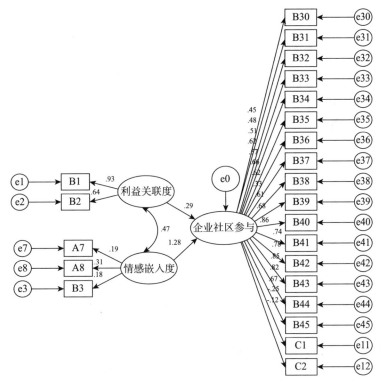

图 8-5 对执法环境失望组直接效应模型

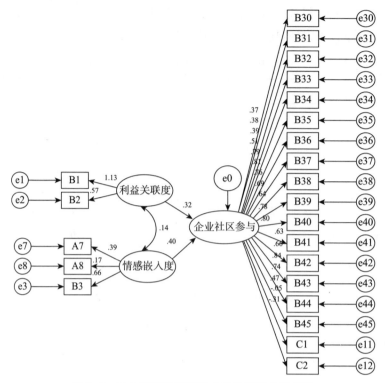

图 8-6　对执法环境充满信心组的直接效应模型

表 8-11　执法环境不同组别的模型参数估计结果

假设	模型参数估计路径	对执法环境失望组 标准化路径系数	P	对执法环境充满信心组 标准化路径系数	P
H8c	企业社区参与<—产业	−0.251	0.006	−0.051	0.543
H8b	企业社区参与<—规模	−0.120	0.156	−0.309	0.002
H2	企业社区参与<—企业的社区情感嵌入度	1.279	0.701	0.404	0.045
H3	企业社区参与<—企业的社区利益关联度	−0.286	0.412	0.319	0.002

注：显著性水平为 0.05。

在对执法环境失望的条件下，企业的社区情感嵌入度和企业的社区利益关联度对企业社区参与的影响都不显著。不同产业对企业的社区参与影响显著，显著性概率值为 0.006<0.05，而企业的规模对企业社区参与的影响不显著。

在对执法环境充满信心组中,规模不同企业的社区参与程度显著不同,它的显著性的概率值为 0.002<0.05。企业的社区情感嵌入度对企业社区参与的影响的标准化系数为 0.404,P 为 0.045<0.05,拒绝原假设,因此企业的社区情感嵌入度对企业社区参与的影响是显著的。同理,企业的社区利益关联度对企业社区参与的标准化路径系数为 0.319,显著性概率值 $P=0.002<0.05$,因此企业的社区利益关联度对企业社区参与的影响也是显著的。因此假设"在对执法环境充满信心的条件下,企业的社区关系对企业社区参与的影响比在对执法环境失望的条件下更显著"是成立的,且执法环境在企业的社区关系影响企业社区参与的过程中起调节作用。

3. 政府回应的调节效应分析

采用 SPSS 20.0 对政府回应的四个测量题项进行 K-Means 聚类分析,聚类成 2 类。从表 8-12 可以看出第二类的均值比第一类的均值大,可以判断出第一类为政府回应迟缓组,第二类为政府回应敏捷组。聚类后第一类为 191 个样本,第二类为 194 个样本,样本比例分别为 49.61% 和 50.39%。

表 8-12 政府回应的初始和最终聚类中心

聚类中心	初始聚类中心		最终聚类中心	
类别	1	2	1	2
B9 基层政府对公众要求的反应敏捷程度	4	7	4	5
B22 企业与所在社区基层政府的关系	1	7	5	6
B24 人们对政府坚守道德标准和社会公正的信任程度	1	7	3	5
B25 政府政策的透明程度	1	7	3	5

然后对两个组分别检验政府回应对企业的社区关系影响企业社区参与的作用(见图 8-7);不同组别的调节效应模型的统计分析结果如表 8-13 所示:在政府回应迟缓的条件下,企业的社区情感嵌入度和企业的社区利益关联度对企业社区参与影响都不显著。但是,不同产业对企业社区参与依然是影响显著的($P<0.05$)。相比之下,企业规模对企业社区参与的影响不显著。

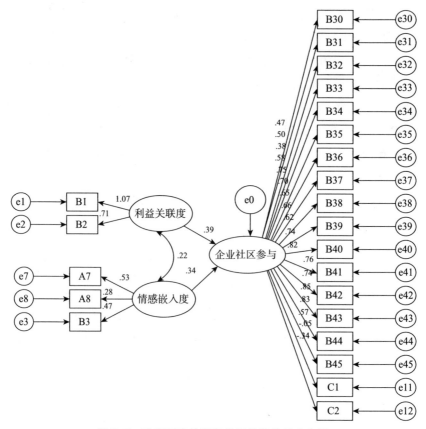

图 8-7 政府回应敏捷条件下的直接效应分析

表 8-13 政府回应不同组别的模型参数估计结果

假设	模型参数估计 路径	政府回应迟缓组 标准化路径系数	P	政府回应敏捷组 标准化路径系数	P
H9c	企业社区参与<—产业	-0.328	***	-0.049	0.555
H9b	企业社区参与<—规模	-0.112	0.184	-0.344	***
H2	企业社区参与<—企业的社区情感嵌入度	2.304	0.806	0.342	0.034
H3	企业社区参与<—企业的社区利益关联度	-1.353	0.832	0.395	***

注：显著性水平为 0.05，***表示显著性概率值 p 小于 0.001。

在政府回应敏捷组中，规模不同企业的社区参与程度显著不同（P 为 *** 即高度显著）；企业的社区情感嵌入度对企业社区参与的影响的标准化系数为 0.342，P 为 $0.034<0.05$，拒绝原假设，即企业的社区情感对企业社区参与的影响是显著的。同理，企业的社区利益关联度影响企业社区参与的标准化路径系数为 0.395，P 值显示为高度显著，即企业的社区利益关联度对企业社区参与的影响是显著的。因此假设"在政府回应敏捷有效的条件下，企业的社区关系对企业社区参与的影响比政府回应迟缓低效的条件下更显著"是成立的，且政府回应在企业社区关系影响企业社区参与的过程中起调节作用的假设成立。

四、企业社区参与动机与社区资源动员力的中介效应

本研究假设企业的社区参与动机与社区资源动员力在企业的社区关系影响企业社区参与中可能起中介作用。本节运用 Amos 20.0 建立结构方程模型，在各变量综合效应下，检验中介变量的作用是否成立。

如图 8-8 以及表 8-14 结果显示，企业社区参与动机在企业的社区关系对企业社区参与的影响中中介效应显著。加入中介变量后，企业的社区情感嵌入度和企业的社区利益关联度对企业社区参与的标准化路径系数减小，企业的利益关联度对企业社区参与的效应不显著，说明企业社区参与动机和社区资源动员力在企业的社区情感嵌入度影响企业社区参与过程中起到了部分中介作用，而在企业的社区利益关联度影响企业社区参与过程中起到了完全中介作用。企业的社区情感嵌入度、企业的社区利益关联度与企业社区参与动机的标准化路径系数分别为 0.70、0.22，社区参与动机对社区参与行为的影响系数为 0.43，均在显著性水平为 0.05 的水平下显著，因此假设 H4、H4a 与 H4b 均得到支持。企业的社区情感嵌入度、企业的社区利益关联度与社区资源动员力的标准化路径系数分别为 0.52、0.21，社区资源动员力对企业参与社区的影响系数是 0.40，均在显著性水平为 0.05 的情况下显著，因此假设 H5、H5a 与 H5b 均得到支持。

在这个中介效应模型中，企业所属产业与企业所在的规模对企业社区参与行为的标准化系数分别为 -0.29、-0.18，在显著性水平低于 0.05，影响是显著的。但是企业的所有制属性影响企业社区参与的显著性概率值 P 为 $0.136>0.05$，因此无法拒绝原假设，认为不同的所有制企业的社区参与程度是没有显著差异的。因此假设 H9c 以及 H9b 再一次得到了支持，而 H9a 再一次不被支持。

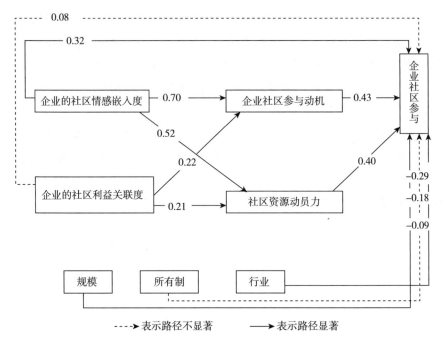

图 8-8　企业社区关系对企业社区参与行为的中介效应模型

注：此图省略了观察变量到潜在变量的测量模型。

表 8-14　企业与社区关系对企业社区参与行为的中介效应分析结果

假设	路径	标准化路径系数	P	假设检验结果
H9c	社区参与<—行业	-0.285	***	支持
H9b	社区参与<—规模	-0.176	0.003	支持
H9a	社区参与<—所有制	-0.087	0.136	不支持
H4	社区参与<—社区参与动机	0.428	***	支持
H5	社区参与<—社区资源动员力	0.399	***	支持
H4a	社区参与动机<—社区情感嵌入度	0.697	***	支持
H5a	社区资源动员力<—社区情感嵌入度	0.519	***	支持
H4b	社区参与动机<—社区利益关联度	0.223	0.017	支持
H5b	社区资源动员力<—社区利益关联度	0.213	0.024	支持

(续表)

假设	路径	标准化路径系数	P	假设检验结果
因变量	社区参与<—社区情感嵌入度	0.321	0.043	支持
自变量	社区参与<—社区利益关联度	0.083	0.571	不支持

CMIN/DF	RMSEA	GFI	AGFI	NFI	IFI	TLI	CFI
4.527	0.096	0.858	0.823	0.874	0.881	0.856	0.879

注：显著性水平为 0.05，*** 表示显著性概率值 p 小于 0.001。

从模型的适配度来说，中介模型的 CMIN/DF 值为 4.527，小于 5 的建议值。RMSEA 为 0.096，小于 0.1 的建议值。其他的适配度指数，除了 AGFI 不到 0.85 的建议值，其他的都超过了 0.85，因此认为模型的适配度可以达到要求，直接删除企业所有制对企业社区参与的路径，其他系数基本没有变化，且影响显著的依然显著。

第二节 研究假设检验结果汇总

综合控制变量和社区关系对企业社区参与的直接作用，政府回应、执法环境、非政府组织发育程度的调节作用，企业社区参与动机与社区资源动员力的中介效应，归纳本研究的假设检验结果如表 8-15 所示。

表 8-15 研究假设总结表

编号	研究假设内容	检验结果
H2	企业的社区情感嵌入度对企业社区参与有显著正向影响	支持
H2a	企业的社区情感嵌入度在环境保护维度上对企业社区参与有显著正向影响	支持
H2b	企业的社区情感嵌入度在就业创造维度上对企业社区参与有显著正向影响	支持
H2c	企业的社区情感嵌入度在社会投资和教育文化维度上对企业社区参与有显著正向影响	支持
H3	企业的社区利益关联度越高，企业的社区参与程度越高	不支持

(续表)

编号	研究假设内容	检验结果
H3a	企业的社区利益关联度越高,企业社区参与在环境保护维度上表现越好	支持
H3b	企业的社区利益关联度越高,企业社区参与在就业创造维度上表现越好	支持
H3c	企业的社区利益关联度越高,企业社区参与在社会投资和教育文化维度上表现越好	支持
H4	企业社区参与动机在社区关系影响企业社区参与过程中起中介作用	支持
H4a	企业社区参与动机在社区情感嵌入度影响企业社区参与过程中起中介作用	支持
H4b	企业社区参与动机在社区利益关联度影响企业社区参与过程中起中介作用	支持
H5	社区资源动员力在企业与社区关系影响企业社区参与过程中起中介作用	支持
H5a	社区资源动员力在企业的社区情感嵌入度影响企业社区参与过程中起中介作用	支持
H5b	社区资源动员力在企业的社区利益关联度影响企业社区参与过程中起中介作用	支持
H6	非政府组织成熟程度在企业的社区关系影响企业社区参与的过程中起调节作用	支持
H6a	在非政府组织成熟的社区环境中,企业的社区关系对企业社区参与的影响比在非政府组织不成熟的社区环境中更显著	支持
H7	执法环境在企业的社区关系影响企业社区参与的过程中起调节作用	支持
H7a	在对执法环境充满信心的条件下,企业的社区关系对企业社区参与的影响比在对执法环境失望的条件下更显著	支持
H8	政府回应在企业的社区关系影响企业社区参与的过程中起调节作用	支持
H8a	在政府回应敏捷有效的条件下,企业的社区关系对企业社区参与的影响比政府回应迟缓低效的条件下更显著	支持
H9	不同属性的企业,社区参与的程度显著不同	部分支持

（续表）

编号	研究假设内容	检验结果
H9a	不同所有制性质的企业,社区参与程度显著不同	不支持
H9b	不同规模的企业,社区参与程度显著不同	支持
H9c	不同行业的企业,社区参与程度显著不同	支持

据表 8-15 显示,除假设 H3、H9a 不被支持外,本研究的其他假设都得到了验证,下一节将对研究结果进行讨论。

第三节　研究结果讨论:企业社区参与的影响因素

一、以企业特征差异表征的企业社区参与程度差异

本研究分析企业属性对企业社区参与的影响,结果显示,行业不同,企业社区参与程度显著不同;从均值来看,第二产业企业的社区参与程度高于第三产业;企业的社区参与行为在规模属性上存在显著差异,具体来讲,大型企业的社区参与行为分别与中型企业和小型企业的社区参与行为相比较存在显著性差异,中型企业和小型企业的社区参与则不存在显著性差异;不同所有制属性的企业在社区参与上不存在显著性差异。综合来看,H9a 没有通过检验,H9b、H9c 通过了检验。

H9a 假设企业的所有制性质不同,企业的社区参与程度不同。实证检验的结果与假设不一致,与李立清[1]的研究不一致,但与黄速建和余菁[2]的研究结论"国有企业在履行社会责任方面没有突出表现"有共同点。与李立清的研究不一致,可能的解释是本研究着眼于企业社会责任中社区责任的研究,而不是把企业社会责任作为一个整体来研究。尽管不同所有制的企业参与社区建设的程度不存在显著差异,但是数据显示,外资企业的社区参与度最低,私营企业次之,国有企业的社区参与度最高,这主要是因为国有企业经历过"单位社区化""社区单位化"的过程,具有较强的社区情感;私营企业成长于社区,在一定程度上能够认同社区的利益。同时,我国

---

[1] 李立清:《企业社会责任评价理论与实证研究:以湖南省为例》,《南方经济》2006 年第 1 期。

[2] 黄速建、余菁:《国有企业的性质、目标与社会责任》,《中国工业经济》2006 年第 2 期。

改革开放以来的外资优惠政策也给企业社区参与造成了一定的"障碍",外资企业的社区参与基本上基于利益诱导,非利益诱导的社区参与基本上属于短期行为,所以,在我们的数据结果中会显示,外资企业社区参与的得分最低。从具体的企业实践来看,近年来不断曝出的外资企业环境污染,侵犯社区利益的行为也印证了本研究的结论,即在法律制度不完善的情况下,当有利可图的时候,外资企业同样会采取趋利的行为,表现出道德约束在利润面前的脆弱性。另外,不同所有制企业的社区参与行为不存在差异也说明国有企业基本上摆脱了"企业办社会"的制度惯性,企业行为更加趋于经济理性。民营企业受到市场的规制,和外资企业、国有企业在市场行为上基本趋于一致。

H9b 假设企业的规模不同,企业社区参与程度显著不同。实证检验的结果与假设一致。"大规模企业与中型和小型企业的社区参与行为比较都存在显著差异"的研究结论与杨春方的研究结论"大型企业履行社会责任状况一般最好"[1]一致,与陈宏辉和王江艳的研究结论"在社区、社会公共利益维度上企业的社会责任战略与企业规模显著正相关"[2]一致。但是"中小型企业之间没有显著差异"这一结论与其他学者的研究有一定差别。大规模企业的社区关注度很高,一般每年都会有一定比例的资金用于社会公益活动,社区参与被列入企业的社会公益活动,大规模企业的社区参与度最高。在企业的社区意识不够清晰的情况下,企业并不会认为社区为企业提供了运营所需要的各种资源,社区参与是企业履行企业公民的责任。中小企业限于自身资金的规模对于社区建设的参与是不定期和非常规的,一般会集中出现在社会募集的活动中,也就是说,社区基层政府由于某个特殊事件向中小企业展开社会动员活动时,中小企业才会有社区参与活动。

H9c 假设企业的行业不同,企业的社区参与程度不同。实证检验的结果与假设一致。本研究把企业的行业按照第二产业和第三产业分类,因为第二产业大规模企业的数量较第三产业多,因此,从均值来看,第二产业的企业社区参与度高于第三产业,与不同规模企业社区参与度存在显著差异相互印证。

---

[1] 杨春方:《中国企业社会责任影响因素实证研究》,《经济学家》2009年第1期。
[2] 陈宏辉、王江艳:《企业成长过程中的社会责任认知与行动战略》,《商业经济与管理》2009年第1期。

二、社区关系对企业社区参与的直接作用

经过对直接效应的分析,企业的社区关系两个维度,企业的社区情感嵌入度、企业的社区利益关联度对企业社区参与均具有影响作用。H2 企业的社区情感深浅程度对企业社区参与有显著正向影响,实证检验结果与假设一致。H3 假设企业与社区的利益关联度对社区参与程度有显著影响,实证检验结果与假设不一致,但企业与社区的利益关联度对企业的社区参与有正向的影响。企业的社区情感嵌入度和企业与社区的利益关联度在企业社区参与各个维度上都具有显著的正向影响。这一结论与利尼利厄斯的观点一致,植入当地社区由微型企业成长起来的企业在社区参与中表现尤其突出。① 与贝瑟和米勒的研究结论一致,② 企业员工居住在社区,有熟识的人在社区中,或是在社区中有朋友参与了社区管理,会对企业的社区参与行为产生积极的影响,这一研究结果与卡萨达和贾诺威茨③、斯廷纳等④的结论一致。我们可以认为企业中在社区生活的员工和管理者人数越多,企业管理者的社区情感就越深;企业的商品或服务越依赖社区,企业管理者的社区意识就越明显,企业在决定其社会公益活动的过程中选择社区参与的倾向越明显,企业的这种社区情感也会使得企业更倾向于在社区创造就业机会。

以企业与当地供应商和经销商的利益关系衡量企业与社区的利益关联度,实际上可以考察企业的社区参与是否是一种趋利性行为,或者说是一种寻求企业与社区共同发展的战略性社会责任行为。韦伯认为:"一个行为,只要当它根据其所认为的意向,以设法满足对有用效益的欲望为取向时,就应该叫做'以经济为取向'。"在这里,"有用效益"是指"一个或若干经济行为者本身所估计的具体的、单一的、成为关心对象的、当前或未来应用可能性的(真正的或者臆想的)机会,他们作为手段对经济行为者(或者经济行为者们)的目的具有宝贵的意义,其经济行为是以之为取向的。

---

① Cornelius N., Todres M., Janjuhajivraj S., Wallace, J., Corporate Social Responsibility and the Social Enterprise, *Journal of Business Ethics*, Vol. 81, No. 2, 2008, pp. 355-370.

② Besser, Terry L. and Miller, N. J., The Risks of Enlightened Self-Interest: Small Businesses and Support for Community, *Business & Society*, Vol. 43, No. 4, 2004, pp. 398-425.

③ Kasarda, J. D., Janowitz, M., Community Attachment in Mass Society, *American Sociological Review*, Vol. 39, No. 3, 1974, pp. 328-339.

④ Stinner, W. F., Loon, M. V., Chung, S., Byun, Y., Community Size, Individual Social Position, and Community Attachment, *Rural Sociology*, Vol. 55, No. 4, 1990, pp. 494-521.

经济的取向可以依传统或者目的合乎理性进行,合理的经济行为,可区分为形式上的合理和实质上的合理。形式上的合理可称之为它在技术上可能的计算和由它真正应用的计算的程度;而实质上的合理则是指通过一种以经济为取向的社会行为的方式,从曾经、正在或可能赖以观察的某些(不管方式如何)价值的基本要求的立场看,允许用货物供应现存的人的群体的程度"。① 作为经济实体的企业的趋利行为是可以理解的,如果这种趋利性行为与社区社会问题的解决相结合,应该是社会提倡和值得赞赏的企业社会行为,能够实现企业与社区的共生共赢目标。本研究中,企业与社区的利益关联度对企业社区参与的影响并不显著,说明企业对于供应商和经销商利益关系的理解不是以社区为基础的,企业可能认为供应商与经销商是它的上下游企业,与社区发展没有密切的关系。供应商和经销商本身也没有把自己的合作伙伴的社区行为作为其合约关系的前提条件,只是从经济利益出发。本研究的样本企业主要位于城市社区,社区内企业的生产运营与社区发展的关系不是十分密切。与第二章中提及的星巴克公司对于发展中国家的农村社区的参与不同,星巴克公司可以更深刻地感受到支持当地社区的经济发展,有利于社区居民收入的提高,受教育程度的提高,从而提高咖啡豆的产量和质量,降低星巴克公司的原材料成本,实现企业与当地社区的共同发展。

企业的利益关联度对企业社区参与在环境保护维度上的影响最大。可能的解释是企业污染环境直接侵害社区居民的利益,企业将不能获得经营的社会许可。经历三十多年的社区建设,社区自治组织在不断成长,社区居委会的基本工作内容就是保护社区的环境。因此,企业与社区的利益关联度越高,企业越重视其社区经营的社会许可。

三、企业社区参与动机和社区资源动员力的中介作用

经中介效应分析,本章验证了社区参与动机和社区资源动员力在企业的社区情感嵌入度和企业的社区利益关联度影响企业的社区参与过程中起到了中介作用,H4 和 H5 到了支持。企业社区参与的利益动机由巩固市场地位、吸引并留下优秀人才、获得商业合作伙伴的信任、获得商业投资、获得政府订单等五个指标来测量;企业的社区参与共同体动机由回报社区

---

① 〔德〕马克斯·韦伯:《经济与社会》(上卷),林荣远译,北京:商务印书馆1997年版,第26、88、106页。

为企业提供的良好运营环境、履行企业的社会责任、提高企业的美誉度、增强员工的荣誉感等四个指标衡量。企业的社区参与动机在企业与社区关系影响企业社区参与行为的过程中起中介作用,说明企业的社区参与不仅仅是一种社会公益活动,企业与社区也是相互需要的。这一研究结论与麦克尔罗伊和齐格弗里德[1]、C. 史密斯[2]、斯坦达迪[3]、阿特金森等[4]、约翰逊·格里宁[5],以及贝瑟和米勒[6]的实证研究结论一致。企业对于社区及慈善的贡献,会使企业获得良好的声誉,增加员工的荣誉感,获得社区独特的经营环境,帮助他们吸引到新员工并留住老员工,吸引到更多的客户和投资人的目光,增加与潜在商业合作伙伴及潜在客户的联系并提高企业在他们之中的威信,从而积极地影响商业的成功,同时企业对于社区关系的不同理解将推动企业产生不同的参与动机,而不同的企业动机也会影响企业的社区参与行为。

本研究把社区的资源动员力以社区地理位置优越程度、社区成熟程度、社区居委会与企业的关系、企业经营活动受其所在社区的制约程度四个指标来测量。社区是企业参与解决社会问题的场域,该场域所具有的条件对于企业来讲非常重要。社区的地理位置优越可以直接吸引企业因关注自身利益而重视社区利益,实现企业与社区的共生发展;成熟的社区居民的社区归属感很强,居委会的社会支持网络相对健全,工作制度以及工作程序完善成熟,企业能够意识到在这样的社区投资会获得预期的回报,这是社区发展的结果;社区居委会善于利用社区资源为企业运营提供方便,与企业建立良好关系,以此获得企业对于社区发展的支持。实证结果证明这些因素在企业与社区关系影响企业社区参与的过程中起到了全部的中介作用。

---

[1] McElroy, K. M., Siegfried, J. J., The Community Influence on Corporate Contributions, *Public Finance Quarterly*, Vol. 14, No. 4, 1986, pp. 394-414.

[2] Smith, C., The New Corporate Philanthropy, *Harvard Business Review*, Vol. 72, No. 3, 1994, pp. 105-116.

[3] Stendardi, Edward J., Corporate Philanthropy: The Redefinition of Enlightened Selfinterest, *The Social Science Journal*, Vol. 29, No. 1, 1992, pp. 21-30.

[4] Atkinson, L., Galaskiewicz, J., Stock Ownership and Company Contributions to Charity, *Administrative Science Quarterly*, No. 33, 1988, pp. 82-100.

[5] Johnson, R. A., Greening, D. W., The Effects of Corporate Governance and Institutional Ownership Types on Corporate Social Performance, *Academy of Management Journal*, Vol. 42, No. 5, 1999, pp. 564-576.

[6] Besser, Terry L. and Miller, Nancy J., The Risks of Enlightened Self-Interest: Small Businesses and Support for Community, *Business & Society*, Vol. 43, No. 42 (12), 2004, pp. 398-425.

四、政府回应、执法环境和非政府组织发育的调节作用

通过聚类分析和标准化路径系数的比较,本章验证了政府回应、执法环境、非政府组织发育的调节作用。这与郑海东的研究结论"政府响应性对企业社会责任行为表现具有显著的正面影响"一致,但与其"NGO 发育状况对企业承担公共责任没有显著影响,执法环境对企业承担社会责任没有显著影响"的研究结论不一致。可能的解释是本研究关注的是企业社区参与行为而不是企业社会责任行为,还有研究者所处的社会环境差异。社区经过三十余年的建设已经成为国家治理社会的基本单元,社区基层组织、非政府组织、政府社会管理水平都在变化,实证结论的不一致符合社会变迁的状况。

在非政府组织发育成熟的社区环境中,企业的社区关系对企业社区参与的影响比在非政府组织发育不成熟的社区环境中更显著;在对执法环境充满信心的条件下,企业的社区关系对企业的社区参与的影响比在对执法环境失望的条件下更显著。在政府回应敏捷有效的条件下,企业的社区关系对企业的社区参与的影响比政府回应迟缓低效的条件下更显著。研究结论与刘长喜[①],格拉斯奇维茨[②],格思里和麦夸里[③]的研究结论一致。政府对于公众的需求和呼声反应敏捷,政府的政策透明,人们对政府维护社会公正充满信心;同时,保护劳工、消费者和自然环境的法规政策完善,且执法部门和执法人员执法公正,执法能力强,能够保持执法的独立性,使人们对于执法过程和执法结果的社会公正性充满信心;行业协会等各类非政府组织数量众多,社区自组织管理水平较高,社区内非政府组织影响力很大,各类非政府组织独立性强,维护民众的利益,非政府组织对企业社区参与的规范作用就越强。制度环境对于企业社区参与影响显著。

[①] 刘长喜:《利益相关者、社会契约与企业社会责任——一个新的分析框架及其应用》,上海:复旦大学博士学位论文,2005 年。

[②] Galaskiewicz, J., *Social Organization of an Urban Grants Economy: A Study of Business Philanthropy and Non-Profit Organizations*, Orlando, FL: Academic Press, 1985; Galaskiewicz, J., "Making Corporate Actors Accountable: Institution-building in Minneapolis-St. Paul", Powell W. W., DiMaggio, P. J. (Eds.), *The New Institutionalism in Organizational Analysis*, Chicago: University of Chicago Press, 1991, pp. 293-310; Galaskiewicz, J., An Urban Grants Economy Revisited: Corporate Charitable Contributions in the Twin Cities, 1979-1981, 1987-1989, *Administrative Science Quarterly*, No. 42, 1997, pp. 445-471.

[③] Guthrie, D. and Michael McQuarrie, Privatization and the Social Contract: Corporate Welfare and Low-Income Housing in the United States since 1986, *Research in Political Sociology*, No. 14, 2005, pp. 15-51.

第四节 研究结果的思考：企业与社区的共建共治共享关系

一、企业社区参与的模式

共生理论认为共生单元、共生模式、共生环境构成共生的三要素。在社区这一地域空间中，企业是社区经济功能发挥的关键单元，与各个社区利益相关者之间存在着不同程度的资源交换关系，企业与区域范围内的供应商、经销商、居民、基层政府、社区自治组织、非政府组织等存在着共生关系。共生关系可以分为三种类型。处于寄生关系的两个单元相互作用不产生新的能量，而只是物质与能量的再分配，寄生者是能量的消耗者，寄主是能量的提供者。处于偏利共生关系的两个单元相互作用，这种相互作用产生新的能量，但新能量只向其中一个共生单元转移，偏利共生关系对一方无害而对另一方有利。企业是经济实体，利润最大化是企业发展的基础，因此，寄生关系不产生能量，对于企业来讲基本上不可能出现；偏利共生关系产生的新能量流向一方，对于企业来讲不可持续。常见的是共生单元之间的互惠关系，互惠共生又可分为非对称互惠共生和对称互惠共生。非对称互惠共生关系以共生单元之间的分工为基础，共生单元相互作用产生新能量后，新能量在不同共生单元之间非对称性分配，如果新能量在不同共生单元之间对称分配，这种互惠共生可以称为对称性互惠共生关系。

共生模式是共生单元相互作用的方式。共生环境是共生关系存在发展的外生条件。共生单元按某种共生模式构成的共生关系的集合形成共生系统。社区是一个共生系统，社区内的企业、非政府组织、社区自治组织、基层政府部门等就是共生单元，企业依据自身需要与社区内各种组织相互作用，形成不同的共生关系，构成不同的企业社区参与模式。

基于定性和定量研究的结果，整合共生理论视角，本研究提出企业的社区情感嵌入度、企业的社区利益关联度，通过中介变量企业的社区参与动机这一内在因素以及社区的资源动员力这一外在因素，可以形成不同的企业社区参与模式。相关分析和结构方程分析显示，企业的社区情感嵌入深浅程度和企业与社区的利益关联度一方面直接对企业的社区参与行为有正向影响，另一方面通过企业的社区参与动机和社区资源动员力对企业社区参与产生影响，企业的社区情感嵌入度对因变量和中介变量的作用较企业与社区的利益关联度大。这源于企业的社区情感越深,企业的社区意识就越强,就越倾向于慈善性质的社区参与。

地区发展不平衡是中国经济与社会发展过程中最突出的特点,导致各城市社区的发展水平迥异;企业自身的特征千差万别,企业自身的利益与社区利益的耦合程度不同,与社区共生的方式也就完全不同。本研究把企业与社区的关系分成四种类型:强社区情感嵌入度—强利益关联度;强社区情感嵌入度—弱利益关联度;弱社区情感嵌入度—强利益关联度;弱社区情感嵌入度—弱利益关联度。把企业参与社区的利益动机和共同体动机引入企业与社区关系的类型,本研究认为可以把企业社区参与的类型归纳为四种(见图8-9)。

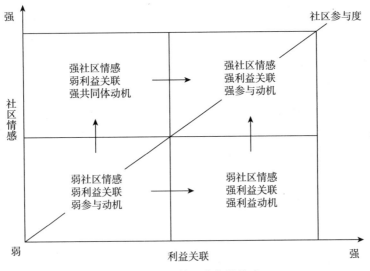

图 8-9　企业社区参与的模式

第一种模式为共建共治共享模式,是企业参与社区建设的理想模式。在这种模式下,企业与社区的关系为强社区情感嵌入度和强利益关联度。处于这种关系的企业一般成长于社区,经历了企业和社区的发展、繁荣过程,具有强烈的社区情感嵌入度;企业的主业对社区资源具有强烈的依赖,企业利益与社区利益紧密相连,企业发展战略与社区发展战略紧密结合,企业参与社区的建设,治理相关社会问题,企业与社区共享因此而获得的发展成果。企业的社区参与动机非常明显,企业认同与社区的一体化共生关系,认为社区的繁荣有利于企业的发展,参与社区建设是为了履行企业社会责任,是为了回报社区提供的良好运营环境,是为了企业的荣誉,同时,也觉得企业在社区获得声誉,将使得企业获得商业机会,提高员工的企业归属感,获得合作伙伴的信任等等,从而获得可持续发展。高社区参与动机指导下的企业把自身视为社区治理的主体之一,与社区其他组织形成合作伙伴关系,其社区参与行为契合社区的诉求,充分发挥出企业的社会整合功能。这时企业与社区之间的关系是对称互惠共生,企业社区参与模式具有高效、长期和稳定的特点。案例研究中,友阿集团与先锋新宇社区之间就已经形成了这样的模式。先锋新宇社区与友阿集团从最初基于利益契约的相互作用到现在的共同发展,从非对称互惠到对称互惠关系,经历了八个年头,这种理想的企业社区参与模式形成需要良好的外部环境,企业与社区的共同努力,才有可能持续。

第二种模式是公益模式。在这种模式下,企业与社区的关系可能存在以下两种情况。

一种情况是企业具有强社区情感嵌入度—弱利益关联度。处于这种关系下的企业成长于社区,有较强的社区归属感,因为其行业特点和不断地扩张,立足于社区以外的市场,甚至全球市场,依靠社区外的资源实施其发展战略。相对于共建共治共享模式,企业的发展可以为社区带来间接的经济利益,而企业从社区发展获得直接的经济利益不明显,企业仍然会基于情感嵌入度高参与社区建设,这时其参与行为主要产生于共同体动机。如果社区的资源动员力很强,居委会与企业有着良好的关系,企业因为其情感嵌入度而接受社区规范的约束,社区的结构和管理相当成熟,企业的社区参与程度相对较高,而且契合社区的诉求,也是一种比较好的企业社区参与模式;企业参与社区建设,对社区发展具有显著意义,但是对于企业来讲利益获得不明显,企业与社区之间的关系属于非对称互惠关系。因此,这种企业社区参与模式的稳定性相较于共建共治共享模式差,不具有可持续性。案例研究中,长沙卷烟厂与白沙社区之间形成的参与模式即是公益模式的代表,这种公益模式可能在企业与社区的空间同构关系瓦解后改变。

另一种情况是企业与社区并不存在强烈的情感嵌入度,也没有明显直接的利益关联,但是企业认同社区参与行为,认同参与社区社会问题治理有利于企业文化建设,培育员工的社会责任感,希望能够尽其所能回报社会,企业具有高共同体动机。在这种状态下,企业参与社区建设的过程中,一般会与非营利组织合作,企业社区参与对社区发展有直接明显的利益,对企业发展没有经济上的影响,或者这种影响很小,甚至可以忽略不计,企业与社区的关系是偏利共生关系。而且,企业社区参与都是项目制形式,企业不会在同一个社区的发展过程中连续发挥作用,企业与社区的关系不稳定、不连续。第一组的案例都是这一类公益模式的代表。

第三种模式是投资模式。在这种模式下,企业与社区的关系是弱社区情感嵌入度—强利益关联度。处于这种关系下的企业入驻社区的时间不长,没有明显的社区意识,但是,因为对于社区独特的自然资源和人文资源的需要而投资于社区,期望以此得到经济利益的回报,在这种情况下,企业具有强烈的利益动机。如果社区资源的动员力很强,社区将因为企业的参与会非常迅速地发展;如果社区资源的动员力很弱,社区将因为企业的参与出现失衡发展,注重经济利益而忽略文化和环境的保护,使得社区发展不可持续。投资模式下的企业社区参与会呈现制度化和规范化的特点。这种模式下的社区参与一般以就业创造为主,同时也会辅以社区文化建设、帮扶济困等公益性质的活动。企业与社区相互作用是连续的,企业与社区之间存在互惠关系。这种互惠关系如果以契约为基础,可以认为其是对称的。如果以实际回报为基础,这种互惠关系也可能是非对称的。不管是对称互惠还是非对称互惠,随着企业与社区的相互关系良性发展,企业经济回报不断增长,社区也日益成熟发展,企业与社区的对称互惠关系可以持续,企业社区参与投资模式有可能发展成为共建共治共享模式。如果企业的经济回报递减,由于企业的社区参与是趋利性的,企业的参与行为也可能中断。因此,这种社区参与模式的稳定性建立在企业与社区关系良性发展的基础上。案例研究中,友阿集团与先锋新宇社区之间形成的互惠关系成就了各自的发展,企业社区参与的最初投资模式就会发展成为共建共治共享模式。

第四种模式为义务模式。在这种模式下,企业与社区的关系是弱社区情感嵌入度—弱利益关联度,企业的社区情感嵌入度淡薄,难以从社区发展中获得经济利益,也不认为其社区参与行为能够有助于其发展,缺乏社区参与的动机。这时,如果社区的资源动员力较弱,社区管理不规范,企业也可能侵犯社区的利益,把企业运营的成本外部化。如果社区的资源动员力很强,企业仍然会基于空间同构关系,遵守地方政府的要求和社区规定,回应政府动员参与社区建设。企业的社区参与受基层政府社会动员的影响会较大,呈现出非常规应急式的特点,其社区参与以环境保护为主,以守法为底线,这类企业社区参与为义务模式,稳定性最差。在案例研究中,金茂路社区与驻区企业的关系属于非对称互惠关系,企业依赖社区的基础资源,获得运营的基本条件,但企业认为遵守基本的法律规定,缴纳税收,就完成了对社区的回报,当社区资源不能满足企业发展要求的时候,这种非对称互惠关系就会瓦解,这时的企业社区参与模式属于义务模式。

表 8-16 企业社区参与模式的类型

关系特点	模式类型			
	共建共治共享模式	投资模式	公益模式	义务模式
利益关联	强	强	弱	弱
情感嵌入度	强	弱	强	弱
共生关系	对称互惠	对称互惠	非对称互惠	非对称互惠
稳定性、互惠程度	高 ←——————————————————→ 低			

案例研究与数据结果相结合,可以在理论上推导出企业社区参与的四种模式,且这四种模式之间可以相互转化。采取社区参与义务模式的企业在迅速发展后,可能因为经济利益的增长,有能力支持公益事业,把企业社区参与的义务模式转化成公益模式;也有可能因为拓展新的、与社区利益紧密关联的业务,发展成社区参与的投资模式。投资模式下的企业如果能够与社区获得持续发展,其社区参与模式可能转化为共建共治共享模式。公益模式下的企业原本就具有较为强烈的共同体动机,这样的企业如果把社区利益与其关键业务结合起来,也会把其社区参与模式转化为共建共治共享模式。纵观这四种企业社区参与模式的变化,我们发现企业—社区关系的稳定性和互惠程度随着企业社区参与的共建共治共享模式,向投资模式、公益模式、义务模式逐步递减。

这一理论推导的结论与赵辉、田志龙、程鹏瑶、杨文、柳娟等的观点是一致的。赵辉等认为企业的公益性 CSR 项目分为两类,产业开发型 CSR 项目和慈善捐赠型 CSR 项目,它们都属于利他性 CSR 项目。企业与主要合作伙伴(村委会、镇政府、慈善组织)之间的关系特征将影响 CSR 项目的实施效果。企业与主要合作伙伴之间目标一致性和相互信任程度对项目实施的绩效有正向影响。[1] 程鹏瑶、杨文、柳娟等认为企业社区参与能够促进企业合法性的获得,提高社区能力。[2]

二、企业与社区共建共享关系的形成机制

根据中国情境下企业社区参与模型的假设验证结果,我们了解到企业

---

[1] 赵辉、田志龙:《伙伴关系、结构嵌入与绩效:对公益性 CSR 项目实施的多案例研究》,《管理世界》2014 年第 6 期。

[2] 田志龙、程鹏瑶、杨文、柳娟:《企业社区参与过程中的合法性形成与演化:百步亭与万科案例》,《管理世界》2014 年第 12 期。

的社区情感嵌入度与利益关联度影响其社区参与的程度,同时,企业入驻社区的环境可以引致企业社区参与行为。这一结论与克里斯托弗·马奎斯(Christopher Marquis)、玛丽·安·格林(Mary Ann Glynn)、吉拉尔德·F. 戴维斯(Gerald F. Davis)的观点一致。[1] 以企业与社区之间的互动关系和企业社区参与模型为基础,运用社会合作伙伴关系理论,可以发现企业与社区共建共享的互动机制。

社会合作伙伴关系理论认为,社会合作伙伴关系是"组织间的社会问题解决机制"[2],合作各方通过联合各自的资源,提供有益于合作伙伴,甚至整个社会的解决方案[3],这是一种"社会导向的跨部门合作伙伴关系"(Cross-sector Social-oriented Partnerships, CSSPs)[4]。政府、企业、非营利组织合作建立的伙伴关系致力于解决经济和社区发展、社会服务、环境和健康问题。在本项目研究中,奥特莱斯和先锋村的合作项目充分体现了政府支持,企业和村委会合作协商,促进区域经济和社区发展的目的。

根据斯莱坦尼第和克莱恩的观点,企业与非营利组织合作伙伴关系的建立经过选择、设计和制度化三个阶段(如图 8-10),当伙伴关系不得不终止时,还涉及伙伴关系的终结:退出战略(Exit Strategy)。[5] 奥特莱斯和先锋新宇社区(原先锋村)的合作项目从 2011 年开始至今已有九年时间,离它们之间签订的合约时间十年还有一年,它们在未来的发展中是否终止合约,我们还不得而知。目前,从它们的合作来看,我们可以看到企业与先锋新宇社区之间的合作经历了三个阶段。

在伙伴选择阶段,先锋新宇社区从众多有合作意向的企业中,选择了奥特莱斯。由于地处长株潭城市群发展的三角地带,先锋新宇社区拥有地

---

[1] Marquis, C., Glynn, M. A., Davis, G. F., Community Isomorphism and Corporate Social Action, *Academy of Management Review*, Vol. 32, No. 3, 2007, pp. 925–945.

[2] Waddock, Sandra A., Understanding Social Partnerships, *Administration & Society*, Vol. 21, No. 1, 1989, pp. 78–100.

[3] Seitanidi, M. M. and Crane, A., Implementing CSR through Partnerships: Understanding the Selection, Design and Institutionalisation of Nonprofit-Business Partnerships, *Journal of Business Ethics*, Vol. 85, No. 2, 2009, pp. 413–429.

[4] Selsky, J. W. and Parker, B., Cross-Sector Partnerships to Challenges to Theory and Practice, *Journal of Management*, Address Social Issues, Vol. 31, No. 6, 2005, pp. 849–873.

[5] Seitanidi, M. M. and Crane, A., Implementing CSR through Partnerships: Understanding the Selection, Design and Institutionalisation of Nonprofit-Business Partnerships, *Journal of Business Ethics*, Vol. 85, No. 2, 2009, pp. 413–429.

第八章　企业社区参与理论模型的验证与假设结果讨论　249

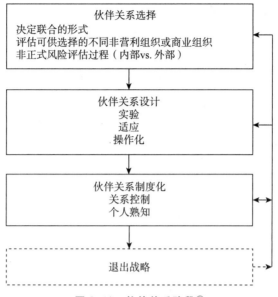

图 8-10　伙伴关系阶段①

理位置的天然优势。在与奥特莱斯合作之前,就有其他开发项目愿意与其协商,先锋新宇社区根据合作对象的实力,发展项目与政府园区发展规划的一致程度,合作的可持续性等方面选择了奥特莱斯项目。在伙伴关系设计阶段,先锋新宇社区经过一年的谈判和斟酌,放弃转让集体土地的方式,选择以集体土地出租,收取年租金的方式与奥特莱斯合作,并要求奥特莱斯为其居民解决就业问题,开展就业培训。在伙伴关系制度化阶段,奥特莱斯的利润不断上涨,先锋新宇社区也实现了村改居,运用集体收益为社区居民集资建房,改善了社区基础设施。奥特莱斯解决了先锋新宇社区居民就业问题,给先锋新宇社区困难户以经济上的援助,支持当地的小学教育,组织开展文化活动,完善周边的生活基础设施;区政府除了最初合作时的牵线搭桥以外,还加快了周边各种公共设施的建设,为它们的合作提供便利。一切合作都按照当初的约定顺利进行,先锋新宇社区以为企业提供方便,不增加企业的负担为基础;企业也尽量为村民解决力所能及的问题。九年的磨合,它们的合作关系稳定。这一合作关系建立在双方互利,谈判地位相当,符合区政府发展规划,符合企业和社区长期利益的基础之上,这种互利关系可以理解为一种共建共治共享关系,也是治理社会问题,确保

---

① Seitanidi, M. M. and Crane, A., Implementing CSR through Partnerships: Understanding the Selection, Design and Institutionalisation of Nonprofit-Business Partnerships, *Journal of Business Ethics*, Vol. 85, No. 2, 2009, pp. 413-429.

企业与社区可持续发展需要努力建构的企业与社区关系。

综上所述,结合企业社区参与实践模型,在企业与社区关系的建构上,可以形成一种具有普遍意义的企业与社区共建共治共享关系的建构机制。社区类区域性的社会,是人们凭感官能感觉到的具体的社会,企业与社会的关系经由企业与社区的关系体现。社区是其利益相关者网络的集合。在这一网络中有基层政府、社区居民委员会、企业、社会团体、非营利机构、居民等利益相关者,企业是社区中代表市场的组织,它与社区利益相关者共享社区资源决定了企业与社区的相互作用、相互影响关系;同时,企业和社区又是具有利益独立性的主体,企业利益与社区利益的协同与冲突发生在特定的政府规制下,在法律和文化环境中,它们的互动交流机制及其相互影响的规律(如图8-11),可以表明政府在协调企业与社区的关系中起着关键作用。

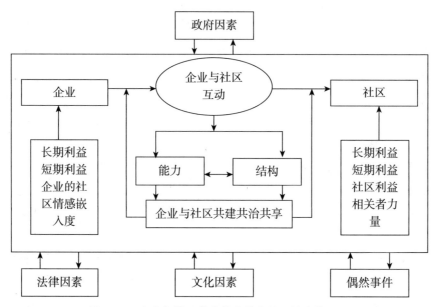

图8-11 企业与社区共建共治共享关系的建构机制

1. 企业利益与社区利益的协同与冲突关系

企业与社区是完全不同的利益主体。企业主要是指私有的、商业导向(利润导向)组织的集合。[①] 利润最大化是企业与生俱来的组织行为原则,其基本功能是通过市场机制的调节以自愿交换方式为社会提供产品与服

---

① 〔美〕阿奇 B. 卡罗尔、安·K. 巴克霍尔茨:《企业与社会:伦理与利益相关者管理(第五版)》,黄煜平等译,北京:机械工业出版社2004年版,第3页。

务;但是利润导向的资源配置方式、市场经济的运行机制决定了它不关心投资周期长、回报率低的公共物品供给和公共资源的有效利用,也可能由于其经济行为为社会带来负的外部效应,如环境污染、公司裁员等,加重社会运行的成本。企业利益的最终表现是经济目标。

社区是社会管理的基本单元,基层政府、企事业单位、非营利组织、自组织、特殊利益群体和居民等构成社区的利益相关者,社区利益是社会公共利益的具体表现。社区发展的表征是居民生活质量的提高。企业行为的直接作用对象是社区。因此,在企业社区意识淡薄,非营利组织、自组织发展不健全,居民缺乏维权意识和能力,基层政府社会治理能力较低的情况下,社区缺乏与企业抗衡的谈判力量,企业有可能会侵犯社区利益。当企业对社区利益的侵犯达到一定程度,企业与社区的冲突就不可避免。

企业是社区的重要成员,基于地理区域同构形成的企业与社区的反复博弈为企业利益与社区利益的协同提供了条件。第一,企业能够与社区经济实现同步发展。企业通过与社区交换生产要素,进行社区投资,促进社区发展。在成本因素的制约下,企业一般会在社区购买生产要素,与当地的经销商合作,雇用当地的社区居民,这意味着为当地创造出更多的就业机会,对社区形成较强的人力资本投资,增强居民的专业技能,提高社区对企业的依赖程度。社区是企业投资的重要受益者。企业的发展促进了社区经济的繁荣,实现了企业对社区所应承担的经济责任。企业约束自身行为,不侵犯社区的利益,注重可持续的商业秩序维护,也为社区经济的良性运行提供肥沃的土壤。

第二,社区的消费功能能够规范企业经营行为,社区的资源为企业运营提供良好的环境。社区能够为企业提供良好的社会经济环境,安全的生产条件,良好的基础设施,法制化的商业秩序,高质量的营商环境,由此,如果作为社区成员的企业依托社区获取的长期收益大于其离开社区所获得的短期收益,企业必然会处理好与社区的关系,否则,企业经营将难以获得"社会认可"。企业经营的"社会认可"是指在社区、环保团体、社区居民和公民社会的其他元素中显露的对商业企业的期望和需求[①]。也就是说,企业如果侵犯社区利益将有可能被驱逐出社区。社区透明度高,信息不对称程度低,也有利于形成有效率的企业行为约束机制。

第三,社区对企业创新有着十分重要的作用。社区为企业创新提供重

---

① Gunningham, N., Kagan, R. A., Thornton, D., Social License and Environmental Protection: Why Businesses Go Beyond Compliance, *Law and Social Inquiry*, Vol. 29, No. 2, 2004, pp. 307-341.

要的文化氛围,人力资源支持和地方政府政策支持,同时,企业可以从参与社会治理中发现创新机会,从创新产品的社区应用中获得改进方案。管理学大师彼得·德鲁克认为,社会问题的解决将是企业发展的主导方向[①]。把自身发展与社会问题的解决紧密结合,以满足人们需求将是企业最佳的发展方向[②]。这样的企业就实现了与社区(社会)的共生互赢。

2. 企业与社区相互关系受各自的体系结构及相应能力影响

企业具有很大自主性和层级化组织结构特征,在与社区的互动过程中一般处于强势地位,尤其是巨型企业。企业首先代表的是股东的利益,社区是企业的利益相关者之一,社区对于不同的企业,处于不同发展阶段的同一企业影响是不同的,企业与社区互动形成的关系也会不同。当企业的消费者和生产链主要扎根于社区,企业与社区有着清晰的利益结构,企业利益与社区利益达成一致的空间很大;当企业的消费者和生产链与社区没有关联度,企业与社区利益结构很模糊的时候,企业利益与社区利益达成一致的空间很小。因此,社区在企业发展中的地位直接决定了企业在长期目标、短期目标实现过程中的社区意识,这种社区意识可以把企业实现利润最大化的能力转变为企业统一自身利益与社区利益一致的能力。

社区利益相关者各自力量的对比形成的利益结构决定了社区的长期目标、短期目标和社区利益相关者需要的满足程度。当基层政府准确定位公共目标,制定相关公共政策,如环境保护的政策,税收减免的政策等;同时,社区凝聚力赋予各利益主体强大的社区意识,困难群体、社区居民和非政府组织等企业之外的社区治理主体能够对企业形成非制度性约束力,社区的利益结构就能够提高社区的组织能力与企业抗衡。

当然,企业与社区的能力变化会经历一个此消彼长、不断变化的过程,它们的结构也在不断调整。因为企业与社区的利益博弈是长期的,其相互作用就是一个双向反馈体系。企业与社区都会对各自的长期目标、短期目标重新评估,形成反馈,企业会不断调整其社区意识,改变其社区行为;社区利益相关者也将反复地协调、谈判,平衡各自的利益,达致社区利益的最大化。

---

① 〔美〕彼得·德鲁克:《下一个社会的管理》,蔡文燕译,北京:机械工业出版社2006年版,第44页。

② 〔美〕彼得·德鲁克:《功能社会:德鲁克自选集》,鲁琳译,北京:机械工业出版社2007年版,第87—96页。

3. 政府决定了企业与社区在互动过程中各自的结构与能力

企业利益与社区利益统一是企业与社区相互作用的最佳状态,这一状态是否能实现由企业和社区各自的能力和结构决定,二者的能力和结构与其相互作用的环境密切相关。企业与社区相互作用的环境主要受到政府因素、法律因素、文化因素和偶然事件的影响,其中政府因素决定和影响其他环境因素。

法律因素对于社区而言,是维持社区的秩序与运行,可以为非营利组织、社区社团的发展创造条件;对于企业而言,主要是规定企业行为的底线,约束其私利,保护生态环境。例如,国家为了鼓励企业的捐赠活动,规定企业特定的捐赠行为可以享受税收减免的优惠。国家关于大气污染防治的有关法律规定,要求相关企业不能在人口集中地区存放煤炭、煤矿石、煤渣、煤灰、砂石、灰土等物料,必须采取防燃、防尘措施。国家关于噪声污染防治的法律规定,要求企业采取有效措施,减轻噪声对周围居民生活环境的影响。国家关于固体废弃物污染环境防治的法律规定,要求相关企业防止工业废弃物污染政府认定的自然保护区、风景名胜区、生活饮用水源地和其他需要特别保护的区域。不遵守相关法律条款的企业,将受到法律的制裁。

文化环境可以从两个层面理解,一个是指社区的外部社会文化环境,即宏观的大环境;一个是指社区内部的文化环境,即微观的社区文化,它包括民众共同创造和认可的所有物质层面和精神层面的东西,其中,价值规则是社区文化的核心。因为对于置身于社区中的企业而言,社区文化影响是一种环境,而对于受其间接辐射的周边社区而言,社区文化也是一种影响环境。比如,大学城的周边社区不大可能会出现封建迷信盛行的情况。所以,企业与社区相互作用的文化环境指的是基于微观层面,对社区成员行为具有直接影响力的制度规范。大体来说,社区文化包括:①社区环境文化,表现为社区的设施、居民的精神面貌反映出的环境特征。②社区活动文化,表现为社区各种活动反映出的文化特征,如广场交响音乐会反映了社区居民的精神风貌。③社区制度文化。社区制度可以区分为正式制度和非正式制度:前者表现为各类成文的规章典籍制度,如国家法律、物业管理企业的各种规章制度等;后者为社区成员约定俗成的习惯和风俗,是社区的公共制度,可以反映出社区价值观、道德准则、生活准则等,如守望相助的社区所形成的邻里互助风尚。④社区价值观,是居民共同遵守的、约定俗成的道德规范、意识形态、行动规则。企业作为一个开放的系统,既受社区文化的影响,又是社区文化的一部分。社区文化通过作为企业员工的社区居民具有的共同价值观和道德观,以及行为规范约束企业的社区行为。企业的社区归属感由员工的归属感集合而成,员工强烈的归属和认同有利于企业与社区之间的合作互动和相互信任,从而构成企业的竞争优势。同时,由社区利益相关者构成的共同体可以通过文化约束,引导企业朝着互利共赢的方向发展。

偶然事件是企业与社区相互作用的特殊环境。偶然事件中企业的社会责任表现可以为企业带来声誉,也能获得政府的政策支持。如企业参与自然灾害后的社区重建、参与政府组织的扶贫计划、经济危机到来时通过岗位再设置和工作分担,以及灵活工作时间确保员工雇用、参与完成公益项目等等,这一系列的社会责任行为减轻了政府来自社会公众的压力,与政府之间形成良性互动和相互信任,更容易得到来自政府的订单。当然,企业是否在偶然事件中采取社会责任行为受到法律因素、文化和政府等环境因素的影响,其中,政府因素最为重要。

政府通过政治决策过程,基于公民权向公民提供公共产品与服务。政府的角色就是运用公共权力对社会事务进行管理,政府对社会的管理经由社区管理实现,企业和社区都是政府作用的对象。亚当·斯密认为政府的责任就是制定法律和公共政策,提供稳定的宏观环境、公共服务,保护困难群体和自然环境。[①] 因此,企业与社区相互作用的法律环境依靠政府来培育,为居民提供健康和谐的社区文化是政府提供的公共物品的重要内容。政府有义务为社区公益文化建设提供资金支持以提高社区居民的生活质量。如有的国家从房地产税或者个人财产税种提取一定比例的资金用于社区文化建设[②]。政府是社区文化繁荣的重要因素。因此,政府因素影响和决定着企业与社区互动的法律环境和文化环境,从而在根本上决定着企业与社区的关系结构。

第五节　本章小结

本章基于正式调查所得到的数据,通过结构方程模型建构,对企业与社区关系影响企业社区参与进行了分析。运用方差分析,对企业的所有制

[①] 世界银行:《1997年世界发展报告:变革世界中的政府》,世界发展报告翻译组译,北京:中国财政经济出版社1997年版,第42页。

[②] 筱白:《美国政府怎样给社区文化"筹钱"》,《社区》2011年第23期。

性质、企业规模与行业属性3个控制变量的作用进行了检验,发现企业规模和行业属性对企业的社区参与行为有显著影响,企业的所有制属性对企业的社区参与没有显著影响。运用聚类分析,讨论了政府回应、执法环境和非政府组织发育在企业与社区关系影响企业社区参与行为过程中所起的调节作用,即在非政府组织发育成熟的社区环境中,企业与社区的关系对企业社区参与的影响比在非政府组织发育不成熟的社区环境中更显著;在对执法环境充满信心的条件下,企业与社区关系对企业社区参与的影响比在对执法环境失望的条件下更显著。在政府回应敏捷有效的条件下,企业与社区关系对企业社区参与的影响比政府回应迟缓低效的条件下更显著。同时检验了企业与社区关系两个因子,企业的社区情感嵌入度和企业的社区利益关联度对企业社区参与的影响作用以及社区参与动机和社区资源动员力在其中所起的中介作用,从而对结构模型进行了验证和修正,得出的结论是企业的社区参与动机和社区资源动员力在企业与社区关系影响企业社区参与过程中起到了部分的中介作用。最后对假设检验结果进行了讨论,阐述了实现可持续发展的企业社区参与共建共治共享模式,企业与社区共建共治共享关系的形成机制。

第九章　企业社区参与研究的结论、理论推进与实践启示

本研究围绕企业社区参与的内容、形式和影响因素展开。在阐述国内外社区产生与发展的历史过程、国内外社区发展理念产生与发展的历史过程、国内外企业社区参与实践演化的基础上，我们分析企业社区参与研究的中国情境，提出基于社区关系视角的企业社区参与研究的内容、形式与影响因素的依据。在梳理和划分了国内外企业社区参与研究的演进阶段，对企业的社区关系、企业社区参与形式与动机、企业社区参与的测量、企业社区参与影响等研究主题，研究方法的国内外研究成果进行述评的基础上，建构了案例研究需要讨论的命题、企业社区参与评估的理论模型和企业社区参与的理论模型。本章在研究结论的基础上，提出本研究的理论价值和实践意义。

第一节　企业社区参与研究的结论

本研究解决了企业社区参与研究的六个基本问题：第一，企业社区参与是什么？第二，企业社区参与如何评估？第三，企业社区参与受到哪些因素的影响？第四，企业社区参与为何可以在力所能及的范围内发挥社会治理效用？第五，企业社区参与的基本模式有哪些？第六，企业与社区共建共享关系的形成机制是什么？具体研究结论如下。

一、界定与评估中国情境下的企业社区参与

本研究把中国情境下的企业社区参与定义为企业投入人力、物力和智力资源，与社区内外各种力量分工合作，协同治理社区公共事务和发展公益事业的系列活动。

企业通过社区参与体现其社会治理效用。整合利益相关者理论和治理理论,以"企业—社区联动发展"为导向,在社区发展理论的基础上,结合国际通用的 ISO 26000 社会责任国际评估标准中企业社会责任七大主题之一的企业社区参与与社区发展评估指标,借鉴国内外已有文献中企业社区参与相关研究成果,本研究提出企业社区参与测量理论模型。在六个案例研究的基础上,归纳分析了企业社区参与的各种实践,民众对企业社区参与的各种期望。通过面向 120 家企业的预测试和 385 家样本企业的正式问卷调查,对数据进行探索性因子分析和验证性因子分析,得出了企业社区参与的 3 个一级测量指标:就业创造、环境保护和公益活动。其中就业创造包括在同等条件下优先雇用当地社区居民、帮助残疾人就业、创造社区就业机会、提供失业者就业培训 4 个二级测量指标;环境保护包括在运营过程中遵守环境保护的法规、及时修复企业生产对环境造成的损害、抵制商业合作伙伴破坏环境的行为、实施了重要的环保项目和节能项目 4 个二级测量指标;公益活动包括投资社区公益慈善项目、鼓励员工参与社区志愿者活动、捐资改造社区健身休闲等公共服务设施、捐资重建受灾社区、资助未成年人进入正规教育、支持当地高等教育事业、组织或参与社区文化建设、设立助学金帮助社区贫困学生等 8 个二级测量指标。企业社区参与测量模型通过信度和效度检验,指标体系结构合理,能够反映中国企业社区参与的现实情况。[①]

二、企业社区参与中的多元合作治理机制

在企业与社区空间分异的情况下,企业社区参与是社会组织迅速成长后,社会治理的创新。本研究运用合作治理理论对 3 个案例进行比较分析,发现参与社区治理的企业与非营利组织在公益项目上,具有共同的价值取向,这集中体现于企业的关键领导人的价值观念和对治理项目的高度参与。同时,在这 3 个实施时间不同的项目中,存在相同的企业参与者,这说明企业与不同的非营利组织合作,持续参与社区治理,这种持续的参与进一步印证了社区治理项目中的合作存在价值认同。从合作伙伴的选择来看,虽然社区治理项目的内容并不一样,企业在项目中,始终主要以设计技术、市场运作经验、员工志愿者参与项目合作;与非营利组织的资金、公益项目经验,公益网络中的志愿者队伍,形成资源互补关系;同时,由于参与公益项目的主要企业都是民间行业协会性质非营利组织的成员,行业性

[①] 张桂蓉:《企业社区参与的评价模型》,《中国公共政策评论》2016 年第 1 期。

非营利组织在社区治理项目中发挥了公益平台的资源扩散效应,在企业与非营利组织合作参与社区治理项目过程中发挥了资源连接的作用。从合作过程看,3个项目的出资者都没有完全控制项目的实施,受助者可以与非营利组织一起决定自身以何种方式接受什么帮助;企业可以根据受助者要求、资金预算,实现用设计为更多人服务的理念;非营利组织则根据自身的公益事务经验管理、协调和推进项目实施。在3个案例中,政府始终是非营利组织的监督者,并不参与企业、非营利组织、受助社区的合作过程,可以说,实现了"无政府"的治理。总的来看,对合作的价值认同回答了社区治理中企业与非营利组织合作何以可能的问题,而合作者之间的资源互补关系决定了非营利组织选择什么伙伴展开合作,共同决策则决定了社区治理目标如何有效实现,三个方面缺一不可。

三、社区关系对企业社区参与的影响

基于中国与西方国家不同的社区产生与发展的历史过程,国内外企业社区参与实践的路径差异,本研究提出企业社区参与研究的中国情境,以及从社区关系视角研究企业社区参与的依据。运用利益相关者理论和社区情感研究的相关成果,在存在空间同构关系的情况下,企业的社区关系分成两个维度:基于感性的社区情感关系和基于理性的社区利益关系;以制度主义理论为基础,本研究提出企业社区参与的环境因素,鉴于从企业与社区两个方面考察企业社区参与,本研究提出企业社区参与动机和社区资源动员力两个中介变量,从而建构企业社区参与行为的理论模型。案例分析和结构方程模型分析的结果均表明企业的社区情感嵌入度和社区利益关联度对企业社区参与有正向的影响,但是企业的社区情感嵌入度对企业社区参与的影响显著,而企业的社区利益关联度对企业社区参与的影响不显著。企业的社区情感嵌入度对企业社区参与的三个维度环境保护、就业创造和公益活动均有显著影响;企业的社区情感嵌入度对企业社区参与在就业创造维度上的影响最大,公益活动次之,环境保护最小。企业的社区利益关联度对企业社区参与的三个维度环境保护、就业创造和公益活动均有显著影响;企业的社区利益关联度对企业社区参与在环境保护维度上的影响最大,公益活动次之,就业创造最小。这两个结论说明企业的社区情感深厚,企业倾向于选择促进社区经济繁荣,解决社区就业问题的社区参与项目;企业与社区的利益关联度大,企业更倾向于选择有利于社区环境保护方面的社区参与项目,因为需要获得社区最基本的经营许可。

四、企业社区参与动机和社区资源动员力对企业社区参与的影响

在回顾已有国内研究成果的基础上,依据企业与社区关系的二分维度,提出企业社区参与的利益动机和共同体动机;考虑中国特色的社会动员能力,提出社区资源动员力可以改变社区关系影响企业社区参与程度的方向。社区参与动机这一内在因素,以及社区的资源动员力这一外在因素,在社区关系影响企业社区参与过程中起中介作用。相关分析和结构方程分析显示,企业社区情感的深浅一方面对企业社区参与程度存在直接显著影响,另一方面通过企业的社区参与动机和社区资源动员力对企业的社区参与产生影响,企业的社区情感嵌入度对因变量和中介变量的作用较企业的社区利益关联度大。企业的社区情感嵌入度越深,企业的社区意识就越强,就越倾向于社区参与行为。企业社区参与动机和社区资源动员力在企业与社区的利益关联度影响企业社区参与行为的过程中起完全的中介作用。

五、社区制度环境对企业社区参与的影响

本研究基于组织社会学新制度主义学派关于组织制度环境的论述,分析社区制度环境对企业社区参与行为形成的强制性压力和规范性压力。在回顾已有研究成果的基础上,提出政府回应、执法环境和非政府组织发育在企业的社区关系影响企业社区参与过程中起调节作用。数据结果显示,在非政府组织发育成熟的社区环境中,企业的社区关系对企业社区参与的影响比在非政府组织发育不成熟的社区环境中显著;在对执法环境充满信心的条件下,企业的社区关系对企业社区参与的影响比在对执法环境失望的条件下显著。在政府回应敏捷有效的条件下,企业的社区关系对企业社区参与的影响比政府回应迟缓低效的条件下显著。这说明要推动企业与社区和谐共生发展必须在提高政府社会管理能力、完善法律法规、培育非政府组织方面加强制度环境的建设。

六、企业社区参与的基本模式

本研究根据共生理论,结合第六、七章的实证检验的结论和第四、五章的案例研究结论,把企业的社区关系归纳成 4 种类型:强社区情感嵌入度—强利益关联度,强社区情感嵌入度—弱利益关联度,弱社区情感嵌入度—强利益关联度,弱社区情感嵌入度—弱利益关联度。企业与社区的关系不同,企业社区参与的程度不同。把企业社区参与的利益动机和共同

体动机引入企业与社区关系的类型,提出企业社区参与的 4 种模式:共建共治共享模式、公益模式、投资模式和义务模式。共建共治共享模式是企业社区参与的理想模式,也是基层社会多元治理格局的理想类型。企业与社区的共生关系具有对称互惠和一体化的特点,且这种关系的互惠程度最高,稳定性最好。公益模式是一种基于强社区情感嵌入度—弱利益关联度的企业与社区关系下的企业社区参与模式。这种模式有两种表现形式:一种是企业与社区存在空间同构的情况下,企业与社区存在弱利益关联,社区情感对于企业社区参与具有显著影响,这时,企业社区参与具有一定的持续性、全面性、非对称互惠的特点。另一种是在企业与社区空间分异的情况下,企业与社区之间不存在利益关联,企业社区参与源于非营利组织的成熟和企业领导人的社会价值追求,这时,企业社区参与具有短期性、项目化、公益性、非对称互惠的特点。投资模式是基于弱情感嵌入度—强利益关联度的企业与社区关系下的企业社区参与模式,这种模式下的企业社区参与一般以就业创造为主;企业与社区的共生关系是基于契约的对称互惠关系,这种关系在契约解除时瓦解,稳定性和互惠程度次于共建共治共享模式。义务模式是基于弱情感嵌入度—弱利益关联度的企业与社区关系下的企业社区参与模式,这种模式下的企业社区参与一般以环境保护为主,企业与社区的关系通过法律约束,虽然存在一定的互惠关系,但是这种关系的互惠程度很弱,稳定性也最低,将随空间同构关系的改变而瓦解。

企业依据其特征和所处发展阶段选择不同的社区参与模式。这 4 种企业社区参与模式可以相互转化。当企业社区参与为义务模式时,企业可能因为社区制度环境的改变,企业发展战略的改变,与社区的利益关联度增大,企业社区参与义务模式转化为投资模式;也有可能因为其与社区之间日益深入的资源交流,情感互动,义务模式转化为公益模式。当企业社区参与为公益模式时,企业可能因为拓展新的业务,而增强与社区的利益关联,公益模式发展成为共建共治共享的社区参与模式;当企业社区参与为投资模式时,企业可能因为连续的投资合作,对社区产生情感归属,企业社区参与投资模式转化为共建共治共享模式。

七、企业与社区共建共治共享关系的形成机制

基于社会伙伴关系理论,结合企业社区参与行为理论模型,讨论企业与社区的共建共享关系的形成机制。企业与社区的空间同构,使得企业与社区之间在客观上存在资源交换关系,而这种关系可以发展成为共享资源、共同建设的共生关系。社区自治组织力量大小、企业对社区资源的依赖程度等使社区在企业与社区的资源交换关系中具有谈判力量，在企业—社区关系建构的决策过程中具有话语权，社区的利益将得到维护。同时，在与社区的互动过程中，企业根据其社区情感，自身长期利益、短期利益与社区的长期利益、短期利益一致的程度，选择企业与社区的关系结构。社区的利益或者被企业边缘化，或者得到维护，企业对社区发展的贡献可以使其获得该社区范围内资源利用的优先权。当然，这一过程必须建立在政府引导、法律健全和文化共识的基础上。偶然事件也会激发企业改善社区关系的行动。如果企业与社区处于对称互惠的合作状态，社区的自我发展能力将得到提高。

第二节 企业社区参与研究的理论推进

本研究整合利益相关者理论、合作治理理论、制度主义理论、社会合作伙伴关系理论、共生理论，基于中国社区发展的阶段，建构了企业社区参与的评估指标体系和实践模型，推进了中国企业社区参与的研究。具体体现在以下几个方面。

一、企业社区参与边界界定的贡献

企业社区参与边界界定解决了"企业社区参与是什么"的问题，它体现为企业社区参与的评估指标体系。本研究把企业社区参与界定为企业投入人力、物力和智力资源，与社区内外各种力量分工合作，协同治理社区公共事务和发展公益事业的系列活动。通过对以往文献的总结回顾可以看出，国外众多企业社会责任测量工具中都有关于社区责任的测量指标，如KLD、SEAT、ISO26000 等，但是国内学术界并没有提出适应中国社区发展阶段的企业社区参与的概念，更不用说解决企业社区参与如何测量的问题，只有以案例为主的企业社区关系管理的研究和关于社会企业社区参与的理论研究，以及企业社区参与过程的案例研究。而且企业社区参与的案例研究所选择的社区基本上都是政府"先试先行"的"示范社区"，或者由"贫困社区"脱贫重建的社区，虽然符合研究案例所具有的典型性特征，但是，案例研究结论的解释范围有限。因此，非常有必要通过问卷调查了解和分析企业社区参与在非典型状态下的表现。

本研究中企业社区参与评估指标的构建以"企业—社区联动发展"为

导向,区别于以往企业社会责任研究中关于社区责任的三四个测量指标,也区别于国外关于企业社区参与评估的研究大多以测量其商业价值为目的[①],推进了企业社区参与研究。虽然有学者提出了从企业和社区两个方面评估企业社区参与的影响,但多以资源型企业为研究对象[②],本研究的讨论不同于已有国外企业社区参与测量研究,对于发展中国家的企业社区参与研究也有所拓展。

二、企业社区参与研究视角的贡献

以企业的社区关系为切入点研究企业社区参与具有中国语境。西方国家的社区受其宗教影响而形成,中世纪时候的商人被要求为社区福利作贡献,企业的社区意识根植于宗教文化的传承。中国的社区建设始于民政部在20世纪80年代后期向全国推广的社区服务,社区概念是在政府推动下日渐清晰的。企业的社区意识在"企业办社会"时期,表现为对单位社区建设的无限责任;在市场经济体制建立初期,"政企分开""社企分开"过程中,表现为私营企业对社区建设的缺乏责任;在市场经济体制建立后,表现为企业对社区建设的有限责任。从新中国成立到现在,中国城市社会的管理方式经历了一个循环往复的过程,从街居社区到法定社区,经过单位社区,再回到街居社区。这样的变化过程与计划经济体制向市场经济体制转变同步,也伴随着管理型政府向治理型政府转变,中国企业的社区参与明显经历了具有中国特色的企业与社区关系的颠覆性变化。因此,本研究不同于已有国内外研究中的,以"企业中心主义"为导向,聚焦企业社区参与过程[③]、企业社区参与绩效[④]、企业社区参与战略[⑤]的研究取向,是研究视角上的创新。

---

① Veleva, Vesela, Toward Developing a Framework for Measuring the Business Value of Corporate Community Involvement, *Applied Research Quality Life*, No. 5, 2010, pp. 309-324.

② Esteves, Ana Maria, Barclay, Mary-Anne, New Approaches to Evaluating the Performance of Corporate-Community Partnerships: A Case Study from the Minerals Sector, *Journal of Business Ethics*, No. 103, 2011, pp. 189-202.

③ 田志龙、程鹏璠、杨文、柳娟:《企业社区参与过程中的合法性形成与演化:百步亭与万科案例》,《管理世界》2014年12期。

④ Muthuri, J. N., Matten, D., Moon, J., Employee Volunteering and Social Capital: Contributions to Corporate Social Responsibility, *British Journal of Management*, Vol. 20, No. 1, 2009, pp. 75-89;赵辉、田志龙:《伙伴关系、结构嵌入与绩效:对公益性CSR项目实施的多案例研究》,《管理世界》2014年第6期。

⑤ Liu, Gordon, Eng, Teck-Yong, Ko, Wai-Wai, Strategic Direction of Corporate Community Involvement, *Journal of Business Ethics*, Vol. 115, No. 3, 2013, pp. 469-487.

三、企业社区参与影响因素研究的贡献

国内以往研究基本上都认同社区是企业的利益相关者,但只是把社区列为企业的边缘利益相关者,缺乏对企业社区参与"为什么?怎么样?"的研究。本研究整合了利益相关者理论、组织社会学的新制度主义理论、社区发展理论,提出企业社区参与研究的分析框架,并发现与其他学者不同的研究结论:第一,企业的社区情感嵌入度对企业社区参与有显著影响,而企业的社区利益对企业社区参与有正向影响,但是没有显著影响。这说明在中国社区发展背景下,企业社区参与会受到所有制性质的正向影响。第二,社区居委会面向企业动员资源的能力在社区关系影响企业社区参与过程中具有中介作用,符合中国社会问题解决的社会动员路径。这两个结论都是中国企业社区参与的特有现象,可以说,本研究拓展和深化了利益相关者理论、新制度主义理论、社区发展理论在企业社区参与研究中的运用。

四、企业社区参与中多元合作治理机制研究的贡献

以往合作治理理论的研究多关注政府与非营利组织之间[1]、政府公共部门与企业之间、府际之间的合作[2],对企业与非营利组织的合作关注很少,尤其缺乏对中国场景下企业脱离简单捐赠形式,与非营利组织合作,依据自身资源,直接参与社区治理的深入探讨[3]。本研究通过案例复制,分析了企业在与社区不存在空间同构,没有社区情感基础,也与社区没有利益关联的情况下,参与社区治理何以可能,何以可行,提出了企业社区参与中多元合作治理机制。与以往研究的不同之处体现在以下两个方面:第一,在公私合作伙伴关系的研究中,往往涉及大型公共项目的政府购买,缺乏对企业仅利用自身拥有的技术和人力资源,在非营利组织慈善网络动员下,参与社区治理活动的关注。虽然有学者讨论了企业在提供社会公共服务中的作用[4],但这些研究没有关注企业通过与民间非营利组织合作的方

---

[1] 郑苏晋:《政府购买公共服务:以公益性非营利组织为重要合作伙伴》,《中国行政管理》2009年第6期。

[2] 范永茂、殷玉敏:《跨界环境问题的合作治理模式选择——理论讨论和三个案例》,《公共管理学报》2016年第2期。

[3] 叶晓甦、徐春梅:《我国公共项目公私合作(PPP)模式研究述评》,《软科学》2013年第6期;王辉:《合作治理的中国适用性及限度》,《华中科技大学学报(社会科学版)》2014年第6期。

[4] 杨玉宏、杨敏:《企业社会责任视角下的残疾人社区服务——以武汉市G街道社区为例》,《科学社会主义》2013年第2期;梁斌:《企业社会责任理论下的职业足球俱乐部社会公共服务研究》,《体育科学》2013年第6期。

式直接参与社区治理;即便是少数对公私合作实现企业社会责任的研究,也只反映有政府背景的非营利机构如何组织资源提供公共服务[①],或者仅仅反映企业社会责任的社区建设效用,并非社会治理能力的体现。第二,不同于企业"社区参与战略"[②]的研究,本研究关注的是企业如何投身"力所能及"的企业社会责任实践。在这一实践中,社区自治组织、社工机构、企业、民间基金会、行业协会性质的非营利组织相互合作。[③]

五、企业社区参与模式的贡献

与基于企业社区参与的具体内容讨论企业社区参与的方式和发展阶段[④]不同,本研究把企业基于感性因素而产生的社区情感关系和基于理性因素而产生的社区利益关系,对应企业社区参与的共同体动机和利益动机,分类组合,把企业的社区关系分为4种类型:强社区情感嵌入度—弱利益关联度,强社区情感嵌入度—强利益关联度,弱社区情感嵌入度—强利益关联度,弱社区情感嵌入度—弱利益关联度。运用共生理论,在此基础上,引入企业参与社区建设的主观动机和社区资源动员力的客观条件两个中介变量,提出企业社区参与的共建共治共享模式、公益模式、投资模式和义务模式。其中,企业社区参与的共建共治共享模式是企业社区参与的理想模式,在这一模式下,企业和社区都可以实现可持续发展。这是企业社会责任研究领域关于企业社区责任的一种全新的提法,丰富了企业社会责任研究的内容,推进了共生理论在企业社区参与研究中的运用。运用社会伙伴关系理论,结合研究结论,分析企业与社区互动过程中企业与社区共建共治共享关系的形成机制,突出了企业与社区利益的一致性,互惠的对称性、地位的平等性的作用,不同于已有的国内研究[⑤],也改变了社区多元治理模式研究中企业缺席的状况。

---

① 郭沛源、于永达:《公私合作实践企业社会责任——以中国光彩事业扶贫项目为案例》,《管理世界》2006年第4期。

② Liu, Gordon, Eng, Teck-Yong, Ko, Wai-Wai, Strategic Direction of Corporate Community Involvement, *Journal of Business Ethics*, Vol. 115, No. 3, 2013, pp. 469-487.

③ 张桂蓉:《社区治理中企业与非营利组织的合作机制研究》,《行政论坛》2018年第1期。

④ Seitanidi, Maria May and Ryan, Annmarie, A Critical Review of Forms of Corporate Community Involvement: From Philanthropy to Partnerships, *International Journal of Nonprofit and Voluntary Sector Marketing*, Vol. 12, No. 3, 2007, pp. 247-266.

⑤ 赵辉、田志龙:《伙伴关系、结构嵌入与绩效:对公益性CSR项目实施的多案例研究》,《管理世界》2014年第6期。

六、企业社区参与研究方法的贡献

本章在以往研究成果的基础上,尝试着从理论整合的视角,基于中国企业与社区关系变迁的背景,着重关注企业与社区的关系对于企业社区参与的影响,提出企业社区参与的共建共治共享模式和企业与社区共建共治共享关系的形成机制。在研究方法上,以结构方程模型的实证研究为主,使用不同的软件完成结构方程中的测量模型和结构模型的数据处理,充分利用了各个不同软件的优势;同时结合具有历时性的案例研究、结构访谈等研究方法,形成定性研究与定量研究相互印证的结论。研究方法的设计符合国外企业社区参与研究的发展趋势①,在国内企业社区参与研究中是一种初步创新的尝试,为后续研究奠定了一定的基础。

第三节 企业社区参与研究的实践启示

一、"力所能及"可以成为中国情境下企业社区参与的常态

企业是参与社区治理的重要力量。本研究对于企业参与社区治理具有一定的实践指导意义:

首先,企业应该选择"力所能及"的社区参与内容。

企业社区参与不必面面俱到,社会应该鼓励企业充分发挥自身的资源优势,参与社区社会问题的治理。比如,建筑设计行业企业可以发挥设计师的资源优势,参与教育投资项目,为贫困山区的小学提供免费的校舍设计;环保材料生产行业企业可以为病重儿童安装环保装饰材料;等等。通过企业所具有的强组织性和强效率意识,根据企业专业技术人才的特有能力,组织庞大的志愿者队伍,在"力所能及"的范围内,选择相关的社区参与内容,与其他非营利组织紧密合作,在促进组织学习、培养员工团队意识、奉献精神的同时实现社会责任。

企业社区参与的内容可以涉及经济、社会、自然环境等任何一个方面。在经济方面,企业可以根据人力资源需要,为当地居民创造就业机会,帮助残疾人就业,提供失业者就业培训。在社会发展方面,企业可以通过公益

---

① Bowen, F., Newenham-Kahindi, A. and Herremans, I., When Suits Meet Roots: The Antecedents and Consequences of Community Engagement Strategy, *Journal of Business Ethics*, No. 95, 2010, pp. 297-318.

活动参与社区建设,根据自身掌握的资源,选择投资社区公益慈善项目,鼓励员工参与社区志愿者活动,捐资改造社区健身休闲等公共服务设施,捐资重建受灾社区,资助未成年人进入正规教育,支持当地高等教育事业,参与社区文化建设,设立助学金帮助社区贫困学生等。在自然环境保护方面,企业必须在运营过程中遵守环境保护的法规,及时修复企业生产对环境造成的损害,抵制商业合作伙伴破坏环境的行为,实施重要的环保项目和节能项目。除了环境保护方面具有一定的法律强制性外,企业并不需要在社区参与的所有方面都表现出色,可以"以自身之长,补社区之短"。

其次,企业要选择"力所能及"的社区参与模式。

企业社区参与的共建共治共享模式、公益模式、投资模式、义务模式可以理解为企业社区参与发展的四个阶段,在空间同构的情况下,企业与社区之间存在着直接的资源交换,在起步阶段,虽然企业能力有限,但是企业有义务在法规、政策的基础上,不侵犯社区利益,以获得社区的经营许可,这时企业选择社区参与的义务模式。在发展上升阶段,企业可以根据自身的实际情况,选择公益模式参与社区治理;也可以根据自身拓展业务的需要,把社区发展战略和企业发展战略结合起来,选择投资模式参与社区建设。当企业发展与社区繁荣完全融合的时候,企业与社区将达到共建共治共享的状态。企业与社区的共建共治共享并不意味着企业与社区利益的绝对均衡,这是一种嵌入式均衡,相互需要的均衡,因此,企业选择哪一种社区参与模式既要合乎企业的发展要求,也要符合社区建设的需要。

二、政府能够为企业社区参与"搭好戏台子"

政府回应、执法环境在企业—社区关系影响企业社区参与过程中具有显著调节作用。本研究对于政府充分发挥其激励企业社区参与的作用具有实践指导意义。

第一,政府通过公共政策为企业社区参与"搭好戏台子"。早在2000年国家颁布的支持社区建设的相关政策中就提出要充分调动社区内机关、团体、部队、企业事业组织等一切力量广泛参与社区建设,最大限度地实现社区的资源共享、共驻共建[①]。在2008年颁布的相关政策中对国有企业履行社会责任、参与社会公益事业提出了规范性的要求,例如,提供志愿服

---

① 《中共中央办公厅、国务院办公厅关于转发〈民政部关于在全国推进城市社区建设的意见〉的通知》,南京市民政局网站,2008-01-25,http:Mzj.nanjing.gov.cn/njsmej/2008011t20080125-1063642.html,访问时间:2018-01-26。

务;支持文教卫事业发展;参与灾后社区重建等①。目前这些企业社区参与的倡导政策开始与操作化的激励政策相配合,对企业社区参与的推动作用越来越大。

在慈善捐赠方面,对企业予以税收激励。2016年9月1日正式实施的《中华人民共和国慈善法》(以下简称《慈善法》)对企业的慈善捐赠提出了明确的税收减免规定,对金融机构为慈善组织提供金融服务的行为提出了明确的奖励措施②。在品牌价值评价标准方面,《慈善法》向企业提出规范性要求,激励企业通过社会责任活动提高其实实在在的美誉度。

规范性要求和税收减免、金融支持等方面的政策已经对企业社区参与发挥了正面的激励作用。根据中国社会科学院发布的《中国企业社会责任研究报告》,2017年与2010年相比较,国有企业的社区关系指数由23.71提升到了63.10,民营企业的社区关系指数由9.58提升到了53.60,外资企业的社区关系指数由6.53提升到了35.60。2017年中国企业社会责任的十项指数中,国有企业的社区关系指数排在依法经营、股东权益之后,位列第三;民营企业和外资企业的社区关系指数位列十项指数的第一名③。这说明政府制定的公共政策提高了企业社区参与的程度,企业越来越重视社区关系。

第二,政府可以参考企业社区参与标准,制定社区公共项目中的企业准入标准,为社区治理创新"搭好戏台子"。从社区公共服务提供的角度而言,企业社区参与尤其重要,比如,中国一般采取公私合营的模式开展垃圾焚烧发电厂的建设,如果在这类邻避项目的招投标过程中,参考企业社区参与评价指标设置企业准入标准,将大大减少邻避项目中建设方与社区居民的冲突,对于邻避风险多元治理格局的形成可以产生实质性的推动作用。又比如,社区养老的社会资本介入、社区文化建设等领域,都可以制定立足于"企业与社区联动发展"的一系列公共政策,为社会治理现代化另辟蹊径。

第三,政府可以通过制定科学的社区发展规划,不断拓展适合企业和

---

① 详见《关于印发〈关于中央企业履行社会责任的指导意见〉的通知》,国务院国有资产监督管理委员会网站,2018-01-04,http://www.sasac.gov.cn/n2588035/n2588320/n2588335/c4260666/content.html,访问时间:2018-07-04。
② 详见《中华人民共和国慈善法》第九章七十九条至八十四条之规定,中国人大网,2016-06-26,http://www.npc.gov.cn/29rdw/npc/dbdhhy/12_4/2016-03/21,访问时间:2018-03-19。
③ 数据来源:《〈企业社会责任蓝皮书(2017)〉在京发布》,中工网,2017-11-07,http://firm.workercn.cn/513/201711/07/171107135119831.shtml,访问时间:2019-12-07。

非营利组织合作治理的公共问题领域，为企业社区参与"搭好戏台子"。企业对于社区来讲具有经济功能，社区能够为企业提供良好的经营环境，企业利益与社区利益应该在社区发展规划框架下达致平衡。政府应充分发挥社区发展规划的职能，在合理开发与配置社区资源的基础上制定社区发展的总体目标。首先，政府要积极引导，组织企业和社区双方的力量，根据区域发展规划，确定实现企业与社区共同发展的领域；其次，制定企业与社区在这些领域中的中长期方案。政府为企业与社区的合作牵线搭桥，为企业参与社区发展提供具体路径，同时，也积极回应企业发展的要求，为企业发展提供完善的公共服务；最后，对企业与社区的合作进行评估，并不断调整以推动企业与社区共同健康发展。

三、非营利组织可以为企业参与社区治理提供资源链接

非营利组织发育在企业—社区关系影响企业社区参与过程中具有显著的调节作用，本研究对于非营利组织与企业合作参与社区治理的实践具有指导意义。

首先，非营利组织可以为企业与社区的合作提供资源链接平台。

社会组织在政府大力培育下，不断发展壮大。具有行业协会性质的非营利组织，专门为企业提供参与社区治理项目机会的私募基金会，关注特殊群体的国际慈善组织等多种类型的社会组织迅速发展，相互配合，可以形成资源关系网络，发挥资源扩散效应。行业协会性质的非营利组织联合愿意参与社区治理的企业，各种立足于解决社会问题的基金会提供参与社区治理的项目和项目运转基本经费，一个为社区参与项目提供满足其需要的内容和资金支持，一个为社区参与项目提供技术和专门人才，两者结合，为充分利用社区资源，解决社区公共问题提供了必要条件。

其次，具有社会公信力的非营利组织能够与受助者共同决策，防止社区需要被非营利组织偏好扭曲，实现公共利益的最大化。

非营利组织的社区参与项目通过政府的评估验收，其社会公信力才会提高，政府评估非营利组织社区参与项目的重要依据是是否实现了社区发展目标，解决了社区发展问题。社区资源、社区结构是千差万别的，不同的社区面临的问题各不相同，在不同的社区解决同类问题的路径也存在差异，因此，非营利组织与企业合作解决社区问题的过程中需要社区受助者的参与，社区受助者应享有与非营利组织和企业同等的决策权，这样，社区参与项目才具有针对性，才能实现公共利益的最大化。

最后，非营利组织通过选择合适的企业合作伙伴，可以实现资源的最

优配置。

每一个企业拥有的资源不同,参与社区治理的价值创造存在差异,非营利组织选择合作伙伴时,应该以资源互补为基本原则。企业与非营利组织在社区参与项目中的紧密嵌入关系,可以实现资源的最优配置,企业与非营利组织间的相互学习。

四、企业社区参与的发展方向是实现社区治理现代化

社区治理现代化是国家治理现代化的基础。按照现代社会发展要求,根据我国国情实际,现代化的社区治理应该实现依法治理和科学治理,在政府的政策法规引导下,社区自治组织、非营利机构、驻区企事业单位共同参与,通过自上而下、自下而上的互动沟通路径,解决社区问题,实现以"人民为中心"服务理念的治理[1]。实现社区治理的现代化关键是要充分发挥党组织的核心领导作用,充分发挥政府、市场、非营利组织各自在社会治理领域的优势,实现社区资源的挖掘整合和高效配置,动员全社会的力量,共同解决社会问题,建立惠及社会各个阶层的,多元利益主体共建共治共享的全面开放的社区治理体系。因此,社区治理中融合了相互协调的科层治理机制、契约治理机制和网络治理机制。企业社区参与的共建共治共享模式是社区多元主体合作治理的集中表现。

首先,企业受到足够权威的政府政策、法律规范的约束,遵守社区规范,参与社区环境治理,获得社区经营许可。例如,全国各地在开展社区提质改造活动中,要求企业配合城市社区建设的要求,把企业部分与社区相邻的绿化空间与驻区居民共享,这时,企业主要受到科层治理机制的调节,形成企业社区参与义务模式。其次,企业在解决社区问题中寻求自身战略发展,与社区建立市场交易关系,例如,租用社区集体资产,雇用社区居民,与社区自治组织建立契约关系,这时,企业主要受到契约治理机制的调节,形成企业社区参与投资模式。再次,企业的社区认同指导企业参与社区公益活动,依靠员工志愿者,参与非营利组织的公益项目,动员企业供应链上的其他企业参与社区治理,这时,企业主要受到网络治理机制的调节,形成企业社区参与公益模式。最后,企业社区参与既解决社区公共问题,符合社区发展规划,又为企业战略发展提供机会,企业、社区自治组织、非营利组织、基层政府、社区居民通力合作,企业在社区参与过程中实现企业与社

---

[1] 张怡恬、殷鹏:《提升城乡社区治理现代化水平,访中国社会学会会长、清华大学社会学系教授李强》,《人民日报》2017年07月09日第05版。

区的联动发展,形成企业社区参与的共建共治共享模式。因此,企业社区参与的发展方向是实现社区治理的现代化。

第四节　企业社区参与研究的展望

　　企业社区参与是适应国家经济发展和公共政策变化,满足政府管理向社会治理转型要求的企业社会责任实践。企业参与社区治理在企业社会责任中的地位越来越重要,如何进一步总结企业社区参与实践创新,拓展企业参与社区治理的新领域,根据企业规模、行业、性质进一步细化企业社区参与的评估指标体系,以利于更加真实地反映企业参与社区治理的实践。

　　在社区参与成为企业可持续发展的内在要求时,如何根据企业的属性,企业生命周期的不同阶段,判断与之匹配的企业社区参与模式,企业社区参与提高了社区发展能力的哪些方面,企业社区参与发展战略决策的自主权与社区利益相关者的参与权之间的平衡机制是什么,如何测量企业参与社区治理获得的社会资本等等,很多问题都等待着我们跟随企业社区参与的时代步伐进一步探索。

参考文献

一、中文文献

(一) 历史文献与工具书

1. 〔英〕G. 邓肯·米切尔:《新社会学词典》,蔡振扬、谈谷铮、雪原译,上海:上海译文出版社1987年版。
2. 于燕燕编著:《社区居委会工作手册》,北京:中国法制出版社2006年版。

(二) 中文著作与论文

1. 北京大学中国政府创新研究中心"中国社会创新案例研究"课题组:《深证桃源居社区管理和服务觅食创新调研报告(摘要)》,《深圳特区报》2011年6月30日。
2. 蔡禾:《社区概论》,北京:高等教育出版社2005年版。
3. 陈宏辉、贾生华:《企业利益相关者三维分类的实证分析》,《经济研究》2004年第4期。
4. 陈宏辉、王江艳:《企业成长过程中的社会责任认知与行动战略》,《商业经济与管理》2009年第1期。
5. 陈蓝:《社区安全建设与企业安全管理之间关系的探讨及思考》,载2007年全国城市安全生产(广州)研讨会论文集《广州市安全生产监督管理》。
6. 陈俐燕、胡辉:《虚拟社区研究综述》,《未来与发展》2013年第9期。
7. 陈留彬:《中国企业社会责任评价实证研究》,《山东社会科学》2007年第11期。
8. 陈伟东、李雪萍:《社区治理主体:利益相关者》,《当代世界与社会主义》2004年第2期。
9. 崔健:《日本的社会创新与企业社会责任分析》,《东北亚论坛》2011年第1期。
10. 邓汉慧:《企业核心利益相关者利益要求与利益取向研究》,武汉:华中科技大学博士学位论文,2005年。
11. 丁元竹:《社区与社区建设:理论、实践与方向》,《学习与实践》2007年第1期。
12. 方明、王颖:《观察社会的视角——社区新论》,北京:知识出版社1991年版。
13. 费孝通:《社会学概论》,天津:天津人民出版社1984年版。
14. 费孝通:《乡土中国 生育制度》,北京:北京大学出版社1998年版。

15. 冯臻、苏勇、涂颖清：《企业社会责任行为的测量——基于高层管理者的视角》，《企业经济》2012 年第 12 期。
16. 冯臻：《影响企业社会责任行为的路径——基于高层管理者的研究》，上海：复旦大学博士学位论文，2010 年。
17. 甘信奎：《中国当代新农村社区建设的现实条件及路径选择》，《理论导刊》2007 年第 1 期。
18. 高鉴国：《社区的理论概念与研究视角》，《学习与实践》2006 年第 10 期。
19. 郭志刚：《社会统计分析方法——SPSS 软件应用》，北京：中国人民大学出版社 2005 年版。
20. 韩妮：《"社会经济测评工具"（seat）简介》，《WTO 经济导刊》2008 年第 3 期。
21. 何海兵：《企业参与社区治理模式研究——基于四个案例样本的分析》，《治理现代化研究》2018 年第 5 期。
22. 何增科：《治理、善治与中国政治发展》，《中共福建省委党校学报》2002 年第 3 期。
23. 洪瑾：《论社区建设的社会化》，《北京理工大学学报（社会科学版）》2003 年第 5 期。
24. 侯杰泰、温忠麟、成子娟：《结构方程模型及其应用》，北京：教育科学出版社 2004 年版。
25. 侯钧生、陈钟林：《发达国家与地区社区发展经验》，北京：机械工业出版社 2004 年版。
26. 胡贵毅：《企业社会责任理论的基本问题研究——基于企业价值创造与利益分配的视角》，上海：上海交通大学博士学位论文，2010 年。
27. 黄芳铭：《结构方程模式：理论与应用》，北京：中国税务出版社 2005 年版。
28. 黄杰：《单位制度与社区建设关系的再认识》，《唯实》2008 年第 5 期。
29. 黄速建、余菁：《国有企业的性质、目标与社会责任》，《中国工业经济》2006 年第 2 期。
30. 贾西津：《"社区治理"与"在社区的治理"——谈社区公共服务建设的思路》，《社区》2006 年第 9 期。
31. 姜启军、苏勇：《基于社会责任的企业和社区互动机制分析》，《经济体制改革》2010 年第 3 期。
32. 姜振华、胡鸿保：《社区概念的发展历程》，《中国青年政治学院学报》2002 年第 4 期。
33. 鞠芳辉、谢子远、宝贡敏：《企业社会责任的实现——基于消费者选择的分析》，《中国工业经济》2005 年第 9 期。
34. 黎熙元主编：《现代社区概论（第二版）》，广州：中山大学出版社 1998 年版。
35. 李怀祖编著：《管理研究方法论》，西安：西安交通大学出版社 2004 年版。
36. 李立清：《企业社会责任评价理论与实证研究：以湖南省为例》，《南方经济》2006 年第 1 期。
37. 李双龙：《试析企业社会责任是企业生存、发展和获取利润的手段》，《湖北社会科学》2005 年第 9 期。

38. 李万县:《基于行为路径的企业社会责任战略模式》,《统计与决策》2007年第16期。
39. 李伟梁、刘艳:《社区社会企业的责任承担及培育发展》,《社会工作(学术版)》2011年第5期。
40. 李伟阳、肖红军:《ISO26000的逻辑——社会责任国际标准深层解读》,经济管理出版社2011年版。
41. 李伟阳、肖红军、郑若娟:《企业社会责任经典文献导读》,经济管理出版社2011年版。
42. 李文祥:《企业社会责任的社会治理功能研究》,《社会科学战线》2015年第1期。
43. 李正:《企业社会责任与企业价值的相关性研究来自沪市上市公司的经验证据》,《中国工业经济》2006年第2期。
44. 刘藏岩:《民营企业社会责任推进机制研究》,《经济经纬》2008年第5期。
45. 刘长喜:《利益相关者、社会契约与企业社会责任——一个新的分析框架及其应用》,上海:复旦大学博士学位论文,2005年。
46. 刘静艳、韦玉春、刘春娟、徐颂军、陈旭军、肖悦:《南岭国家森林公园旅游企业主导的社区参与模式研究》,《旅游学刊》2008年第6期。
47. 刘蕾:《合法性视角下企业参与社区治理战略研究》,《南通大学学报(社会科学版)》2019年第2期。
48. 柳娟、田志龙、程鹏璠、赵辉:《中国情境下企业深度社区参与的社区动员、合作模式与绩效研究》,《管理学报》2017年第6期。
49. 娄成武、孙萍主编:《社区管理学》,北京:高等教育出版社2006年版。
50. 卢璐、许远旺:《新型农村社区建设的逻辑与方向》,《社会主义研究》2012年第3期。
51. 罗殿军、张思亮主编:《从企业社会责任到企业公民——新时代的企业竞争力》,《上海管理科学》2004年第6期。
52. 罗志荣:《兔子不吃窝边草——和谐社区建设中企业的角色与责任》,《企业文明》2007年第1期。
53. 马力、齐善鸿:《西方企业社会责任实践》,《企业管理》2005年第2期。
54. 麦影:《企业社会责任对竞争优势影响的实证研究》,广州:暨南大学博士学位论文,2010年。
55. 闵学勤:《政府的强势与弱势:基于社会治理视角的思考与研究》,《上海行政学院学报》2010年第3期。
56. 潘锦云、李晏墅:《新农村建设:企业实现社会责任的新领域》,《江汉论坛》2009年第2期。
57. 潘晓莉:《美国社区治理中的公民参与》,武汉:湖北大学硕士学位论文,2011年。
58. 齐丽云、魏婷婷:《基于ISO26000的企业社会责任绩效评价模型研究》,《科研管理》2013年第3期。
59. 邵兴全、胡业勋:《企业参与社区治理的角色重构与制度安排研究——基于多元合作治理的分析框架》,《理论与改革》2018年第3期。

60. 沈洪涛、沈艺峰:《公司社会责任思想起源与演变》,上海:上海人民出版社 2007 年版。

61. 史浩明、张鹏:《从社会负担到社会责任——论苏南乡镇企业所承担的社会责任》,《苏州大学学报(哲学社会科学版)》2004 年第 3 期。

62. 史云桐:《能动嵌入:以企业社区参与为例》,《中共福建省委党校学报》2017 年第 9 期。

63. 司源:《社区归属感建设研究综述》,《福建省社会主义学院学报》2011 年第 4 期。

64. 孙立平:《社区、社会资本与社区发育》,《学海》2001 年第 4 期。

65. 唐东:《把农田变成仓库,阿里巴巴淘宝青川》,《广元晚报》2015 年 5 月 13 日。

66. 田虹:《企业社会责任及其推进机制》,北京:经济管理出版社 2006 年版。

67. 田志龙、程鹏瑶、杨文、柳娟:《企业社区参与过程中的合法性形成与演化:百步亭与万科案例》,《管理世界》2014 年第 12 期。

68. 童星、赵夕荣:《"社区"及其相关概念辨析》,《南京大学学报(哲学·人文科学·社会科学)》2006 年第 2 期。

69. 万莉、罗怡芬:《企业社会责任的均衡模型》,《中国工业经济》2006 年第 9 期。

70. 汪建新:《企业社会责任研究——基于利益相关者角度》,天津:南开大学博士学位论文,2009 年。

71. 王红:《企业的环境责任研究——基于系统辩证学的研究》,上海:同济大学博士学位论文,2008 年。

72. 王欢苗:《企业社区关系管理研究》,沈阳:辽宁大学博士学位论文,2007 年。

73. 王利丽、张薇:《民间力量:企业社会责任第三推动力》,载公关时报、香港乐施会企业社会责任项目组编:《中国企业社会责任报告 2006》,北京:中国社会出版社 2007 年版。

74. 王漫天、任荣明、胡贵毅:《有中国特色的企业办社会与企业社会责任》,《生产力研究》2009 年第 1 期。

75. 王名:《非营利组织管理概论》,北京:中国人民大学出版社 2002 年版。

76. 王然:《企业参与社区建设 大有可为——太原市民心社区建设发展有限公司参与社区建设纪事》,《今日科苑》2004 年第 10 期。

77. 王伟:《诺华的企业公民政策理念》,《中国劳动保障报》2004 年 1 月 30 日。

78. 魏农建、唐久益:《基于企业社会责任的顾客满意实证研究》,《上海大学学报(社会科学版)》2009 年第 2 期。

79. 吴铎:《论社区建设主体——上海市浦东新区社区发展报告》,《社会学研究》1997 年第 5 期。

80. 吴建勋、丁华:《营造企业社区形象的策略与方法》,《技术经济与管理研究》1999 年第 1 期。

81. 吴玲、贺红梅:《基于企业生命周期的利益相关者分类及其实证研究》,《四川大学学报(哲学社会科学版)》2005 年第 6 期。

82. 武拉平:《发达地区乡村集体企业的社区性及其改革》,《河北学刊》1999 年第 5 期。

83. 奚从清、沈赓方:《社会学原理》,浙江大学出版社 1996 年版。

84. 夏建中:《现代西方城市社区研究的主要理论与方法》,《燕山大学学报(哲学社会科学版)》2000 年第 5 期。

85. 夏建中:《治理理论的特点与社区治理研究》,《黑龙江社会科学》2010 年第 2 期。

86. 夏学銮主编:《社区管理概论》,中共中央党校出版社 2005 年版。

87. 筱白:《美国政府怎样给社区文化"筹钱"》,《社区》2011 年第 23 期。

88. 肖利平:《杜邦,力求对每一个市场和社区做出贡献》,《中国石化》2011 年第 5 期。

89. 辛杰:《商业生态系统视角下的企业社会责任实现》,《华东经济管理》2011 年第 6 期。

90. 徐永祥:《社区发展论》,华东理工大学出版社 2001 年版。

91. 徐勇:《在社会主义新农村建设中推进农村社区建设》,《汉江论坛》2007 年第 4 期。

92. 燕继荣:《协同治理:社会管理创新之道——基于国家与社会关系的理论思考》,《中国行政管理》2013 年第 2 期。

93. 杨春方:《中国企业社会责任影响因素实证研究》,《经济学家》2009 年第 1 期。

94. 杨敏:《作为国家治理单元的社区——对城市社区建设运动过程中居民社区参与和社区认知的个案研究》,《社会学研究》2007 年第 4 期。

95. 杨学儒、李浩铭:《乡村旅游企业社区参与和环境行为——粤皖两省家庭农家乐创业者的实证研究》,《南开管理评论》2019 年第 1 期。

96. 殷格非、于志宏、吴福顺:《中国企业社会责任调查报告》,《WTO 经济导刊》2005 年第 9 期。

97. 应国瑞著:《案例学习研究:设计与方法》,张梦中译,广州:中山大学出版社 2003 年版。

98. 于文波、王竹、孟海宁:《中国的"单位制社区"VS 美国的 TOD 社区》,《城市规划》2007 年第 5 期。

99. 于燕燕:《社区自治与政府职能转变》,北京:中国社会出版社 2005 年版。

100. 俞可平:《治理与善治》,北京:社会科学文献出版社 2000 年版。

101. 袁秉达、孟临主编:《社区论》,上海:中国纺织大学出版社 2000 年版。

102. 袁方成、杨灿:《当前农村社区建设的地方模式及发展经验》,《青海社会科学》2015 年第 2 期。

103. 张桂蓉:《论劳动者权益保护过程中企业的社会责任》,《马克思主义与现实》2011 年第 7 期。

104. 张桂蓉:《企业社会责任与城市社区建设》,《城市问题》2011 年第 1 期。

105. 张桂蓉:《企业社区参与的评价模型》,《中国公共政策评论》2016 年第 1 期。

106. 张桂蓉:《企业社区参与:外在压力抑或内在需求?》,《国外理论动态》2015 年第 10 期。

107. 张桂蓉:《社区治理中企业与非营利组织的合作机制研究》,《行政论坛》2018 年第

1 期。

108. 张洪福、王先知:《责任重建汶川 企业参与"5·12"灾后重建——灾后重建一周年》,《WTO 经济导刊》2009 年第 9 期。

109. 张永宏主编:《组织社会学的新制度主义学派》,上海:上海人民出版社 2007 年版。

110. 张志敏:《村落经济组织与社区整合》,《浙江社会科学》2003 年第 4 期。

111. 张志强、王春香:《西方企业社会责任的演化及其体系》,《宏观经济研究》2005 年第 9 期。

112. 章辉美、张桂蓉:《制度环境下中国企业的社会责任行为》,《求实》2010 年第 1 期。

113. 章人英:《普通社会学》,上海:上海教育出版社 1990 年版。

114. 赵德志、赵书科:《利益相关者理论及其对战略管理的启示》,《辽宁大学学报(哲学社会科学版)》2005 年第 1 期。

115. 赵定东、杨政:《社区理论的研究理路与"中国局限"》,《江海学刊》2010 年第 2 期。

116. 赵辉、田志龙:《伙伴关系、结构嵌入与绩效:对公益性 CSR 项目实施的多案例研究》,《管理世界》2014 年第 6 期。

117. 赵劲、陈洪玲:《促进中国城市社区发展的三维结构分析》,《大连海事大学学报(社会科学版)》2009 年第 5 期。

118. 赵寿星:《论"社区"的多样性与中国的"社区建设"》,《国外理论动态》2014 年第 9 期。

119. 赵秀玲:《中国城市社区自治的成长与思考——基于与村民自治相参照的视野》,《江苏师范大学学报(哲学社会科学版)》2013 年第 6 期。

120. 郑海东:《企业社会责任行为表现:测量维度、影响因素及对企业绩效的影响》,杭州:浙江大学博士学位论文,2007 年。

121. 朱瑞雪、郭京福:《社会责任与企业国际竞争力研究》,《华东经济管理》2004 年第 6 期。

122. 朱永明:《企业社会责任评价体系研究》,《经济经纬》2008 年第 5 期。

(三) 中文译著、译文

1. 〔德〕马克斯·韦伯:《经济与社会》(上),林荣远译,北京:商务印书馆 2004 年版。
2. 〔法〕爱米尔·杜尔凯姆:《自杀论》,钟旭辉、马磊、林庆新译,杭州:浙江人民出版社 1988 年版。
3. 〔美〕R. E. 帕克、E. N. 伯吉斯、R. D. 麦肯齐:《城市社会学》,宋俊岭等译,北京:华夏出版社 1987 年版。
4. 〔美〕R. 爱德华·弗里曼:《战略管理——利益相关者方法》,王彦华、梁豪译,上海:上海译文出版社 2006 年版。
5. 〔美〕阿奇 B. 卡罗尔、安·K. 巴克霍尔茨:《企业与社会:伦理与利益相关者管理(第五版)》,黄煜平、朱中彬、徐小娟、何辉、李春玲译,北京:机械工业出版社 2004 年版。
6. 〔美〕彼得·德鲁克:《大变革时代的管理》,赵干城译,上海:上海译文出版社 1999

年版。

7. 〔美〕彼得·德鲁克:《功能社会:德鲁克自选集》,曾琳译,北京:机械工业出版社 2007 年版。

8. 〔美〕彼得·德鲁克:《社会的管理》,徐大建译,上海:上海财经大学出版社 2003 年版。

9. 〔美〕彼得·德鲁克:《下一个社会的管理》,蔡文燕译,北京:机械工业出版社 2006 年版。

10. 〔美〕博登海默:《法理学:法律哲学与法律方法》,邓正来译,北京:中国政法大学出版社 1999 年版。

11. 〔美〕戴维·A. 哈德凯瑟、帕翠霞·R. 鲍沃斯、斯坦利·温内科:《社区工作理论与实务(第十版)》,夏建中等译校,北京:中国人民大学出版社 2008 年版。

12. 〔美〕弗朗西斯·福山:《信任:社会道德与繁荣的创造》,李宛容译,呼和浩特:远方出版社 1998 年版。

13. 〔美〕罗伯特·D. 帕特南:《使民主运转起来》,王列、赖海榕译,南昌:江西人民出版社 2001 年版。

14. 〔美〕罗伯特·K. 殷:《案例研究方法的应用》,周海涛、夏欢欢译,重庆:重庆大学出版社 2005 年版。

15. 〔美〕迈克尔·波特:《竞争论》,刘宁、高登第、李明轩译,北京:中信出版社 2009 年版。

16. 〔美〕乔治·斯蒂纳、约翰·斯蒂纳:《政府、企业与社会》,张志强、王春香译,北京:华夏出版社 2002 年版。

17. 〔美〕史蒂芬·柯维:《理想社区》,载德鲁克基金会,弗朗西斯·赫塞尔本、马歇尔·戈德史密斯、理查德·贝克哈德、理查德·舒伯特主编:《未来的社区》,魏青江等译,北京:中国人民大学出版社 2006 年版,第 52 页。

18. 〔美〕斯格特:《组织理论:理性自然和开放系统》,黄洋等译,北京:华夏出版社 2002 年版。

19. 〔美〕斯塔夫里阿诺斯:《全球通史——从史前史到 21 世纪》(上),吴象婴等译,北京:北京大学出版社 2005 年版。

20. 〔美〕伊戈尔·安索夫:《新公司战略》,曹德骏、范映红、袁松阳译,成都:西南财经大学出版社 2009 年版。

21. 〔美〕詹姆斯·E. 波斯特、安妮·T. 劳伦斯、詹姆斯·韦伯:《企业与社会:公司战略、公共政策与伦理(第十版)》,张志强等译,北京:中国人民大学出版社 2005 年版。

22. 〔瑞士〕弗朗索瓦-格扎维尔·梅里安:《治理问题与现代福利国家》,肖孝毛译,《国际社会科学杂志(中文版)》1999 年第 2 期。

23. 〔英〕格里·斯托克:《作为理论的治理:五个观点》,华夏风译,《国际社会科学(中文版)》1999 年第 2 期。

24. 〔英〕尼古拉斯·迪金:《政府、民间团体和企业在英国社会福利中的协作伙伴关系》,《行政管理改革》2010 年第 7 期。

25. 世界银行编著:《1997 年世界发展报告:变革世界中的政府》,世界发展报告翻译组译,北京:中国财政经济出版社 1997 年版。

二、外文文献

1. Ackerman, Robert W., Bauer, Raymond, *Corporate Social Responsiveness*: *The Modern Dilemma*, Reston, Virgioin: Reston Publishing Company, Inc., 1976.

2. Anshen, M., Changing the Social Contract: A Role for Business, *Columbia Journal of World Business*, No. 5, 1970.

3. Atkinson, Lisa, Galaskiewicz, Joseph, Stock Ownership and Company Contributions to Charity, *Administrative Science Quarterly*, Vol. 33, No. 1, 1988.

4. Aupperle, K. E., Carroll, A. B., Hatfield, J. D., An Empirical Examination of the Relationship Between Corporate Social Responsibility and Profitability, *Academy of Management Journal*, Vol. 28, No. 2, 1985.

5. Backman, J., *Responsibility and Accountability*, New York: New York University Press, 1975.

6. Bagozzi, R. P., Yi, Y., On the Evaluation of Structural Equation Models, *Journal of the Academy of Marketing Science*, Vol. 16, No. 1, 1988.

7. Bakija, J., Gale, W., Slemrod, J., Charitable Bequests and Taxes on Inheritance and Estates: Aggregate Evidence from Across States and Time, *National Bureau of Economic Research*, April 2003.

8. Bansal, Pratima and Roth, Kendall, Why Companies Go Green: A Model of Ecological-responsiveness, *Academy of management journal*, Vol. 43, No. 4, 2000.

9. Bartel, Caroline A., Social Comparisons in Boundary-Spanning Work: Effects of Community Outreach on Members' Organizational Identity and Identification, *Administrative Science Quarterly*, Vol. 46, No. 3, 2001.

10. Berglind, Matthew and Nakata, Cheryl, Cause-Related Marketing: More Buck than Bang? *Business Horizons*, Vol. 48, No. 5, 2005.

11. Berle, Adolf A., For Whom Corporate Managers are Trustees: A Note, *Harvard Business Review*, Vol. 45, No. 8, 1932.

12. Besser, Terry L. and Miller, Nancy J., The Risks of Enlightened Self-Interest: Small Businesses and Support for Community, *Business & Society*, Vol. 43, No. 4, 2004.

13. Besser, T., *The Conscience of Capitalism*: *Business Social Responsibility to Communities*, Westport, CT: Praeger, 2002.

14. Bielefeld, W., Corbin J., The Institutionalization of Nonprofit Human Service Delivery the Role of Political Culture, *Administration & Society*, Vol. 28, No. 3, 1996.

15. Boesso, G., Kumar, K., An Investigation of Stakeholder Prioritization and Engagement:

Who or What Really Counts, *Journal of Accounting & Organizational Change*, Vol. 5, No. 1, 2009.

16. Bornstein, David, *How to Change the World: Social Entrepreneurs and the Power of New Ideas*, New York: Oxford University Press, 2007.

17. Bowen, H. R., *Social Responsibilities of the Businessman*, New York: Harper & Row, 1953.

18. Bradly, Andrew, The Business-Case for Community Investment: Evidence from Fiji's Tourism Industry, *Social Responsibility Journal*, Vol. 11, No. 2, 2015.

19. Brammer, Stephen and Millington, Andrew, Firm Size, Organizational Visibility and Corporate Philanthropy: An Empirical Analysis, *Business Ethics: A European Review*, Vol. 15, No. 1, 2006.

20. Brammer, Stephen and Millington, Andrew, The Effect of Stakeholder Preferences, Organizational Structure and Industry Type on Corporate Community Involvement, *Journal of Business ethics*, Vol. 45, No. 3, 2003.

21. Buchholtz, Ann K., Amason, Allen C., Rutherford, Matthew A., Beyond Resources the Mediating Effect of Top Management Discretion and Values on Corporate Philanthropy, *Business & Society*, Vol. 38, No. 2, 1999.

22. Burke, L., Logsdon, J. M., Mitchell, W., Reiner, M., Vogel, D., Corporate Community Involvement in the San Francisco Bay Area, *California Management Review*, Vol. 28, No. 3, 1986.

23. Burlingame, Dwight, Kaufmann, David Arthur, Indiana Business Contributions to Community Service, *Proceedings of the Internaticnal Association for Business and Society*, No. 5, January 1994.

24. Burt, R. S., Corporate Philanthropy as a Cooperative Relation, *Social Forces*, Vol. 62, No. 2, 1983.

25. Carroll, A. B., A Three-Dimensional Conceptual Model of Corporate Performance, *Academy of Management Review*, Vol. 4, No. 4, 1979.

26. Carroll, A. B., *Business and Society: Ethics and Stakeholder Management*, Cincinnati: South-Western, 1993.

27. Carroll, A. B., The Pyramid of Corporate Social Responsibility: Toward the Moral Management of Organizational Stakeholders, *Business Horizon*, Vol. 34, 1991.

28. Chrisman, J. J., Fry, F. L., Public vs. Business Expectations: Two Views of Social Responsibility for Small Business, *Journal of Small Business Management*, Vol. 20, No. 1, 1982.

29. Clarkson, Max B., A Stakeholder Frame Work for Analyzing and Evaluating Corporate Social Performance, *The Academy of Management Review*, Vol. 20, No. 1, 1995.

30. Cooper, S. M., *Corporate Social Performance: A Stakeholder Approach*, Burlington: Ash

Gate Publishing Company, 2004.
31. Cooper, Stuart M. and Owen, David L., Corporate Social Reporting and Stakeholder Accountability: The Missing Link, Accounting, *Organizations and Society*, Vol. 32, No. 7, 2007.
32. Cornelius, Nelarine, et al., Corporate Social Responsibility and the Social Enterprise, *Journal of Business Ethics*, Vol. 81, No. 2, 2008.
33. Davis, K., Blomstrom, R. L., *Business, Society and Environment: Social Power and Social Response* (2nd Ed.), New York: McGraw-Hill, 1971.
34. Davis, K., Can Business Afford to Ignore Social Responsibilities? *California Management Review*, Vol. 2, No. 4, 1960.
35. Delmas, M., The Diffusion of Environmental Management Standards in Europe and the United States: An Institutional Perspective, *Policy Sciences*, No. 35, 2000.
36. Delmas, M., Toffel, M. W., Stakeholders and Environmental Management Practices: An Institutional Framework, *Business Strategy and the Environment*, No. 13, 2004.
37. DiMaggio, P. J., Powell, W. W., The Iron Cage Revisited: Institutional Isomorphism and Collective Rationality in Organizational Fields, *American Sociological Review*, No. 48, 1983.
38. Donaldson, T., Dunfee, T. W., *Ties that Bind: A Social Contract Approach to Business Ethics*, Cambridge, Mass: Harvard Business School Press, 1999.
39. Donaldson, T., Preston L. E., The Stakeholder Theory of the Corporation: Concepts, Evidence, and Implications, *Academy of Management Review*, Vol. 20, No. 1, 1995.
40. Drucker, Peter F., Coverting Social Problems into Business Opportunities: The New Meaning of Corporate Social Responsibility, *California Management Review*, Vol. 26, No. 2, 1984.
41. Edwin, M. Epstein., Business Ethics Corporate Good Citizenship and the Corporate Social Policy Process: A View from the United States, *Journal of Business Ethics*, No. 8, 1989.
42. Eilbert, H., Parket, I. R., The Current Status of Corporate Social Responsibility, *Business Horizons*, Vol., 16, No. 8, 1973.
43. Eisenhardt, K. M., Building Theories from Case Study Research, *Academy of Management Review*, Vol. 14, No. 4, 1989.
44. Epstein, Edwin M., Business Ethics, Corporate Good Citizenship and the Corporate Social Policy Process: A View from the United States, *Journal of Business Ethics*, No. 8, 1989.
45. Esteves, Maria, Ana Barclay, Mary-Anne, New Approaches to Evaluating the Performance of Corporate-Community Partnerships: A Case Study from the Minerals Sector, *Journal of Business Ethics*, Vol. 103, No. 2, 2011.
46. Florida, R., Davison, D., Gaining from Green Management: Environmental Management Systems inside and Outside the Factory, *California Management Review*, No. 43, 2001.

47. Frederick, William C., From CSR1 to CSR2, *Business and Society*, Vol. 33, No. 2, 1994.
48. Freeman, R. E., *Strategic Management: A Stakeholder Approach*, London: Pitman Publishing Inc., 1984.
49. Galaskiewicz, J., An Urban Grants Economy Revisited: Corporate Charitable Contributions in the Twin Cities, 1979-1981, 1987-1989, *Administrative Science Quarterly*, No. 42, 1997.
50. Galaskiewicz, J., "Making Corporate Actors Accountable: Institution-Building in Minneapolis-St. Paul," Powell, W. W. & Dimaggio, P. J. (Eds.), *The New Institutionalism in Organizational Analysis*, Chicago: University of Chicago Press, 1991.
51. Galaskiewicz, J., *Social Organization of an Urban Grants Economy: A Study of Business Philanthropy and Non-Profit Organizations*, Orlando, FL: Academic Press, 1985.
52. Geneen, H., Bowers, B., *The Synergy Myth and Other Ailments of Business Today*, New York: St. Martin's Press, 1997.
53. Granovetter, M., Economic Action and Social Structure: the Problem of Embeddedness, *American Journal of Sociology*, Vol. 91, No. 3, 1985.
54. Graves, Samuel B., Waddock, Sandra A., Institutional Owners and Corporate Social Performance, *Academy of Management Journal*, Vol. 37, No. 4, 1994.
55. Gunningham, N., Kagan, R. A., Thornton, D., Social License and Environmental Protection: Why Businesses Go Beyond Compliance, *Law and Social Inquiry*, Vol. 29, No. 2, 2004.
56. Guthrie, D., McQuarrie, M., Privatization and the Social Contract: Corporate Welfare and Low-Income Housing in the United States Since 1986, *Research in Political Sociology*, No. 14, 2005.
57. Guthrie, D., *Survey on Corporate-Community Relations*, New York: Social Sciences Research Council, 2003.
58. Hair, J., Anderson, R., Tatham, R., et al., *Multivariate Data Analysis* (5th Ed.), Englewood Cliffs, NJ: Prentice Hall, 1998.
59. Heald, Morrell, *The Social Responsibilities of Business: Company and Community 1900-1960*, Cleveland/London: Press of Case Western Reserve University, 1970.
60. Hess, D., Rogovsky N., Dunfee, T. W., The Next Wave of Corporate Community Involvement: Corporate Social Initiatives, *California Management Review*, Vol. 44, No. 2, 2002.
61. Hess, M., Spatial Relationships: Towards a Reconceptualization of Embeddings, *Progress in Human Geography*, Vol. 28, No. 2, 2004.
62. Hill, C. W. L., Jones, T. M., Stakeholder-Agency Theory, *Journal of Management Studies*, No. 29, 1992.
63. Hillery, G. A., Definitions of Community: Areas of Agreement, *Rural Sociology*, No.

20, 1955.

64. Jawaharlal, I. M., McLaughlin, Gary L., Toward a Descriptive Stakeholder Theory: An Organizational Life Cycle Approach, *Academy of Management Review*, Vol. 26, No. 3, 2001.

65. Johnson, Harold L., *Business in Contemporary Society: Framework and Issues*, Belmont, CA: Wadsworth Pub. Co., 1971.

66. Johnson, R. A., Greening, D. W., The Effects of Corporate Governance and Institutional Ownership Types on Corporate Social Performance, *Academy of Management Journal*, Vol. 42, No. 5, 1999.

67. Johnson, Richard A., Greening, Daniel W., The Effects of Corporate Governance and Institutional Ownership Types on Corporate Social Performance, *Academy of Management Journal*, Vol. 42, No. 5, 1999.

68. Jones, Thomas M., Instrumental Stakeholder Theory: A Synthesis of Ethics and Economic, *Academy of Management Review*, Vol. 20, No. 2, 1995.

69. Jones, T. M., Instrumental Stakeholder Theory: A Synthesis of Ethics and Economics, *Academy of Management Review*, Vol. 20, No. 2, 1995.

70. Kapelus, Paul, Mining, Corporate Social Responsibility and the "Community": The Case of Rio Tinto, Richards Bay Minerals and the Mbonambi, *Journal of Business Ethics*, vol. 39, No. 3, 2002.

71. Kapstein, E. B., The Corporate Ethics Crusade, *Foreign Affairs*, Vol. 80, No. 5, 2001.

72. Kasarda, J. D., Janowitz, M., Community Attachment in Mass Society, *American Sociological Review*, Vol. 39, No. 3, 1974.

73. King, A. A., Lenox, M. J., Industry Self-Regulation Without Sanctions: The Chemical Industry's Responsible Care Program, *Academy of Management Journal*, Vol. 43, No. 4, 2000.

74. Kirchberg, Volker, Arts Sponsorship and the State of the City, *Journal of Cultural Economics*, Vol. 19, No. 4, 1995.

75. Lakin, Nick and Scheubel, Veronica, *Corporate Community Involvement: The Definitive Guide to Maximizing Your Business' Societal Engagement*, Sheffied, UK: Greenleaf Publishing, 2010.

76. Lampe, M., Mediation as an Ethical Adjunct of Stakeholder Theory, *Journal of Business Ethics*, No. 31, 2001.

77. Lin, K., Cultural Traditions and the Scandinavian Social Policy Model, *Social Policy and Administration*, Vol. 39, No. 7, 2005.

78. Logsdon, J. M., Wood, D. J., Business Citizenship: From Domestic to Global Level of Analysis, *Business Ethics Quarterly*, Vol. 12, No. 2, 2002.

79. Louis, Wirth, Urbanism as a Way of Life, *The American Journal of Sociology*, Vol. 44,

No. 1, 1938.

80. Lounsbury, M., A Tale of Two Cities: Competing Logics and Practice Variation in the Professionalizing of Mutual Funds, *Academy of Management Journal*, Vol. 50, No. 2, 2007.

81. Loza, Jehan, Business-Community Partnerships: The Case for Community Organization Capacity Building, *Journal of Business Ethics*, Vol. 53, No. 3, 2004.

82. Lynd, Robert, Lynd, Helen, *Middletown in Transition: A Study in Cultural Conflict*, New York: Harcourt Brace Jovanovich, 1937.

83. Maignan, I., Ferrell, O. C., Corporate Citizenship as a Marketing Instrument-Concepts, Evidence and Research Directions, *European Journal of Marketing*, Vol. 35, No. 3/4, 2001.

84. Marquis, Christopher, Glynn, Mary Ann, Davis, Gerald F., Community Isomorphism and Corporate Social Action, *Academy of Management Review*, Vol. 32, No. 3, 2007.

85. Marsden, C., The New Corporate Citizenship of Big Business: Part of The Solution to Sustainability, *Business and Society Review*, Vol. 105, No. 1, 2000.

86. Matten, Dirk, Crane, Andrew, Corporate Citizenship: Toward an Extended Theoretical Conceptualization, *Academy of Management Review*, Vol. 30, No. 1, 2005.

87. McElroy, K. M., Siegfried, J., The Community Influence on Corporate Contributions, *Public Finance Quarterly*, Vol. 14, No. 4, 1986.

88. Meenaghan, John A., Commercial Sponsorship, *European Journal of Marketing*, Vol. 17, No. 7, 1983.

89. Meenaghan, Tony, Commercial Sponsorship-the Development of Understanding, *International Journal of Sports Marketing & Sponsorship*, Vol. 1, No. 1, 1999.

90. Mescon, Timothy S., Tilson, D. J., Corporate Philanthropy: A Strategic Approach to the Bottom-Line, *California Management Review*, Vol. 29, No. 2, 1987.

91. Meyer, John W., Rowan, Brain, Institutionalized Organizations: Formal Structure as Myth and Ceremony, *The American Journal of Sociology*, No. 83, 1977.

92. Miller, N., Besser, T., The Importance of Community, Values in Small Business Strategy Formation: Evidence from Rural Lowa, *Journal of Small Business Management*, Vol. 38, No. 1, 2000.

93. Mintzberg H., The Case for Corporate Social Responsibility, *The Journal of Business Strategy*, Vol. 4, No. 2, 1983.

94. Mitchell, R. K., Agle, B. R., Wood, D. J., Toward a Theory of Stakeholder Identification and Salience: Defining the Principle of Who and What Really Counts, *Academy of Management Review*, Vol. 22, No. 4, 1997.

95. Moon, J., Crane, A., Matten, D., Can Corporations be Citizens? Corporate Citizenship as a Metaphor for Business Participation in Society, *Business Ethics Quarterly*, Vol. 15,

No. 3, 2005.

96. Moore, Geoff, Corporate Community Involvement in the UK-Investment or Atonement? *Business Ethics: A European Review*, Vol. 4, No. 3, 1995.

97. Newton, T., Harte, G., Green Business: Technicist Kitsch? *Journal of Management Studies*, Vol. 34, No. 1, 1997.

98. Orlitzky, Marc, Does Firm Size Confound the Relationship Between Corporate Social Performance and Firm Financial Performance? *Journal of Business Ethics*, Vol. 33, No. 2, 2001.

99. Ostrower, F., *Trustees of Culture: Power, Wealth, and Status on Elite Arts Boards*, Chicago: University of Chicago Press, 2001.

100. Ostrower, F., *Why the Wealthy Give: The Culture of Elite Philanthropy*, New Jersey: Princeton University Press, 1997.

101. Park, R. E., *Human Community*, Glencoe Illinois: The Free Press, 1952.

102. Pearce, J. A., Jonathan P. Doh., The High Impact of Collaborative Social Initiatives, *Sloan Management Review*, Vol. 46, No. 2, 2012.

103. Pfeffer, Jeffrey, Salancik, Gerald R., *The External Control of Organizations: A Resource Dependence Perspective*, Stanford, CA: Stanford University Press, 2003.

104. Podsakoff, P., Mac Kenzie, S., Lee, J., Podsakoff, N., Common Method Biases in Behavioral Research: A Critical Review of the Literature and Recommended Remedies, *Journal of Applied Psychology*, Vol. 88, No. 5, 2003.

105. Polanyi, K., *The Great Transformation: The Political and Economic Origins of Our Time*, Boston, MA: Beacon Press, 1944.

106. Porter, M. E. and Kramer. M. R., Creating Shared Value, *Harvard Business Review*, Vol. 89, No. 1-2, 2011.

107. Porter, M. E. and Kramer, M. R., Strategy and Society: The Link Between Competitive Advantage and Corporate Social Responsibility, *Harvard Business Review*, Vol. 84, No. 12, 2006.

108. Porter, Michael E., Kramer, Mark R., The Competitive Advantage of Corporate Philanthropy, *Harvard Business Review*, Vol. 80, No. 12, 2002.

109. Post, J. E., Griffin, J. J., *The State of Corporate Public Affairs: 1996 Survey Results*, Washington, D. C.: Foundation for Public Affairs and Boston MA: Boston University School of Management Public Affairs Research Group, 1997.

110. Post, J. E., Mellis, M., Corporate Responsiveness and Organizational Learning, *California Management Review*, Vol. 20, No. 3, 1978.

111. Preston, Lee E., O'bannon, Douglas P., The Corporate Social-Financial Performance Relationship, *Business and Society*, Vol. 36, No. 4, 1997.

112. Preston, L., O'Bannon, D., The Corporate Social-Financial Performance Relationship:

A Typology and Analysis, *Business and Society*, No. 36, 1997.

113. Quester, Pascale and Thompson, Beverley, Advertising and Promotion Leverage on Arts Sponsorship Effectiveness, *Journal of Advertising Research*, Vol. 41, No. 1, 2001.

114. Reynolds, S. J., Schultz, F. C., Hekman D. R., Stakeholder Theory and Managerial Decision-Making: Constraints and Implications of Balancing Stakeholder Interests, *Journal of Business Ethics*, Vol. 64, No. 3, 2006.

115. Rogovsky, Nikola, *Corporate Community Involvement Programmers: Partnerships for Jobs and Development*, Geneva, Switzerland: International Institute for Labour Studies Press, 2000.

116. Ruef, Martin & Scott, W. Richard, A Multidimensional Model of Organizational Legitimacy: Hospital Survival in Changing Institutional Environments, *Administrative Science Quarterly*, Vol. 43, No. 4, 1998.

117. Scott, S. G., Lane V. R., A Stakeholder Approach to Organizational Identity, *Academy of Management Review*, Vol. 25, No. 1, 2000.

118. Seitanidi, Maria May, Ryan, Annmarie, A Critical Review of Forms of Corporate Community Involvement: From Philanthropy to Partnerships, *International Journal of Nonprofit and Voluntary Sector Marketing*, Vol. 12, No. 3, 2007.

119. Sen, Sankar, Bhattacharya, Chitra Bhanu, Does Doing Good Always Lead to Doing Better? Consumer Reactions to Corporate Social Responsibility, *Journal of Marketing Research*, Vol. 38, No. 2, 2001.

120. Sharfman, Mark, Changing Institutional Rules the Evolution of Corporate Philanthropy, 1883–1953, *Business & Society*, Vol. 33, No. 3, 1994.

121. Sharfman, M., The Construct Validity of the Kinder, Lydenberg & Domini Social Performance Ratings Data, *Journal of Business Ethics*, Vol. 15, No. 3, 1996.

122. Sharmin, S., Khan, N. A., Belal, A. B., Corporate Community Involvement in Bangladesh: An Empirical Study, *Corporate Social Responsibility and Environmental Management*, Vol. 21, No. 1, 2014.

123. Smith, C., The New Corporate Philanthropy, *Harvard Business Review*, Vol. 72, No. 3, 1994.

124. Stendardi, E. J., Corporate Philanthropy: The Redefinition of Enlightened Self-Interest, *The Social Science Journal*, Vol. 29, No. 1, 1992.

125. Stinner, W. F., Van Loon, M., Chung, S., Byun, Y., Community Size, Individual Social Position, and Community Attachment, *Rural Sociology*, Vol. 55, No. 4, 1990.

126. Sullivan, Helen, Modernization, Democratization and Community Governance, *Local Government Studies*, No. 27, 2001.

127. Swanson, D. L., Addressing a Theoretical Problem by Reorienting the Corporate Social Performance Model, *Academy of Management Review*, Vol. 20, No. 1, 1995.

128. Thompson, J. K., Smith, H. L., Hood, J. N., Charitable Contributions by Small Businesses, *Journal of Small Business Management*, Vol. 31, No. 3, 1993.

129. Turban, Daniel B., Greening, Daniel W., Corporate Social Performance and Organizational Attractiveness to Prospective Employees, *Academy of Management Journal*, Vol. 40, No. 3, 1997.

130. Useem, M., Kutner, S. I., "Corporate Contributions to Culture and the Arts: The Organization of Giving and the Influence of the Chief Executive Officer and of Other Firms on Company Contributions in Massachusetts", DiMaggio, P. J. (Ed.), *Nonprofit Enterprise in the Arts: Studies in Mission and Constraint*, New York: Oxford University Press, 1986.

131. Uzzi, B., Social Structure and Competition in Interfirm Networks: the Paradox of Embeddedness, *Administrative Science Quarterly*, Vol. 42, No. 1, 1997.

132. Ven, B., An Ethical Framework for the Marketing of Corporate Social Responsibility, *Journal of Business Ethics*, Vol. 82, No. 2, 2008.

133. Vidaver-Cohen, D., Altman, B. W., Corporate Citizenship in the New Millennium: Foundation for an Architecture of Excellence, *Business and Society Review*, Vol. 105, No. 1, 2010.

134. Visser, W., "Revisiting Carroll's CSR Pyramid: An African Perspective", Pedersen, E., and Huniche M. (Eds.), *Corporate Citizenship in Developing Countries*, Copenhagen: Copenhagen Business School Press, 2006.

135. Voort, Van Der, Judith, M., Glac, Katherina, Meijs, Lucas, CPM "Managing" Corporate Community Involvement, *Journal of Business Ethics*, Vol. 90, No. 3, 2009

136. Waddock, Sandra A., Building Successful Social Partnerships, *Sloan Management Review*, Vol. 29, No. 4, 1988.

137. Waddock, S. A., The Multiple Bottom Lines of Corporate Citizenship: Social Investing, Reputation and Responsibility Audits, *Business and Society Review*, Vol. 105, No. 3, 2000.

138. Wallerstein, I., *The Modern World-System III: The Second Era of Great Expansion of the Capitalist World-Economy*, New York: Academic Press, 1989.

139. Wartick, S. L., Cochran, P., The Evolution of the Corporate Social Performance Model, *Academy of Management Review*, Vol. 10, No. 4, 1985.

140. Watts, Phil, et al., *Corporate Social Responsibility Report Released in the Name of the WBCSD (World Business Council for Sustainable Development)*, Cambridge, Massachusetts: The MIT Press, 1999.

141. Weaver, G. R., Trevino, L. K., Cochran, P. L., Corporate Ethics Programs as Control Systems: Influences of Executive Commitment and Environmental Factors, *Academy of Management Journal*, Vol. 42, No. 1, 1999.

142. Weaver, G. R., Trevino, L. K., Cochran, P. L., Integrated and Decoupled Corporate Social Performance: Management Commitments, External Pressure, and Corporate Ethics Practices, *Academy of Management Journal*, Vol. 42, No. 5, 1999.
143. Wells, C. A., Cycles of Corporate Social Responsibility: An Historical Retrospective for the Twenty-First Century, *University of Kansas Law Reriew*. No. 51, 2002.
144. Wheeler, D., Boele, R. Fabig, H., Paradoxes and Dilemmas for Stakeholder Responsive Firms in the Extractive Sector-Lessons from the Case of Shell and the Ogoni, *The Journal of Business Ethics*, 2001.
145. Wilson, E., Social Responsibility of Business: What Are Small Business Perspectives? *Journal of Small Business Management*, Vol. 18, No. 3, 1980.
146. Wolpert, J., *Patterns of generosity in America: Who's Holding the Safety Net?* New York: Twentieth Century Fund, 1993.
147. Wood, D. J., Corporate Social Performance Revisited, *Academy of Management Review*, Vol. 16, No. 4, 1991.
148. Zucker, Lynne G., Organizations as Institutions, Bacharach, S. B. (Ed.), *Research in the Sociology of Organizations*, Greenwich, CT: JAI Press. No. 2, 1983.
149. Zucker, Lynne G., The Role of Institutionalization in Cultural Persistence, *American Sociological Review*, No. 42, 1977.
150. Zukin S., Dimaggio P., *Structures of Capital: The Social Organization of Economy*, Cambridge, MA: Cambridge University Press, 1990.

附录1　企业社区参与调查问卷一

尊敬的女士/先生:您好!

　　这是一份关于企业社会责任的无记名调查问卷,调查数据只用于学术研究。我们承诺严格保密,保证任何时候都不公开企业和个人的信息,感谢您的大力支持!

中南大学"企业社区参与研究"课题调查组
2010 年 5 月

第一部分

1. 您所在企业的企业名称为_____,企业所在地_____,您所在企业成立于_____年,社区的形成时间_____年,目前企业员工总数约为_____人。

2. 企业的所有制性质为(注:请在符合的选项上打勾"√",下同)

　　A. 国有企业　　　B. 私营企业　　　C. 外资企业

3. 企业所处的行业是_____

　　A. 制造业　　　B. 建筑业　　　C. 金融业　　　D. 房地产业

　　E. 批发零售业　　F. 贸易业　　　G. 通信业　　　H. 运输、仓储和邮政业

　　I. 住宿、餐饮　　J. 其他行业

4. 企业去年的销售收入为_____元。

　　A. 0—500 万　　B. 500 万—1000 万　　C. 1000 万—3000 万

　　D. 3000 万—1 亿　E. 1 亿—3 亿　　F. 3 亿以上

第二部分

1. 企业支持社区建设和发展的目的是:_____

　　A. 义利兼顾,促进企业发展　　　B. 反哺社会

　　C. 扶危济困　　　　　　　　　　D. 对社会进行补偿

　　E. 用公益活动宣传,以提高企业知名度

2. 企业在社区应履行的社会责任是(请按重要程度排序):_____

　　A. 保护社区环境　　　　　　　　B. 投资社区公共设施

　　C. 帮助社区解决就业问题　　　　D. 帮助社区困难群体

　　E. 捐资助学　　　　　　　　　　F. 丰富社区居民文化娱乐生活

G. 保持盈利状态,不断发展壮大　　H. 帮助员工建设自己的家园

3. 企业在社区应该履行社会责任的原因是：_____
   A. 社区为企业提供员工来源　　B. 社区为企业员工提供生活条件
   C. 社区为企业提供社会服务　　D. 社区公众对企业影响很大
   E. 社区为企业提供稳定的消费者　F. 社区为企业提供发展的资源（如土地）
   G. 政府要求企业履行社会责任　　H. 法律规定企业必须履行社会责任

4. 在企业运行中,支持社区公益事业：_____
   A. 能促进企业战略的实现　　B. 是帮助企业度过声誉危机的手段
   C. 能够提高品牌价值　　D. 有助于招募和留住优秀员工
   E. 降低运营成本　　F. 是一种营销手段
   G. 有利于提高企业的知名度与美誉度

5. 社区公益事业在本企业的运行中_____
   A. 有长期的战略规划、制度　　B. 是企业的日常工作
   C. 有专门的部门和人员负责　　D. 是一种视企业临时需要而定的活动
   E. 是为了满足社会的要求被迫进行的活动

6. 按重要程度排列一下企业的利益相关者：_____
   A. 股东　　B. 债权人　　C. 高层管理者　　D. 员工
   E. 供应商　　F. 客户/消费者　　G. 行业协会　　H. 所在社区
   I. 媒体　　J. 非政府组织　　K. 竞争者　　L. 政府

7. 您所在企业的企业文化是否包含了做企业公民应履行的责任？_____
   A. 包含　　B. 没有包含

8. 为了保护社区环境,企业开展的主要活动是：_____
   A. 组织当地社区居民和志愿者或者学生,进行"植树节""地球日""世界环境日"
      等的宣传活动
   B. 注重产品的健康安全　　C. 实现达标排放
   D. 对废弃物进行回收处理　　E. 生产过程环保健康安全
   F. 采用环保的原材料　　G. 通过环境质量体系的认证
   H. 建立环境保护节能降耗的管理制度

9. 为了发展社区教育,企业开展的主要活动是：_____
   A. 为社区图书室捐赠图书　　B. 为社区小学、中学投资
   C. 在大学设立奖学金,捐赠研究设备　　D. 与大学开展科研项目的合作
   E. 与社区合作开展不同形式的科普讲座　　F. 资助贫困学生
   G. 设立青少年科技创新奖、教师奖等促进教育发展的奖项
   H. 组织中小学生开展社区活动

10. 在帮助困难群体方面,企业开展的主要活动是：_____
    A. 为社区失业者提供就业帮助　　B. 关心社区孤寡老人的生活
    C. 组织救助残疾人的活动

11. 社区居民生活质量方面,企业开展的主要活动是:_____

A. 为社区改造公共设施　　　　　　B. 组织社区居民开展文化娱乐活动

C. 维护社区治安　　　　　　　　　D. 投资社区绿地和健身设施

E. 开放企业医疗设施

12. 企业中,参加社区公益活动的人员主要是:_____

A. 高层管理者　　B. 中层管理者　　C. 普通员工　　D. 相关部门员工

13. 企业与街道、社区进行沟通和交流,开展相关活动的频率是:_____

A. 很高　　　　　B. 较高　　　　　C. 一般　　　　　D. 较低

E. 从未有过

14. 企业运营给社区居民生活带来的积极影响有:_____

A. 收入水平的提高　　　　　　　　B. 绿化面积的增多

C. 交通便利　　　　　　　　　　　D. 扩大社区公共空间

E. 其他_____

15. 企业运营给社区居民生活带来的消极影响有:_____

A. 占用社区公共空间　　　　　　　B. 空气污染

C. 交通堵塞　　　　　　　　　　　D. 噪声

E. 其他_____

16. 您工作的企业所在街道和社区是否经常求助于企业:_____

A. 经常　　　　　B. 较多　　　　　C. 偶尔　　　　　D. 较少

E. 从未有过

17. 您所在企业近三年捐赠的次数____次,价值____元,主要有_____

A. 救灾　　　　　B. 植树绿化　　　C. 大兴水利　　　D. 其他

18. 您认为您所在企业捐赠的目的是:_____

A. 获得好的荣誉　　　　　　　　　B. 获得好的名声

C. 产生好的社会影响力　　　　　　D. 扩大企业知名度

E. 良心满足　　　　　　　　　　　F. 其他

19. 作为企业员工,企业捐赠行为给您带来了:_____

A. 荣誉感、自豪感　　　　　　　　B. 企业领导用员工的钱为自己贴金

C. 没有感觉　　　　　　　　　　　D. 其他

20. 您所在企业为什么没有捐赠记录:_____

A. 企业效益不好捐赠不起　　　　　B. 捐赠属自愿行为

C. 担心捐赠款的去向不明　　　　　D. 用于捐赠还不如直接发放给员工

E. 其他

附录2 企业社区参与调查问卷二

尊敬的女士/先生:您好!

　　这是一份关于企业社会责任的无记名调查问卷,调查数据只用于学术研究。我们承诺严格保密,保证任何时候都不公开企业和个人的信息,感谢您的大力支持!

中南大学"企业社区参与研究"课题调查组
2012 年 4 月

　　说明:社区主要指企业运营所在地理区域,其范围以与企业直接发生关系的街道办事处管辖区域为边界。企业社区参与是指企业视自身为社区的组成部分,认同社区的利益并支持社区建设,与社区分享共同利益。

第一部分:

1. 您所在企业的企业名称为 _____,企业所在地 _____,您所在企业成立于 _____ 年,社区的形成时间 _____ 年,目前企业员工总数约为 _____ 人。

2. 企业的所有制性质为(注:请在符合的选项上打勾"√",下同)
   A. 国有企业　　B. 私营企业　　C. 外资企业

3. 企业所处的行业是 _____
   A. 制造业　　　B. 建筑业　　　C. 金融业　　　D. 房地产业
   E. 批发零售业　F. 贸易业　　　G. 通信业　　　H. 运输、仓储和邮政业
   I. 住宿、餐饮　J. 其他行业

4. 企业去年的销售收入为 _____ 元。
   A. 0—500 万　　B. 500 万—1000 万　C. 1000 万—3000 万　D. 3000 万—1 亿
   E. 1 亿—3 亿　　F. 3 亿以上

5. 企业的负责人是否为本地(县、区、市)人 _____　A. 是　　B. 否

6. 企业运营过程中生产要素(企业用地、设备、技术等)的所有权为本社区所有的比例为 _____
   A. 0—15%　　　B. 16%—30%　　C. 31%—45%　　D. 46%—60%
   E. 61%—75%　　F. 76%—90%　　G. 91%—100%

7. 企业中居住在企业所在社区的员工比例大致为_____

A. 0—15%　　　B. 16%—30%　　　C. 31%—45%　　　D. 46%—60%

E. 61%—75%　　F. 76%—90%　　　G. 91%—100%

8. 企业中毕业于本地区高校的管理人员比例为_____

A. 0—15%　　　B. 16%—30%　　　C. 31%—45%　　　D. 46%—60%

E. 61%—75%　　F. 76%—90%　　　G. 91%—100%

9. 企业入驻社区的时间(年)_____

A. 0—5　　　　B. 6—10　　　　C. 11—15　　　　D. 16—20

E. 21—25　　　F. 26—30　　　G. 31 年以上

第二部分：

题号	请您根据本企业的实际情况,对下列陈述做出判断,在相应的数字上划"√"(1代表非常不同意,5代表非常同意,数字越大表示同意程度越高)。	非常不同意	比较不同意	一般	比较同意	非常同意
1	企业与省内供应商关系紧密	1	2	3	4	5
2	企业与省内经销商关系紧密	1	2	3	4	5
3	企业的商品和服务市场完全依赖社区	1	2	3	4	5
4	企业运营生产要素(生产用地)为社区所有	1	2	3	4	5
5	参与社区建设可以巩固企业的市场地位	1	2	3	4	5
6	参与社区建设可以吸引并留下优秀人才	1	2	3	4	5
7	参与社区建设可以获得商业投资	1	2	3	4	5
8	参与社区建设可以获得政府订单	1	2	3	4	5
9	基层政府对社会公众的要求和呼声反应敏捷	1	2	3	4	5
10	参与社区建设是为了回报社区为企业提供的良好运营环境	1	2	3	4	5
11	参与社区建设是履行企业的社会责任	1	2	3	4	5
12	参与社区建设可以提高企业的美誉度	1	2	3	4	5
13	参与社区建设可以增强员工的荣誉感	1	2	3	4	5
14	行业协会等各类非政府组织数量众多	1	2	3	4	5
15	企业所在社区各类非政府组织管理水平很高	1	2	3	4	5
16	企业所在社区各类非政府组织影响力极大	1	2	3	4	5
17	企业所在社区各类非政府组织受政府影响小且独立性很强	1	2	3	4	5
18	保护劳工、消费者、自然环境等方面的法规政策完善	1	2	3	4	5

（续表）

题号	请您根据本企业的实际情况,对下列陈述做出判断,在相应的数字上划"√"(1代表非常不同意,5代表非常同意,数字越大表示同意程度越高)。	非常不同意	比较不同意	一般	比较同意	非常同意
19	公检法等执法机关和执法人员的执法能力很强	1	2	3	4	5
20	人们对执法过程和执法结果的公正性充满信心	1	2	3	4	5
21	执法部门执法的独立性强	1	2	3	4	5
22	社区基层政府与社区内企业有良好的关系	1	2	3	4	5
23	政府官员的政绩考评标准主要是经济指标	1	2	3	4	5
24	人们相信政府会坚守道德标准和社会公正	1	2	3	4	5
25	政府政策的透明度极高	1	2	3	4	5
26	企业所在社区地理位置优越	1	2	3	4	5
27	企业所在社区非常成熟	1	2	3	4	5
28	企业与所在社区自治组织有良好的关系	1	2	3	4	5
29	企业行为受到所在社区的制约	1	2	3	4	5
30	在运营过程中遵守环保的法规	1	2	3	4	5
31	抵制合作伙伴破坏环境的行为	1	2	3	4	5
32	及时修复企业生产对环保造成的损害	1	2	3	4	5
33	实施了重要的环保项目和节能项目	1	2	3	4	5
34	为社区创造了大量就业机会	1	2	3	4	5
35	为社区残疾人提供就业帮助	1	2	3	4	5
36	为失业者提供就业培训	1	2	3	4	5
37	在同等条件下优先雇用当地社区居民	1	2	3	4	5
38	鼓励员工参与社区志愿者活动	1	2	3	4	5
39	主动向社区捐资改造企业内健身休闲等公共服务设施	1	2	3	4	5
40	积极设立助学金帮助贫困学生	1	2	3	4	5
41	积极捐赠慈善基金用于受灾社区的重建	1	2	3	4	5
42	参与社区文化建设,帮助保护当地文化遗产	1	2	3	4	5
43	资助未成年人接受正规教育	1	2	3	4	5
44	合作技术开发以支持当地高等教育事业	1	2	3	4	5
45	积极投资社区公益慈善项目	1	2	3	4	5

附录3 企业社区参与调查问卷三

尊敬的女士/先生:您好!

 这是一份关于企业社会责任行为的无记名调查问卷,调查数据只用于学术研究。我们承诺严格保密,保证任何时候都不公开企业和个人的信息,感谢您的大力支持!

中南大学"企业社区参与研究"课题调查组
2013年1月

 说明:社区主要指企业运营所在地理区域,其范围以与企业直接发生关系的街道办事处管辖区域为边界。企业的社区责任是指企业视自身为社区的组成部分,认同社区的利益并支持社区建设,与社区分享共同利益。

第一部分:

 1. 您所在企业的企业名称为(数据统计的方便)＿＿＿＿＿＿＿＿＿＿＿＿＿＿,企业所在地＿＿＿＿＿＿＿＿,您所在企业员工总数约为＿＿＿＿＿＿人。

 2. 企业的所有制性质为(注:请在符合的选项上打勾"√",下同)

  A. 国有企业　　B. 私营企业　　C. 外资企业

 3. 企业所处的行业是＿＿＿＿＿＿＿

  A. 制造业　　　B. 建筑业　　　C. 金融业　　　D. 房地产业

  E. 批发零售业　F. 贸易业　　　G. 通信业　　　H. 运输、仓储和邮政业

  I. 住宿、餐饮　J. 其他行业

 4. 企业去年的销售收入为＿＿＿＿＿＿元。

  A. 0—500万　　B. 500万—1000万　C. 1000万—3000万　D. 3000万—1亿

  E. 1亿—3亿　　F. 3亿以上

 5. 企业中居住在企业所在社区的员工比例大致为＿＿＿＿＿＿

  A. 0—15%　　　B. 16%—30%　　　C. 31%—45%　　　D. 46%—60%

  E. 61%—75%　　F. 76%—90%　　　G. 91%—100%

 6. 企业中毕业于本地区高校的管理人员比例为＿＿＿＿＿＿

  A. 0—15%　　　B. 16%—30%　　　C. 31%—45%　　　D. 46%—60%

  E. 61%—75%　　F. 76%—90%　　　G. 91%—100%

第二部分：

题项	请您根据本企业的实际情况,对下列陈述做出判断,在相应的数字上划"√"(1代表非常不同意,7代表非常同意,数字越大表示同意程度越高)。	非常不同意	不同意	有点不同意	一般	有点同意	同意	非常同意
1	与当地供应商关系紧密	1	2	3	4	5	6	7
2	与当地经销商关系紧密	1	2	3	4	5	6	7
3	商品和服务市场对其所在社区的依赖程度高	1	2	3	4	5	6	7
4	企业运营生产要素为社区所有	1	2	3	4	5	6	7
5	参与社区建设是为了巩固企业的市场地位	1	2	3	4	5	6	7
6	参与社区建设是为了吸引并留下优秀人才	1	2	3	4	5	6	7
7	参与社区建设是为了获得商业投资	1	2	3	4	5	6	7
8	参与社区建设是为了获得政府订单	1	2	3	4	5	6	7
9	基层政府对社会公众的要求和呼声反应敏捷	1	2	3	4	5	6	7
10	回报社区提供的良好运营环境参与社区建设	1	2	3	4	5	6	7
11	参与社区建设是履行企业的社会责任	1	2	3	4	5	6	7
12	参与社区建设为了提高企业的美誉度	1	2	3	4	5	6	7
13	参与社区建设为了增强员工的荣誉感	1	2	3	4	5	6	7
14	行业协会等各类非政府组织数量众多	1	2	3	4	5	6	7
15	企业所在社区各类非政府组织管理水平高	1	2	3	4	5	6	7
16	企业所在社区各类非政府组织的影响力大	1	2	3	4	5	6	7
17	企业所在社区各类非政府组织的独立程度高	1	2	3	4	5	6	7
18	保护劳工、消费者、自然环境等方面的法规政策完善	1	2	3	4	5	6	7
19	公检法等执法机关和执法人员的执法能力很强	1	2	3	4	5	6	7

(续表)

题项	请您根据本企业的实际情况,对下列陈述做出判断,在相应的数字上划"√"(1代表非常不同意,7代表非常同意,数字越大表示同意程度越高)。	非常不同意	不同意	有点不同意	一般	有点同意	同意	非常同意
20	人们对执法过程和执法结果的公正性充满信心	1	2	3	4	5	6	7
21	执法部门执法的独立性强	1	2	3	4	5	6	7
22	基层政府与社区内企业有良好的关系	1	2	3	4	5	6	7
23	政府官员的政绩考评标准主要是经济指标	1	2	3	4	5	6	7
24	人们相信政府会坚守道德标准和社会公正	1	2	3	4	5	6	7
25	政府政策的透明度极高	1	2	3	4	5	6	7
26	所在社区地理位置优越	1	2	3	4	5	6	7
27	所在社区非常成熟	1	2	3	4	5	6	7
28	与所在社区自治组织有良好的关系	1	2	3	4	5	6	7
29	企业经营活动受其所在社区的制约程度高	1	2	3	4	5	6	7
30	在运营过程中遵守环保的法规	1	2	3	4	5	6	7
31	抵制合作伙伴破坏环境的行为	1	2	3	4	5	6	7
32	及时修复企业生产对环保造成的损害	1	2	3	4	5	6	7
33	实施了重要的环保项目和节能项目	1	2	3	4	5	6	7
34	为社区创造了大量就业机会	1	2	3	4	5	6	7
35	为社区残疾人提供就业帮助	1	2	3	4	5	6	7
36	为失业者提供就业培训	1	2	3	4	5	6	7
37	在同等条件下优先雇用当地社区居民	1	2	3	4	5	6	7
38	鼓励员工参与社区志愿者活动	1	2	3	4	5	6	7
39	主动向社区捐资改造健身休闲等公共服务设施	1	2	3	4	5	6	7
40	设立助学金帮助贫困学生	1	2	3	4	5	6	7
41	捐赠慈善基金用于受灾社区的重建	1	2	3	4	5	6	7
42	参与社区文化建设	1	2	3	4	5	6	7
43	资助未成年人接受正规教育	1	2	3	4	5	6	7

（续表）

题项	请您根据本企业的实际情况,对下列陈述做出判断,在相应的数字上划"√"(1代表非常不同意,7代表非常同意,数字越大表示同意程度越高)。	非常不同意	不同意	有点不同意	一般	有点同意	同意	非常同意
44	合作技术开发以支持当地高等教育事业	1	2	3	4	5	6	7
45	投资社区公益慈善项目	1	2	3	4	5	6	7

附录4 企业社区参与调查问卷(社区问卷)

您好!

我们正在进行一项有关企业与社区关系方面的调查,您的看法、意见对这项研究非常重要。我们诚恳的希望得到您的支持和帮助。在任何时间、任何情况下,我们的调查分析都不会以直接或间接的方式提到您个人。请您把所认同的选项前的英文字母圈起来,非常感谢!

中南大学调查组
2010年5月

A 部分:受访者信息

A1. 您的性别:_____ a 男 b 女

A2. 您的年龄:_____ 岁

A3. 您的职业:_____
- a. 专业技术人员
- b. 干部及行政人员
- c. 工人
- d. 农民
- e. 私营业主
- f. 家务劳动者
- g. 个体劳动者
- h. 教师
- i. 下岗、失业、无业人员
- j. 居委会工作人员
- k. 商业服务业一般员工
- l. 退休人员
- m. 学生
- n. 其他

A4. 您的文化程度:_____
- a. 小学
- b. 初中
- c. 高中
- d. 中专
- e. 大专
- f. 大学本科
- g. 硕士
- h. 博士

A5. 您的政治面貌:_____
- a. 中共党员
- b. 民主党派
- c. 无党派人士

A6. 您的月收入大概是:_____
- a. 1000元以下
- b. 1000—2000元
- c. 2000—3000元
- d. 3000—5000元
- e. 5000元以上

A7. 你住在本地已经_____年,是本市户口或外地户口_____

B 部分：企业的社区参与度

B1. 这些企业令您印象深刻的原因是_____

a. 经济效益好，员工收入高

b. 参与社区公共事业（捐资助学、修路、绿化等）

c. 缴纳税收多　　d. 广告频繁　　　e. 家属在该企业工作

f. 环境污染　　　g. 被新闻媒体报道过　　h. 其他

B2. 您认为企业对社区的影响主要体现在_____

a. 使当地人获得就业机会　　　b. 促进了当地商业、服务业的发展

c. 出资修建或对社会开放了一些休闲场所

d. 改善了当地的自然环境　　　e. 帮助了当地的困难群众

f. 为学校筹措教育经费

g. 污染了环境，增加了当地的灰尘和噪音，使当地空气质量下降

h. 改变了人们的生活方式　　　I. 其他

B3. 在星沙区建立后，您认为您或您的家人、朋友的生活中有以下变化：_____

a. 娱乐休闲活动增加了　　　b. 有固定上班时间

c. 参加健身活动了　　　　　d. 夜生活更加丰富了

e. 家务劳动的时间缩短了　　f. 居住环境变漂亮了

g. 没有任何变化　　　　　　h. 其他

B4. 您认为企业在社区应履行的社会责任是（请按重要程度排序）：

选项	序号
保护社区环境	
对社区困难群体开展慈善公益活动	
捐资助学	
为社区公共活动设施建设提供帮助	
为雇员工作提供良好的条件	
禁止雇用童工进行生产	

B5. 您对自己住的社区：_____

a. 非常满意　　b. 比较满意　　c. 一般　　d. 比较不满意

e. 非常不满意